KB170658

똑똑한 사장님
월 2천 벌어
유럽 여행 간다

똑똑한 사장님

월 2천 벌어 유럽 여행 간다

초판 1쇄 인쇄 | 2018년 7월 10일
초판 1쇄 발행 | 2018년 7월 25일

지은이 | 오윤록
펴낸이 | 김의수
펴낸곳 | 레몬북스(제396—000158호)
주　소 | 경기도 고양시 일산서구 중앙로1455 대우시티프라자 802호
기　획 | 남현숙
디자인 | 남현숙, 한혜진
전　화 | 070 - 8886 - 8767
팩　스 | 031 - 990 - 6890
이메일 | kus7777@hanmail.net

ISBN 979-11-85257-67-9(03320)

이 도서의 국립중앙도서관 출판예정도서목록(CIP)은 서지정보유통지원시스템 홈페이지(http://seoji.nl.go.kr)와 국가자료공동목록시스템(http://www.nl.go.kr/kolisnet)에서 이용하실 수 있습니다.(CIP제어번호: CIP2018021558)

똑똑한 사장님

월 2천 벌어 유럽 여행 간다

오윤록 지음

레몬북스
lemon books

고비용의 마케팅, 직접 해결하다

언제부터인가 사람들의 입에 빈번히 오르내리는 단어가 있습니다. 바로 마케팅입니다. 이는 특히나 자영업자, 사업가, 영업자 등이 관심을 갖지 않을 수 없는 중요 영역입니다. 네이버를 통해 검색해보면 마케팅은 '생산자가 상품 또는 서비스를 소비자에게 유통시키는 데 관련된 모든 체계적 경영 활동'(두산백과)으로 정의되고 있습니다. 마케팅은 매매 자체만을 가리키는 판매보다 훨씬 넓은 의미를 지니고 있습니다. 기존 제품(상품)의 개량, 신제품의 개발, 포장·디자인의 결정, 시장조사, 수요예측, 판매경로의 설정 등 방대한 범위의 내용을 가지고 있는 것입니다.

사실, 우리가 관심 갖는 것은 '나의 상품 및 서비스가 고객에게 많이 노출되어 판매(수익 창출)에 긍정적 영향을 가져오게 하는 방법'이라는 좁은 의미의 '마케팅'입니다.

이 책을 쓴 나는 전문 마케터가 아니거니와 네이버의 개발자 혹은 특정 부서의 담당자도 아닙니다. 모험적인 비즈니스의 매력에 빠져 쇠하기도 홍하기도 하며 세상 쓴맛 단맛 다 맛보며 살아가는 지극히 평범한 청년 사업가입니다.

그럼에도 사업가의 입장에서 '마케팅'과 '블로그를 효율적으로 운영하는 방법'을 가장 쉽게 독자들한테 잘 전달할 수 있는 '전문가'라고 자임하기 때문에 이 책을 집필했습니다. 이렇게 당당히 전문가라고 말할 수 있는 것은 그동안 몇 개의 사업을 진행하면서 만난 '대다수의 마케터가 생각보다 비전문적이더라'는 사실에 근거합니다. 이를 제쳐두고서라도 '마케팅'은 기술도 중요하지만 결국 실제적으로 사업이나 간이 비즈니스, 영업 등에 활용하면서 깨닫는 '경험'이 더 중요합니다.

그동안 독특한 경력을 거치며 살아왔습니다. 초등학교 교원을 양성하는 교육대학교를 졸업하여, ROTC 장교로 임관해 장교생활을 했고, 대기업에 들어가 평범한 직장생활도 해보았습니다. 나는 대학생활을 할 때에도 직장생활을 할 때에도 짬을 내어 사업을 해왔습니다. 나에게 '사업'은 무언가 다른 재미를 주는 삶의 활력소였습니다. 우선은 좋은 아이디어를 만들어 노력한 결과에 따라 주어지는 보상이 달라진다는 점(월급쟁이 직장인 시절, 장교 시절엔 아무리 노력해도 받는 결과가 같으니 동기부여가 잘되지 않았습니다), 그리고 내가 만든 상품이 시장에서 고객들에게 직접 평가를 받는다는 점, 다양한 퍼포먼스가 발생하는 사업가로서의 삶은 안정된 삶보다는 조금 더 역동적이고 진취적이라는 점 등이 그 일례라 하겠습니다.

다만 이 좋은 사업가의 삶에서도 항상 달고 사는 고민이 있었다면 바로 이 책의 주된 주제가 되는 '수익'과 '마케팅'이었습니다. '어떻게 해야 마케팅을 잘할 수 있는가?', '어떻게 수익을 발생시키는가?'와 같은 가장 기본적이고 현실적인 질문에 대해서는 항상 답을 내기가 어려웠습니다.

그런 답답함으로 말미암아 1회 강의에 수십만 원을 호가하는 강의도 들어보고 100만 원이 넘어가는 1:1 코칭도 의뢰해봤지만 마케터가 알려주는 마케팅 기술일 뿐 그 이상도 이하도 아니었습니다. 아마 지금, 지난날의 나와 같은 이유 때문에 많은 자영업자, 영업인, 사업가가 책을 사 읽고, 강의를 듣고, 주변 사람들에게 조언을 구할 것입니다. 물론 정말 가려운 곳을 딱 긁어주는 경우는 거의 없었을 것입니다.

항상 마케팅이라는 숙제를 달고 살았던 나에게 본격적인 마케팅 성과를 강요하는 강력한 기폭제는 '웨딩 사업의 시작'에서 비롯되었습니다. 알다시피 우리나라 인구가 감소하는 데다 결혼을 하기 위한 현실적 장벽이 높아져가는 상황에서 웨딩은 그야말로 사양 산업이었습니다. 여기에 과거와 달리 '불필요한 지출을 줄이고 합리적인 결혼을 하자'라는 사회적 분위기로 인해 웨딩으로 발생하는 수입은 지난 10년 전과 비교해 반토막 수준에도 미치지 못했습니다. 이렇게 불황의 사이클로 넘어가는 웨딩 사업임에도 여러 이유로 뛰어든 나는 그저 살기 위해서라도 성과 좋은 마케팅을 구사하는 '마케팅 잘하는 사장님'이 될 수밖에 없었습니다.

내가 운영했던 웨딩 사업의 대략적 내용은 다양한 웨딩과 관련된 업체들을 모아 매주 1회 작은 웨딩 박람회를 주최하고 웨딩 컨설팅 상품을 고객에게 소개하고 판매하는 일이었습니다. 웨딩 박람회 주최를 통해 웨딩 컨설팅도 진행할 수 있었기에 성공적인 웨딩 박람회 주최는 생존을 위한 필수 요소였습니다. 돈을 주고서 많은 마케팅 업체와 함께 일해보기도 했지만 꾸준한 성과가 부족해 마케팅을 직접 하게 되었습니다. 마케팅을 잘못 집행하여 파리 날리는 웨딩 박람회가 될 경우, 점포에 휴무를 걸고 웨딩 박람회 일자에 참여한 업체들로부터 쌍욕을 먹는 수모를 겪어야 했습니다. 이렇듯 마케팅의 성공 · 실패 유무가 주 단위로 즉각 드러나는 일을 하다 보니 그 누구보다 마케팅의 성과와 효율적인 비용 지출, 판매 상품 개선을 통한 수익 창출에 민감할 수밖에 없었던 것입니다.

성공적인 마케팅을 위해 페이스북에 한 달에 수천만 원을 써보기도 하고 인스타그램 유료 광고로 고객들의 반응을 유도해보기도 했으며, 1클릭당 1만 원에 육박하는 웨딩 키워드에 입찰하여 네이버 키워드 광고를 주 광고 채널로 활용해보기도 했습니다. 당연히 유료 마케팅은 성과를 내는 측면에서는 탁월했으나 비용의 효율 측면에서 보면 아주 엉망이었습니다. 특히 웨딩 분야처럼 대다수의 잠재고객에게 주목받지 못하는 상품은 더더욱 최악이었습니다. 결혼한 유부남, 유부녀에게 아무리 웨딩 광고를 띄워봐야 볼 리가 없으니까요.

이런 나에게 한 줄기 찬란한 빛이 되어준 마케팅 채널이 있었으니, 바로 '네이버 블로그'입니다. 네이버 블로그는 오늘날과 같이 변화가 빠른 SNS 시대에 10년 넘는 세월을 굳건히 1위를 지켜온 마케팅 채널로, 여전히 기세등등하고 영향력이 높습니다. 또한 블로그를 잘만 활용하면 돈 주고 사용하는 네이버 키워드 광고나 페이스북 마케팅보다 더 높은 성과를 내기도 하며, 고객들로 하여금 판매하는 상품이나 나의 이미지에 대해 좋은 소문을 만들어주기도 합니다. 잘 키운 블로그는 다양한 제휴 광고 수익 및 원고료, 협찬 상품 등 부가적인 이득을 만들어줄 수도 있습니다. 나는 이런 블로그의 힘을 등에 업고 지옥 같은 웨딩 마케팅 전쟁에서 승자가 될 수 있었습니다.

많은 이가 길 찾기, 맛집 찾기, 최적의 휴가지 및 숙소 찾기 등 수많은 정보를 얻고자 할 때 네이버를 통해 검색합니다. 최저가로 잡은 호텔의 객실 상태나 서비스 상태가 어떠한지, 맛집의 메뉴는 무엇이고 어떤 메뉴가 가장 맛이 있는지 등 검색을 통해 정보를 선택 활용합니다. 이 무궁무진한 '검색'의 힘을 누군가는 '마케팅 채널'로 사용하고 있습니다. 나처럼 말입니다.

네이버 블로그는 이런 점에서 커다란 가치를 지닌 마케팅 채널이자 마케팅 수단입니다. 비싼 키워드 광고처럼 비용을 지불할 필요도 없으며, 정보로서 제법 사람들에게 신뢰도 주고 있습니다. SNS처럼 금세 정보 노출률이 증발해버리는 '인스턴트'한 속성도 없으며 개인적 부수입의 수단이나 개인 이미지를 홍보할 수도 있으니 아주 다재다능하다고 하겠습니다. 물론 돈을 주고 광고하는 유료 마케팅에 비해 노력이 조금 더 많이 들어간다는 점이 있지만 말이죠. 나는 이런 네이버 블로그에 대해 철저하게 마케팅 이용자 측면에서 또 수익을 창출하고자 하는 프로슈머의 입장에서 이 책을 집필하였습니다.

많은 이가 잘 모르고 있는 부분 중 하나가 '네이버 블로그'도 '전략적인 공부'가 필요하다는 점입니다. 비교적 이용하기 쉬운 서비스인 만큼 '남들처럼 나도 해봐야지' 하고 열정을 불태우며 블로그도 만들고 글도 써보지만 실제적 효과를 얻는 경우는 그리 많지 않습니다. 왜 그럴까요? 과거에 비해 굉장히 복잡해진 알고리즘 때문에 검색에 노출시키는 일이 결코 쉽지 않은 탓입니다. 즉, 네이버의 가장 큰 수익 창출 수단이 '키워드 검색광고'라는 점에서 검색광고 수익 보전을 위해서, 조금 더 정확한 정보를 검색하는 이들에게 제공하기 위해서 블로그를 까다롭게 바꿔놓았기 때문입니다. 이제는 블로그에 대충 글을 써서는 검색 상위에 노출하는 게 쉽지 않을뿐더러 잠재고객들이 그러한 콘텐츠에는 반응하지 않는 시대가 온 것입니다.

이 책에서 나는 그동안 내가 섭렵한 '블로그의 진짜 비밀'과 '블로그를 통해 내 가게를 알리고 나의 상품을 알리는 방법', '블로그로 내 이미지를 만드는 방법', '블로그를 통해 부수입을 창출하는 방법' 등 지극히 실무적인 방법과 더불어 통할 수밖에 없는 실전 노하우를 담았습니다. 지난 다섯 번의 사업 경험 및 현재의 다양한 클라이언트 사례를 짚어보며 현실에서 깨달은 실제적 교훈을 이제 독자들과 공유하고자 합니다. 어려운 경기 불황 속에서 블로그 운영 가이드를 읽을 수밖에 없는 독자 여러분에게 이 책이 선명한 빛이 되기를 간절히 바랍니다.

오윤록

CONTENTS

PART

3 진화하는 블로그, 떠오르는 포스트

PART

4 네이버 통합검색 활용하기

PART

5 네이버 마케팅의 기본, 블로그 시작하기

PART

6 효율적인 마케팅을 위한 블로그 응용하기

PART

7 최적화 블로그? C Rank 블로그?

PART

8 모바일을 잡아야 매출이 오른다

PART

9 더 넓은 세상을 위한 브랜드 저널리즘

PART

10 네이버 블로그의 변신, 홈페이지형 블로그

PART

11 블로그로 돈 버는 방법

1 마케팅, 왜 해야 하는가?

2 마케팅은 직접 해야 한다

3 마케팅은 언제 시작해야 하는가?

4 마케팅 채널에는 어떤 것들이 있는가?

5 마케팅을 돈으로만 때우지 마라

Bl★g

PART

1

마케팅,
어떻게 시작할 것인가?

1 마케팅, 왜 해야 하는가?

마케팅이란 정확히 무엇일까요? 마케팅에 대해 질문하면 대부분 굉장히 심오한 뜻이 있을 것 같아서인지 쉽게 대답하지 못합니다. 스마트폰이 등장하고 웹(Web)이 대중화된 오늘날 마케팅은 일상에서 흔히 들을 수 있는 친숙한 단어가 되었지만 이전에는 경영학 영역의 학문적 의미가 강했습니다.

마케팅은 매매 자체만을 가리키는 판매보다 훨씬 넓은 의미를 지녔는데, 제품관계 · 시장거래관계 · 판매관계 · 판매촉진관계 · 종합조정단계 등 듣기만 해도 머리 아픈 복잡한 내용을 포함하고 있었습니다. 즉, 마케팅은 우리가 공부하고자 하는 홍보(Promotion)의 개념을 넘어 신제품 개발 및 기존 제품을 개량한다든지, 판매할 제품이나 서비스의 포장 및 디자인을 하는 등 아주 다양한 의미를 내포하고 있는 단어입니다. 하지만 대부분의 독자는 그런 깊은 내용이 아닌, 내 상품을 알리고 홍보하는 좁은 의미의 마케팅이 궁금할 것입니다. 따라서 이 책에서는 경영학에서나 배울 법한 학문적 마케팅은 던져두고 마케팅의 의미를 광고와 홍보 그 좁은 의미로 제한하고자 합니다. 즉, 판매촉진 관계에 속하는 광고, 선전, 각종 판매촉진책에 대한 내용으로 한정하여 이를 '네이버 블로그' 영역에서 기획하고 실행하는 방법들을 알아볼 것입니다.

그렇다면 우리가 네이버 블로그를 활용하든 다른 마케팅 채널을 활용하든 마케팅을 해야 하는 진짜 이유가 무엇일까요? 간단하게, 어릴 적 누구나 한 번은 겪었을 굉장한 시련 중 하나인 학력고사, 수학능력검정시험 등을 예로 들어보겠습니다. 지금 여러분이 시험 문제를 풀어야 할 학생으로서 5지선다 문제를 푼다고 상상해보죠. 이 문제에는 1~5번의 선택지가 있지만 출제자의 실수로 문제가 요구하는 정답이 5지선다 중에 없다고 가정해보겠습니다. 아마 수험생이 된 여러분은 답이 없는 문제 속에서 방황할 것이고 문제의 정답을 찾을 수 없을 것입니다.

마케팅 역시 이런 속성이 있습니다. 우리는 오프라인 속에 살지만 대다수의 정보를 온라인을 통해 얻는 오늘날, 마케팅을 하지 않는다는 것은 수많은 선택지 중 하나를 선택해 소비할 소비자들에게 답안 없는 문제지를 던져주는 것과 같습니다. 물론 자영업자, 영업인, 쇼핑몰 사업자 등 서비스나 제품을 판매해야 할 판매자 입장에서는 아무런 홍보 없이도 소비자가 내 제품을 선택해주는 것이 가장 좋은 상황이겠으나 최악의 경우 그 어떤 소비자도 나를 택하지 않을 수도 있다는 것입니다.

이렇듯 마케팅은 예비 소비자들에게 소비 선택지로서 내 상점이나 내 온라인 점포를 하나의 선택지(답안지)로 던져주는 행위라고 할 수 있습니다.

마케팅이 가진 강력한 힘을 보여주는 재미난 예로, 베트남의 '하룽베이'를 들 수 있습니다. 나는 책을 집필할 재미난 이야깃거리를 찾다가 하룽베이에 대한 이야기를 알게 되었습니다. 우리나라 국민 대다수가 하룽베이를 가보지 않았어도 하룽베이에 대해서는 잘 안다고 합니다. 나 역시 하룽베이에 대해 표현해보자면, '바다 중간중간에 독특하게 생긴 암석들이 있는 곳, 살면서 꼭 가봐야 할 베트남의 관광 명소 아니야?' 하는 정도입니다. 그래서일까요? '언젠가는 꼭 하룽베이에 가봐야겠다' 하는 생각까지 갖게 될 정도입니다. 이렇게 우리나라 국민 대다수가 하룽베이를 알게 된 것은 정말로 하룽베이가 살면서 꼭 한 번 가봐야 하는 관광 명소여서가 아니랍니다. 누군가에게는 그럴 수도 있겠지만 말이죠.

직접 그곳을 다녀온 이에게 물어보면 세계 관광 명소라고 하기엔 뭔가 좀 부족한 관광지라고 합니다. 몇몇 사람은 차라리 우리나라 남해에서 거제도를 아우르는 한려해상국립공원이 훨씬 멋지고 좋다 합니다. 그런데 어떻게 하룽베이가 이토록 멋진 이미지의 관광 명소로 각인되었을까요?

바로 우리나라의 제1의 항공사가 멋지게 기획하고 실행한 마케팅 활동 덕분입니다. 멋진 사진과 멋진 텍스트로 기획된 멋진 광고는 수차례 TV, 온라인 배너 광고 등 다양한 마케팅 매체를 통해 우리 머릿속에 각인되었고, 어느새 우리에게 '꼭 가봐야 할 관광 명소'가 된 것입니다.

이런 이야기 외에도 마케팅 성공 사례를 검색해보면 정말 신기하고 재미난 이야기가 많습니다. 그만큼 마케팅이 가진 힘은 너무도 강력합니다. 대기업의 횡포 앞에서, 강력한 자본을 앞세운 경쟁자 앞에서, 격변하는 세상 앞에서 약하디 약한 나를 포함한 우리가 꼭 생존하기 위해 익혀야 할 필수 요소가 '마케팅'인 것입니다.

2 마케팅은 직접 해야 한다

사실, 사장님 소리를 듣는 대다수의 사업자와 오늘 하루도 발바닥에 땀띠 나도록 뛰어다니는 세일즈맨, 내 가치를 스스로 브랜딩하고자 하는 개인 등 누구나 마케팅이 중요하다는 사실을 잘 알고 있습니다. 오히려 모르면 그 사람이 이상해 보일 정도로 마케팅이라는 단어는 충분히 대중화되었습니다.

불과 10여 년 전만 하더라도 목 좋은 자리에 멋지게 인테리어해서 가게 하나만 차려도 장사가 잘되던 시절이었습니다. '노력'만으로도 내 가치를 인정받을 수 있는 아주 멋진 시기였죠. 하지만 무한 경쟁 시대에 접어든 오늘날, 아무리 자리가 좋아도 아무리 노력해도 '사람들에게 알리는 과정' 없이는 성공하기가 매우 어려워졌을뿐더러 성공하더라도 그 상태를 유지하기란 녹록지 않게 되었습니다. 그렇기에 많은 이가 그토록 마케팅에 관심을 가지고 비교적 저렴하면서 효율적인 마케팅을 찾아 시도하고 있는 것입니다.

다양한 업종에서 종사하는 사업가 및 세일즈맨 등 많은 이와 이야기를 나눠본 결과, 페이스북·인스타그램·네이버 블로그 등은 이제 기본 중에 기본이 된 것 같습니다. 특히 '네이버 블로그'가 가진 힘은 TV나 신문 등 각종 매체를 통해 접하기도 하였고, 이미 오랜 세월 성장 및 변화하며 발전한 채널인 만큼 모르는 이가 없을 정도입니다.

그러다 보니 내가 디자인 및 마케팅 컨설팅을 하면서 가장 많이 받는 질문은 '어떻게 하면 블로그 상위 노출을 시킬 수 있느냐?', '어떻게 해야 블로그를 빨리 키울 수 있느냐?' 등입니다.

블로그에 관해서 이야기하자면 끝이 없기에 그중 블로그를 키우는 핵심 팁을 알려주곤 합니다. 이때 많은 이가 공통적으로 범하는 큰 실수가 있습니다. 바로 직원 또는 식구, 친구에게 블로그 운영 및 포스팅을 맡기는 것이죠. '시간이 없어서', '컴맹이라서', '우리 직원 중에 똑똑한 친구가 있어서' 등등 그 이유는 다양합니다.

마케팅은, 특히 블로그를 활용한 마케팅은 남에게 맡기는 것이 결코 좋은 결과를 가져다주지 못한다는 게 나의 생각입니다. 주변에도 많은 마케터가 있어 이런 소리를 하면 굉장히 큰 잘못을 하는 것 같지만 '정말 제대로 나를 대신해 마케팅해주는 마케터를 찾기'란 하늘에서 별을 따는 것만큼이나 어려운 일입니다. 그 이유는 뒤에서 구체적인 사례를 통해 설명할 것입니다만, 마케팅을 전문 마케터에게 맡겨도 좋은 결과를 얻기가 어려운데 하물며 비전문가인 주변의 지인, 가족, 직원은 오죽할까요? 이런 식의 운용은 블로그 마케팅을 포기하거나 남의 시간을 뺏겠다는 것과 다르지 않습니다.

이제 블로그를 남에게 맡기면 안 되는 이유를 몇 가지 들어보겠습니다.

1) 가족이라면 어디로 도망도 못 가니 조금은 낫다. 하지만 직원은 언젠가는 그만둔다

모든 마케팅 매체가 그렇겠지만 특히 블로그는 이웃들과의 소통이 가장 중요합니다. 블로그는 그러한 소통을 통해 성장하는 마케팅 채널인데 직원이 그만두고 다음 직원에게 블로그 운영을 인계한다면 이미 이웃과 형성된 이전의 라포(Rapport), 즉 관계는 사라지게 마련입니다. 그리고 블로그를 통해 만들어야 할 가장 중요한 요소인 잠재고객과의 신뢰 형성에는 실패할 가능성이 매우 높아집니다.

2) 블로그도 하나의 재산이다

네이버에 본인 아이디로 로그인하면 다양한 알림이 나타납니다. 나 역시 이러한 알림을 받고 네이버 쪽지함을 확인하면 가장 많이 발견되는 쪽지가 바로 성인 광고 다음으로 블로그 매입 및 임대 권유 쪽지입니다. 블로그를 매매하고 임대하는 행위는 네이버에서 금지하고 있는 것으로, 네이버가 정한 약관에 어긋나는 짓입니다. 그럼에도 네이버 블로그는 현금적 가치를 가지고 있으며 실제 거래가 이뤄집니다. 이런 블로그의 가격은 천차만별인데, 최적화 블로그의 알고리즘이 완전히 뒤틀린 오늘날에는 100~500만 원까지 다양한 가격을 형성하고 있습니다. 내 돈을 남에게 맡기라면 펄쩍 뛰는 우리가 큰 가치를 가진 블로그를 남에게 맡기는 것이 과연 좋은 결과만을 남길지 한번 자문해볼 일입니다.

3) 내 사업은 내가 가장 잘 안다

세상에는 매 순간 다양한 일이 벌어집니다. 시대가 흐르고 세상이 발전함에 따라 직업은 더욱 분화되고 전문화되어 생소한 이름을 지닌 일들도 많아졌습니다. 어쩌면 같은 일은 없을지도 모릅니다. 자기 나름의 노하우와 작업 스타일 등 사소한 행동까지 똑같은 사람은 세상에 없기 때문이죠. 즉, 내 사업의 모든 건 나만이 알고 있고 나만이 할 수 있는 것입니다. 그렇기에 블로그를 마케팅 채널로 활용하기로 했다면, 블로그에 작성하고자 하는 내 사업의 이야기를 가장 잘 아는 내가 써야 가장 좋은 콘텐츠가 나올 가능성이 높아집니다.

혹 글솜씨가 없어도 상관없습니다. 거창한 미사여구가 가득한 게 좋은 글은 아닙니다. '검색'을 통해 무언가 원하는 고객에게 가장 정확하고 신뢰할 수 있는 '정보'를 제공하는 글이 좋은 글입니다.

4) 내가 알아야 시킬 수도 있다

이것이야말로 정말 핵심입니다. 사업뿐 아니라 대부분의 일이 그렇죠. 어느 순간 충분한 성장기를 거치면서 그 주체는 바빠질 수밖에 없습니다. 사장은 사업을 키우느라 바빠질 테고 세일즈맨은 자꾸 나를 찾는 고객이 늘어나서 바빠집니다. 퍼스널브랜딩을 충분히 이룬 개인이라면 내가 연결한 수익모델로 인해서 바빠질 수도, 강단 위 대중 앞에서 멋진 강연을 펼치느라 바빠질 수도 있습니다. 비로소 그때 남에게 '블로그 키우기'를 시켜야 하는 순간이 찾아옵니다.

과연 내 시간과 내 땀이 서린 블로그를 대충 맡길 수 있을까요? 내가 알아야 제대로 시킬 수 있는 것입니다. 일부 악덕 마케터에게 해당하는 이야기일 수 있겠습니다만, 시세보다 더 비싼 가격을 받아 바가지를 씌우기도 하고, 일을 맡긴 사용자가 잘 모른다는 이유로 말도 안 되는 핑계를 대면서 태업하기도 합니다. 대개 광고비는 절반은 낭비되는 돈입니다. 더 큰 문제는 나머지 절반조차도 제대로 쓴 것인지 확신하기 어렵다는 점입니다. 그래서 모르는 사람은 눈 뜨고 코 베이는 상황이 실제로 빈번히 발생합니다. 그렇기에 블로그에 관하여 상당 수준으로 이해하고 있어야 합니다.

그 외에도 블로그를 직접 해보고 이해해야 하는 이유는 많습니다. 블로그는 단순한 매체가 아닙니다. 내가 하는 일의 홍망성쇠를 좌우할 수 있을 정도로 막강한 힘을 가진 매체입니다. 혹시 블로그 운영을 지시받은 직원, 가족, 지인이 이 글을 읽고 있다면 이 내용을 밑줄 쳐 지시자에게 보여주길 바랍니다. 물론 블로그 외에 다른 매체의 운영도 포함해서 말이죠.

3 마케팅은 언제 시작해야 하는가?

지인이 초밥집에 대한 재미난 이야기를 들려주었습니다.

"우리 단지 앞에 초밥집이 하나 생겼지. 오픈하자마자 전단지부터 지역 광고 매체까지 총동원해서 강력하게 홍보하더라고. 광고 요지는 호텔 주방장 출신의 사장이 직접 초밥을 빚어서 판매한다는 거야. 다른 초밥집이랑 비교할 수 없다고 강조하니 안 먹어볼 수가 있겠어? 그래서 와이프랑 어머니 모시고 한번 갔지. 이래 봬도 내가 일본에서 칠 년 살았잖냐. 그집 초밥이 나름대로 맛있더라고. 그런데 동네 초밥집 치고는 가격이 좀 세더라. 초밥 열 피스에 만 오천 원, 셋이서 먹으니까 사만 오천 원! 어머니도 좀 부담스러워하더라구. 뭐, 나름대로 괜찮게 먹었지만 또 갈 것 같지는 않은 그런 애매한 집이었어.

아마도 나만 그렇게 생각한 것은 아닌가 봐. 처음에는 광고 덕인지 손님들이 좀 있던 가게가 한 달쯤 지나자 완전 파리 날리더라. 호텔 주방장 출신이고, 나름대로 큰돈 들여서 창업한 걸 텐데 속 많이 쓰리겠다 싶었어. 그래서 날 한번 잡아 또 먹어줘야겠다 생각했지. 며칠 뒤

마침 초밥이 너무 땡겨서 그 집에 혼자 갔어. 불쌍한 사장네 초밥 잔뜩 팔아주겠노라 마음먹고 메뉴판을 들여다봤는데, 그사이 초밥 가격을 만 원으로 확 내렸더라구. 솔직히 진작 내리지 싶었어. 만 원으로도 가능한 객단가(客單價)였다면 처음부터 그렇게 하지. 그랬다면 손님들로 얼마나 붐볐겠어? 괜히 짠해서 초밥 먹고 삼 인분 포장까지 해 나왔지. 물론 와이프는 초밥을 테이크아웃해 온 나한테 잔소리를 했고! 돈 많냐고 하면서 말이지."

이 이야기에는 마케팅의 중요한 특징이 숨어 있습니다. '알리기 위해서' 우리는 마케팅에 관심을 갖습니다. 잘 알린 만큼 분명 내가 하는 일이 잘될 가능성이 아주 높으니까요. 위 사례는 마케팅을 잘못한 예로써, 마케팅 비즈니스 상담을 요청한 고객들에게 내가 종종 들려주는 이야기입니다.

마케팅을 한다고, 그 마케팅의 결과가 무작정 좋게 나타나는 것은 아닙니다. 이는 결국 마케팅 시기와 관련된 이야기인데, 위의 초밥집 사장은 너무 열정이 불타오른 나머지 돌이키려면 꽤 많은 시간이 드는 큰 실수를 저질렀습니다.

호텔 주방장 출신이니까, 요리가 다른 집 것에 비해 훨씬 더 맛있었을지도 모릅니다. 시기가 잘 맞아 동네 맛집으로 소문 나 그 사장의 초밥집이 대박을 쳤을지도 모르죠. 하지만 사장의 불타는 의지는 너무 이른 타이밍에, 너무 넓은 범위에, 너무 강력한 마케팅을 실행해버렸습니다. 그 결과가 최악의 결과를 불러왔습니다. 실제로 이 초밥집은 임대료 압박, 찾아오지 않는 손님에 따른 수익 압박으로 문을 닫고 말았습니다.

왜 이런 사태가 벌어졌는지 구체적으로 따져보겠습니다. 우선 초밥집 사장은 호텔 주방장이라는 타이틀에 굉장한 자신감을 가지고 있었을 것입니다. 타 초밥집과 다른 타이틀을 사용할 수 있다는 것은 큰 장점입니다. 그 타이틀은 마케팅 핵심 키워드로 사용하기에도 너무 좋은 것이었습니다. 다만 초밥집 사장의 그 자신감이 가격 결정의 실패를 불러왔습니다. 물론 가격이 고객들에게 너무 비싸게 비춰지면 그 가격을 내리면 그만입니다. 그런데 왜 그는 장사를 접어야 했을까요?

바로 마케팅의 규모와 타이밍 때문입니다. 이 슬픈 비극의 주인공인 초밥집 사장이 처음 가게를 오픈하면서 지역 매체와 전단지 등 모든 채널을 동원하여 동네방네 "나 초밥집 열었어요"라고 홍보한 것이 그에게는 독이 된 것입니다. 초기에 많은 사람이 찾아온 가게였습니다. 하지만 이런 방대한 마케팅 투자는 그가 정한 가격 결정의 실패를 온 동네에 알린 격이 되었습니다.

위 사례를 들려준 지인의 와이프가 잔소리한 것처럼 사람들이 '비싸다'고 인식한 15,000원 가격이 이미 충분히 동네 주민들에게 알려졌고 그것이 각인돼버렸습니다. 더 나아가 아직 초밥집을 방문하지 않은 고객에게도 비싼 초밥집이라는 이미지로 입소문이 났을지 모르는 일입니다. 호텔 주방장의 자존심이 꺾인 사장은 가격을 10,000원으로 대폭 삭감했음에도 초기에 동네 주민들에게 박혀버린 가격 15,000원을 돌이킬 수 없었던 것입니다.

이미 초기 창업비로 많은 돈을 사용한 터라 10,000원으로 가격을 할인했다는 사실을 알릴 여력이 없었던 것입니다. 차라리 초기에 마케팅에 대한 투자를 하지 않고 몇몇 손님을 상대해보면서 얻은 피드백을 바탕으로 상품의 최종 가격을 결정했다면 그 가게는 망하지 않았을지도 모릅니다. 이미 동네 주민 머리에 박힌 15,000원의 가격을 수정하기 위해서는 '우리 이제 10,000원입니다'라는 가격 홍보에 처음과 동일하거나 그 이상 수준의 마케팅 비용이 필요하게 되었고, 그런 자금이 없었기에 문을 닫을 수밖에 없었던 것이죠.

홍보 그리고 광고라는 속성으로 마케팅을 설명하자면 마케팅은 단순히 '+(Plus)'만을 알리는 것이 아님을 알 수 있습니다. 위 사례를 들려준 내 지인은 10,000원으로 본인이 먹은 초밥 외에도 3인분을 더 샀습니다. 그만큼 지인에게 10,000원이라는 가격은 자기 동네에서 적절한 음식값으로 다가온 것입니다. 그럼 처음부터 10,000원으로 가격을 책정하고 대규모의 마케팅을 집행했다면 결과는 어땠을까요? 아마도 대박이 나지 않았을까요?

이 사례처럼 마케팅은 '-(Minus)'를 알리기도 합니다. 당연히 그러면 안 되겠지만 이런 경우의 마케팅은 수년 더 남은 수명을 당기고 당겨 10년 뒤에나 먹을 사약을 굳이 앞당겨서 오늘 받아 마시는 것과 같습니다.

마케팅은 잘 아는 것도, 잘하는 것도 중요합니다. 그런데 이보다 더 중요한 게 있습니다. 그것은 바로 마케팅 집행 시기입니다. 만약 '충분한 가격 결정 과정을 거친 후에 10,000원이라는 최종 가격으로 대규모 마케팅을 집행했으면 어땠을까?' 하는 의문과 같이 모든 마케팅 결과에는 아쉬움이 남기도 하고 반대로 환희가 남기도 합니다.

결국 마케팅은 있는 것 그대로를 알리는 속성을 가진 만큼 내 것을 최적의 시기에 알리는 일이 가장 중요합니다. 따라서 마케팅의 시기는 업종에 따라 사회적 분위기에 따라 달라질 수 있지만 내 상품에 대해 확신과 고객의 좋은 평가가 충분히 뒤따를 때 시작하는 것이 좋습니다.

요즘 고객은 이전과 달리 매우 똑똑해졌습니다. 과거에는 마치 약장수처럼 “○○치약으로 이를 닦으면 치아가 고소영처럼 하얘진대”라고 거짓말을 할 수도 있었습니다만 오늘날에는 불가능합니다. 왜냐하면 거짓 홍보를 하는 그 순간 동시에 고객은 스마트폰으로 그 치약의 효능을 검색하고 사람들이 남긴 리뷰를 확인하기 때문입니다. 이렇듯 마케팅이 가진 위대한 힘만을 믿기보다 내 상품에 대해 확신이 생겼을 때 그 확신을 전달하는 것이 가장 좋다고 봅니다.

나는 요즘 새로운 부업 아이템과 동시에 인스타그램 가이드북을 개발하고 있습니다. 사실, 좀이 쑤십니다. 이걸 속히 알려서 돈과 명성을 얻고 싶고, 또 대중의 평가를 받고 싶지만 이제는 과거와 달리 참고 봅니다. 왜냐하면 내가 아직 확신하지 못했기 때문이죠.

위 사례를 타산지석 삼아 부디 가장 좋은 시기에 마케팅을 하는 여러분이 되길 바랍니다.

4 마케팅 채널에는 어떤 것들이 있는가?

이제 마케팅 채널에 대한 이야기를 해볼까 합니다. 마케팅 업자에게 메이저리그라고 할 수 있는 '페이스북', '인스타그램', '블로그' 외에도 마케팅에 활용할 수 있는 채널은 무척 다양합니다. 2015년에는 잠깐이지만 '빙글'이라는 SNS가 굉장히 강력한 마케팅 효과를 발휘했습니다. 이런 이슈를 접한 나는 빙글 계정을 만들어 키웠었는데 두 달이 채 지나지 않아 25,000명의 팔로워와 총 1억 뷰를 기록할 정도였으니, 단시간에 할 수 있는 강력한 채널이었죠.

물론, 기대와는 다르게 빙글은 기업의 자본 부족과 이후 업데이트 이슈에 대한 리액션 실패로 더 이상 그때와 같은 효과를 만들어내진 못하게 되었습니다. 이런 빙글의 사례에서도 알 수 있듯 마케팅 채널은 다양하면서도 그때그때 발생시키는 효과가 달라집니다. 시시각각 변하는 세상 속에서 마케팅 채널은 조금씩 느는 추세이며, 그 유행도 빠르게 변해갑니다.

이제 마케팅 채널에 대해서 살펴볼 텐데 마케터의 입장에서 나름의 타이틀을 붙여보았습니다. 마케팅 채널 중에 최고 1인자라고 할 수 있는 네이버와 페이스북은 강력한 점유율을 바탕으로 여전히 맹위를 떨치고 있음을 미리 밝혀둡니다.

1) 전국 통합짱 - 네이버

네이버는 국내 1위의 검색엔진으로서, 70~85%의 높은 지지율을 바탕으로 우리나라 국민이라면 당연히 가입했을 법한 포털입니다.

성공한 포털의 특징이 있다면 충분한 콘텐츠를 보유하고 있으며 검색엔진을 이용하는 이용자로 하여금 그 콘텐츠가 쓸모 있는 정보임을 인식시켜 이용자가 포털에 정착(주기적으로 이용)한다는 점입니다. 이러한 점에서 네이버는 꾸준히 CP(Contents Provider 콘텐츠 공급자)에 대한 정책을 연구하며 업데이트해오고 있습니다. 이 CP 관련 정책을 바탕으로 지식in, 네이버 카페, 폴라, 블로그, 네이버 포스트 등 다양한 콘텐츠 제공 수단을 개발하고 발전시켜 양질의 콘텐츠를 확보해 나아가고 있습니다. 그리고 이렇게 다양한 양질의 콘텐츠 덕분에 네이버는 여전히 강력한 온라인 매체로서 힘을 떨치고 있습니다.

최근 네이버의 뉴스 플랫폼 관련하여 많은 이슈가 있는데 정부의 조사를 받을 정도로 네이버의 영향력은 무시할 수 없는 수준입니다. 마케터들에게 네이버의 운영정책은 무시할 수 없는 것이 되었고, 네이버를 놓치고선 마케팅을 할 수 없다고 할 만큼 네이버의 힘은 상상을 초월합니다.

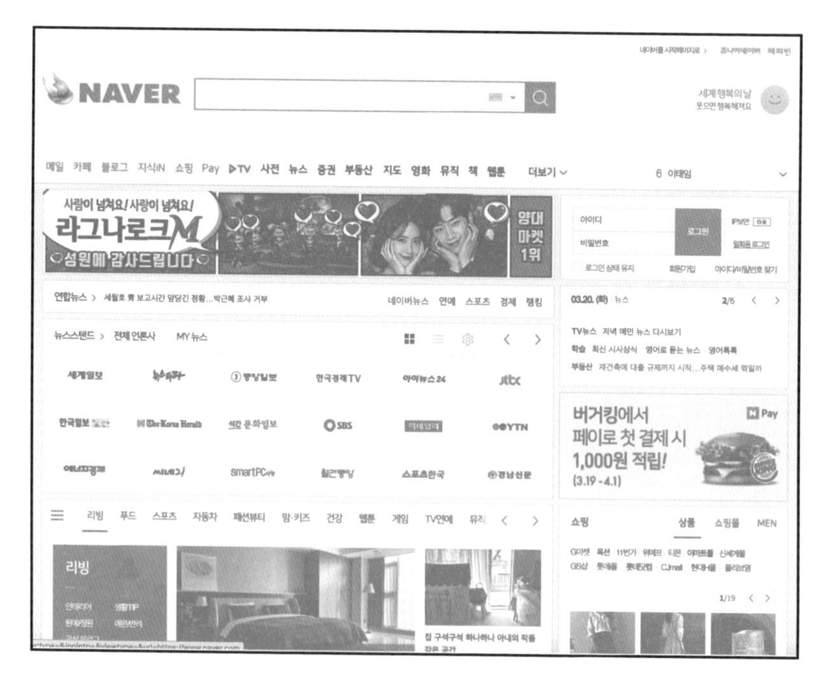

▷ 네이버 메인 화면

2) 세계 통합짱 - 페이스북

물론 네이버도 긴장을 늦출 수 없는 괴물이 있습니다. 바로 페이스북입니다.

앞서 나는 2017년 3월까지 웨딩 에이전시를 운영하면서 웨딩 컨설팅과 웨딩 박람회를 주최하는 일을 해왔다고 잠깐 소개했었는데요. 나의 웨딩 업체는 2015년 말에 시작했는데 한순간 성장하여 지금까지도 부산 및 경남에서 다섯 손가락 안에 드는 업체로서 힘을 떨치고 있습니다. 이렇게까지 업체를 키울 수 있었던 것은 바로 '확산'이라는 형태의 힘을 가진 페이스북 덕분입니다. 네이버가 가진 수많은 장점 중 그

것들을 덮어버릴 정도의 단점을 꼽자면 바로 일방적인 정보 전달, 그리고 너무 비싼 광고 비용입니다.

이런 네이버의 환경과 정말 반대되는 속성을 가진 페이스북은 많은 청년을 열광하게 했고 세계 최고가 되게끔 만들었습니다. 특히 2015년만 하더라도 페이스북의 유료 광고는 정말 아주 많이 저렴했습니다. 저렴한 광고와 '좋아요'를 기반으로 한 친구 간의 콘텐츠 확산 기능은 페이스북 광고가 가진 힘을 핵폭탄급으로 만들었습니다. 이 덕분에 나의 웨딩 광고는 페이스북을 잘 몰랐던 다른 웨딩 업체에 살상 폭탄이 되었습니다.

페이스북이 가진 독특한 특성이자 강력한 장점 중 하나는 내 친구가 '좋아요'를 누른 콘텐츠 또는 페이지를 나도 보게 된다는 것, 즉 '확산'이라는 점에 있습니다. 물론 이러한 속성이 과거에 비해서는 다양한 알고리즘에 의해 제한됨으로써 많이 약해지기는 했습니다. 하지만 페이스북의 이 확산 기능으로 인해 한때는 페이스북 피드만 보면서 지내는 페이스북 중독자들도 넘쳐났습니다. 내가 별 활동을 하고 있지 않아도 친구들이 '좋아요'를 누른 흥미로운 콘텐츠들이 언제든 뉴스 피드에 넘쳐났고, 재미있는 콘텐츠를 하나 보면 그 사이에 둘이 나타나 스크롤을 멈출 수 없었죠.

이런 페이스북의 강력한 성장세로 인해 독불장군 격이었던 네이버도 마케팅을 하고자 하는 사람들에게 많이 유해졌습니다. 이렇듯 마케팅계의 메이저리거라고 할 수 있는 네이버와 페이스북은 현재 우리나라 광고 시장을 양분하면서 경쟁적으로 꾸준히 성장하고 있습니다. 그렇기에 절대로 놓쳐서는 안 될 마케팅 채널이며 이 둘을 어떻게 활용하느냐에 따라 사업의 결과가 확연히 달라질 수도 있습니다.

▷ 페이스북 화면

3) 감성 돋는 장미파 우두머리 - 인스타그램

많은 사람이 어렵지 않게 접하고 실행해볼 수 있는 마케팅 채널 인스타그램! 앞서 설명한 세계 통합짱 페이스북의 CEO 마크 저커버그는 약 10조 원의 어마어마한 자금을 투입하여 인스타그램을 인수했습니다. 그 당시만 하더라도 사람들은 '저커버그가 이제 감을 잃어가나 보다', '저건 오바다', '미쳤다' 등 상당히 부정적인 반응을 쏟아냈습니다.

10조 원이 말이 쉽지 대기업 몇 개의 운명을 좌지우지할 수 있는 큰돈이기에(LG전자의 시가총액이 16조 원 정도입니다) 많은 사람의 의견이 분분한 인수합병이었죠.

인스타그램은 다른 SNS나 마케팅 채널과 달리 태초부터 모바일을 기반으로 태어난 마케팅 채널입니다. 그만큼 역사도 짧고 트랜드가 많이 반영되어 있는 SNS입니다. 대부분의 SNS는 그래도 PC 버전부터 만들어져 역사를 만들어오다가 스마트폰 열풍에 탑승하여 성장한 반면, 인스타그램은 스마트폰 등장 이후에 만들어져 발전해왔으므로 조금 다른 역사와 감성을 지닌 SNS입니다.

이렇듯 인스타그램은 정말 '간단'하고 정말 '단순'한 인터페이스를 가지고 있습니다. 나에게도 오히려 너무 단순해서 되레 헷갈리고 어렵게 다가왔던 SNS였습니다. 이름에서와 같이 '인스턴트'한 속성을 가진 인스타그램은 네이버에서의 '검색', 페이스북에서의 '확산'과는 다른 정보 전달방식을 가지고 있습니다. 그것은 바로 '해시태그'라는 속성인데, #으로 시작하는 키워드로 구성되는 콘텐츠를 의미합니다. 내 정보에 어떤 태그를 달아서 노출시킬 것인지를 손쉽게 결정할 수 있는 인스타그램의 독특한 특징 덕분에 인스타그램은 성장했습니다. 인스타그램의 이용자는 사진과 짧은 동영상 등을 정말 간단한 설명과 함께 SNS상에 올리게 됩니다. 그리고 이러한 콘텐츠가 노출되는 방법을 해시태그를 이용하여 콘텐츠의 주제를 마킹한다는 점이 인스타그램만의 독특한 특징입니다. 또한 인스타그램은 페이스북과 달리 내가 '좋아요'를 눌러도 나의 친구들(팔로워)에게 확산(강제로 보여지는 전달방식)되지 않는 특징을 가지고 있습니다.

그래서 이런 인스타그램을 처음 접했던 나는 이제 야한 사진에 대놓고 '좋아요'를 찍을 수 있겠다고 생각했습니다. 페이스북을 통해 야한 사진이 올라왔을 때 함부로 '좋아요'를 누르면 친구들에게 ○○○이 야한 사진에 '좋아요'를 눌렀다는 사실이 공공연히 알려지곤 했으니까요. 이러한 인스타그램의 특징 때문이었을까요?

프라이버시에 민감하고 사진 하나하나의 퀄리티와 감성을 중시하는 젊은 여성층에게, 그리고 젊은 세대에게 강력한 붐이 일어났습니다. 점점 정치적인 이슈와 언론, 광고로 가득해져가는 페이스북과는 달리 그의 이복 여동생 격인 인스타그램은 예쁜 사진이 가득한 감성 SNS로 거듭났습니다. 또한 콘텐츠에 붙는 해시태그를 통해 콘텐츠를 접하게 되므로 내가 원하는 정보를 찾아볼 강력한 장점이 있었죠. 젊은 여성들은 멋진 카페, 예쁘게 꾸민 셀카, 다양한 잡화류, 여행 이미지 등 '사진 위주'의 콘텐츠를 생산해냈고 인스타그램은 이를 기반으로 화려하게 성장했습니다.

인스타그램은 2017년 현재 국내 점유율 25% 정도를 차지하고 있습니다. 스마트폰을 들고 다니는 사람들 중 1/4이 사용한다는 소리입니다. 확실히 인스타그램은 마크 저커버그의 '신의 한수'였습니다. 페이스북은 점점 약해지는 광고 성과, 그리고 높아지는 광고 비용으로 클레임이 늘고 있었습니다. 여기에 더 확장할 수 있는 광고 수익이 없다는 점이 저커버그에게 리스크로 작용하고 있었습니다. 이러한 상황에서 페이스북 광고 소비자들에게 인스타그램 피드 광고를 선보임으로써 그러한 리스크를 불식시킬 수 있었습니다.

다양한 마케팅 판로를 모색하던 마케터에게 특정 업종(여성, 요식업,

육아, 여행업, 쇼핑몰)에 대한 광고는 인스타그램에서 탁월한 효과를 발휘했습니다. 10조 원의 투입 실행은 이제 더 이상 바보짓이 아닌 '역시 다른 안목'이 되었습니다. 인스타그램은 여전히 성장 중이며 2022년에는 점유율 50%에 육박할 것이라고 하니, 분명 절대 무시할 수 없는 마케팅 채널입니다. 예전 맛집은 블로그에서 탄생했다면 요즘 맛집은 해시태그에서 탄생한다고 할 정도입니다. 그러니 요식업을 하는 사업가들에게는 더없이 유용한 마케팅 채널입니다.

▷ 인스타그램 화면

4) 첨단 인공지능 무기 - 구글

전국 통합짱, 세계 통합짱, 장미파 우두머리 등 나름대로 채널 특징에 맞춰 닉네임을 지어보았습니다. 이제 구글의 닉네임을 지어보려는데 결이 좀 달라 주춤하게 됩니다. 그럼에도 굳이 닉네임을 주자면 '첨단 인공지능 무기'가 어떨까 싶습니다. 사람으로 보기에는 뭔가 기계적이고, 기계라고 하기엔 너무 똑똑합니다. 세계 통합짱의 가장 큰 라이벌이기도 한 구글은 네이버, 페이스북, 인스타그램 같은 마케팅 채널과는 조금 속성이 다릅니다.

앞서 이야기한 마케팅 채널들은 사람들과의 '소통'을 기반으로 하는 것이 큰 장점입니다. 반면, 구글은 '소통'이 아닌 '기획'과 '분석'이라는 기능이 탁월합니다. 물론 구글도 SNS를 만들고자 구글플러스라는 소통 기반의 SNS를 만들었으나 아주 '거하게' 말아먹었습니다. 특히 우리나라에서는 발도 제대로 못 들여놓았죠. 그 후 구글은 애널리시스 및 구글 애드센스라는 최첨단의 분석과 수집 기반의 광고, 리타게팅 광고 툴에 집중하게 되었습니다.

이러한 구글의 광고 툴은 툴(tool)인 만큼 사용자의 숙달도 매우 중요하게 작용했습니다. 도구를 배우지 않으면 도구를 쓸 수 없는 것처럼 구글의 광고 툴은 다른 마케팅 채널의 광고 툴에 비해 다소 어려운 점이 존재합니다.

하지만 구글의 기계적 모습과 철저하고 체계적인 시스템은 마치 최첨단의 유도 미사일을 연상케 합니다. 아마 많은 이가 경험해보았을 것입니다. 최신형 캐논 카메라를 갖고자 나 역시 카메라 쇼핑몰에서 가격을 비교하며 구매를 고민한 적이 있습니다. 그런데 어느 날부터

인가 온라인상의 뉴스 기사를 읽거나 특정 사이트를 방문할 때 내가 들렀던 쇼핑몰의 배너가 주구장창 나오는 것입니다. 배너를 접할 때마다 드는 생각은 점점 '지를까? 말까? 어쩌지?'에서 '에라 모르겠다. 지르고 보자'로 빠르게 바뀌어갔습니다. 그리고 카메라를 지른 후 며칠이 지나자 더는 카메라의 배너가 나를 추적하지 않았습니다. 이러한 광고를 잠재고객에게 다시금 전달하는 '리타기팅(Retargeting)'이라고 합니다. 참 똑똑한 광고입니다. 그렇다면 이러한 추적 광고는 어떻게 가능했을까요?

바로 구글 애드센스가 가진 구글의 추적 및 분석 코드 덕분에 가능했던 것입니다. 사이트에 구글이 만들어둔 코드를 사이트의 '헤드(Head)'에 입력해두고 구글에 돈을 지불하면 내 사이트에 방문한 방문자들을 대상으로 분석하여 배너 광고를 노출할 수 있습니다. 그리고 이러한 예비 소비자들의 움직임을 탁월하다 못해 압도적인 구글의 분석 기능을 통해 소비자의 동선을 파악하고 그 움직임에 맞춰 마케팅을 할 수 있습니다.

이러한 첨단 무기 구글은 어떻게 사용하냐에 따라 어마어마한 힘이 됩니다. 물론 사용법을 잘 모르면 그냥 그저 그런 무기가 됩니다. 어떻게 활용하느냐에 따라 핵무기가 되는 만큼 반드시 알아두고, 틈틈이 숙지 및 테스트해보면서 기능을 익혀두길 바랍니다.

5) 메이저리거를 꿈꾸는 마이너리거들

앞서 이야기한 마케팅 채널들을 메이저리거라 할 수 있습니다. 이러한 마케팅 판에서 빼두면 아쉬울 마이너리거들이 외곽에 포진해 있습니다. 물론 이런 마이너리거들은 시기에 따라, 유행에 따라 그 성과가 달라지기도 하지만 그래도 무시해서는 안 될 마케팅 채널들입니다. 앞서 이야기한 '빙글'이라는 SNS처럼 시기에 따라, 미디어 노출에 따라 갑작스레 엄청난 영향력을 가지기도 하기 때문입니다.

앞으로도 많은 서비스가 등장할 것이고 또 사라질 것입니다. 지금은 마이너리거이지만 그래도 나름대로 그들만의 세상을 만들어가는 마케팅 채널이기에 내 사업과 잘 어울리는 채널들을 발굴하여 미리 준비해둔다면 미래의 강력한 도구를 손에 넣을 수도 있겠습니다.

마이너리거의 대표 주자는 전국 통합짱 네이버가 낳은 아들이라고 할 수 있는 '밴드'입니다. 이미 국내 대다수의 스마트폰 유저라면 알고 있는 밴드는 앞서 설명한 메이저리거만큼의 강력한 파급력을 가지고 있지는 않지만 꾸준하게 성장해오고 있습니다. 현재 나름대로 독특한 지지층을 가진 알짜배기 앱 서비스라고 할 만합니다. 특히 30~50대 연령층의 모임 용도의 밴드가 많이 개설되어 있습니다. 다른 서비스에 비해 구매력이 매우 뛰어난 잠재고객들로 앱 이용자가 구성되어 있어 특정 업종에 대해서는 뛰어난 마케팅 성과를 기대할 수 있습니다. 특히 돈 없이는 구매할 수 없는 여행 상품, 해외직구, 골프용품 등 어느 정도 높은 가격대를 형성하는 상품을 판매하는 사업자들이 좋은 성과를 만들어가고 있습니다. 최근에는 헬스케어 산업 분야도 밴드에서 급격히 성장하기 시작했습니다.

그리고 빼놓을 수 없는 마이너리거로, 카카오스토리가 있습니다. 한때는 페이스북보다도 높은 점유율을 기록하던 아주 대단한 SNS입니다. 하지만 지금은 잘못된 정책으로 인해 그 세력이 아주 약해졌습니다. 물론 지금도 충성고객들이 이용하고는 있지만 아무래도 다른 SNS에 비해 애매한 포지션을 취한 카카오스토리는 그만의 색깔이 옅어져 계속 이용자가 이탈하는 추세입니다.

카카오스토리는 현재 주부들을 대상으로 한 카카오 채널이 힘을 유지하고 있으며 나머지 업종에 대해서는 거의 버려지다시피 했습니다. 이유로는 확산도 검색도 아닌 애매한 정보 전달방식을 취했다는 점, 초기 카카오 채널 진입자와 이후에 카카오 채널에 진입한 이용자에 대한 차별적인 정책, 공유 광고투성이가 된 피드에 대한 관리 문제 때문이었습니다. 솔직히 나는 다시 살아나리라고 보지 않지만, 카카오라는 기업의 성장세 측면에서 그래도 지속적인 관심을 줄 마케팅 채널이라고 봅니다.

앞서 설명한 마이너리거들 외에도 정말 다양한 마케팅 채널이 존재합니다. 하지만 그 마케팅 채널은 적합한 시스템의 개발, 투자 유치 등으로 붐이 일기도 하지만 대다수는 유명을 달리합니다. 이유는 앞서 설명한 메이저리거들의 독과점으로 더는 앱 서비스 시장이 예전과 같은 블루오션이 아니기 때문입니다. 그리고 스마트폰이 처음 출시되었던 시대와는 다르게 앱스토어나 플레이스토어에 들어가 앱을 내려받는 일이 드물어졌기 때문입니다.

그 말인즉슨 신규 고객 유치가 아주 어려워졌다는 뜻입니다. 한때 갤럭시를 첫 스마트폰으로 구매했던 나는 매일 10개 이상의 어플을 내려받고 지우기를 반복했습니다. 지금 돌이켜보면 참 쓸데없는 시간 낭비였습니다만, 분명 그때는 모두에게 어플 자체가 신기했습니다. 지금은 한 달에 과연 몇 번이나 앱스토어나 플레이스토어를 열어보는지 여러분도 자문해보면 왜 이런 독과점 시장이 만들어졌는지 고개를 끄덕일 수밖에 없을 것입니다.

5 마케팅을 돈으로만 때우지 마라

돈으로 안 되는 일이란 없지 싶을 오늘날의 자본주의 사회에서 정말 돈만 가지고는 할 수 없는 일이 있습니다. 바로 마케팅입니다.

우스갯소리로 페이스북이나 네이버의 댓글창을 보면 이런 이야기가 있습니다. LG전자의 마케팅 담당자를 잘라야 한다고! 어떤 기업은 정말 독특하고 참신한 아이디어로 광고를 만들어 초대박을 치기도 하지만 또 어떤 기업은 의미를 알 수 없는 이상한 광고를 만들어 쪽박을 차기도 합니다. LG전자의 이야기와 일맥상통하는데, 스스로를 삼성의 라이벌이라고 생각하는 LG전자는 그동안 플래그십 스마트폰을 아주 우수하게 잘 만들어냈습니다. 하지만 기술 개발팀의 노력을 발로 걷어차는 듯한 이상한 광고는 사람들로 하여금 스마트폰에 대한 기대심리를 없애버렸고 적자를 기록하거나 참담한 결과를 만들어내고 말았습니다. 얼리어답터를 자처하는 LG전자 소속의 내 지인도 이러한 LG 마케팅전략에 혀를 내두를 만큼 실패한 마케팅 사례가 너무 많습니다. LG전자 또한 세계 유명 글로벌 기업으로서, 기술력·자본력·

인지도 등 마케팅의 좋은 조건을 기본적으로 다 갖추고 있습니다. 그럼에도 왜 마케팅 단계에서 실패하는 것일까요? 마케팅의 요지는 '돈'이 아닙니다.

그렇다면 큰돈을 쓰지 않고도 마케팅을 성공시킨 사례로 무엇을 들 수 있을까요? 여러 사례 중 정말 유명하고 수많은 팬을 갖춘 미국 드라마 〈왕좌의 게임〉이 있습니다.

〈왕좌의 게임〉은 수많은 명대사와 다양한 색을 가진 극중 캐릭터들을 낳으며 성공적인 '마케팅 사례'를 만들어냈습니다. 대표적으로 극중에서 롭 스타크는 말합니다.

"우리는 7전 7승을 하였지만 아직 전쟁에 이기지 못했다. 적장인 타이윈 라니스타는 이제 전투에 나서지 않고 있어도 우리는 전쟁을 끝내지 못하고 있다."

롭 스타크는 용맹하고 신출귀몰한 작전으로 연전연승을 거두지만 본거지인 윈터펠을 그레이조이에게 빼앗겨 군사를 보충하고 양병할 본거지를 잃었습니다. 더군다나 라니스타의 본거지인 카스털리록을 쳐들어가기 위해 왈더 프레이에게 청병하려다가 타이윈 라니스타가 파놓은 함정에 빠져 죽고 맙니다. 용맹스런 장수 몇 명이 나서서 치른 전투 몇 번을 이긴다고 전쟁에서 승리하는 것은 아님을 잘 보여주는 예라고 하겠습니다.

이렇게 드라마 속 색깔 있는 롭 스타크 같은 캐릭터의 명대사나 그의 죽음은 드라마 팬들로 하여금 수많은 트윗과 SNS 컨텐츠 생산을 일으켰습니다. 〈왕좌의 게임〉은 7부작(계속해서 시즌이 나오고 있습니다)으로 각 10편씩 무려 70편이나 되는 대작임에도 이러한 명대사를 전해들은 수많은 새 고객이 드라마의 시청자가 되었습니다. 그리고 다시금 명대사와 캐릭터를 본인의 SNS로, 블로그로 퍼 날라주었습니다. 결국 〈왕좌의 게임〉은 큰 마케팅 비용 없이도 소비자들이 알아서 효과 좋은 마케팅을 실행해줌으로써 전 세계적인 드라마 팬을 갖춘 명작이 될 수 있었습니다. 극중의 롭 스타크와 적장 타이윈 라니스타의 이야기처럼 마케팅도 그러합니다. 전쟁에서의 승리와 작은 전투 몇 번에서의 승리가 다르듯 마케팅 역시 작은 전투에서의 승리도 중요하지만 결국 전쟁에서 승리해야 진정으로 승리한 것입니다.

〈왕좌의 게임〉 속 전쟁만큼이나 치열한 시장에서 전쟁하는 방법을 고심하고 실행하는 것이 바로 마케팅입니다. 〈왕좌의 게임〉은 마케팅과 참 관련 없는 것 같으면서도 마케터로서 배울 요소가 많은 드라마라고 하겠습니다.

Bl★g

PART

2

네이버 마케팅은 왜 필수인가?

1 SNS 시대에도 블로그를 놓지 마라

1) 1인 미디어의 아버지

요즘 앞을 보는 사람이 잘 없습니다. 이상한 소리처럼 들리겠지만 정말 대다수의 사람이 손에 쥔 작은 5인치 안팎의 화면을 통해 세상을 바라봅니다. 심지어 멋진 경관을 갖춘 여행지에 와서도 들여다보는 것이 스마트폰이니 말 다 했다고 할 수 있겠죠!

특히 이런 스마트폰의 발달을 이끈 것은 SNS라고 불리는 소셜 네트워크 서비스 덕분입니다. 국경 없이 누구나 실시간으로 타인과 소통하고 정보를 나눌 수 있도록 만든 SNS 등장으로 세상의 많은 것이 급변하고 있습니다. 이러한 SNS 시대에 블로그를 이야기하자면 마치 "옛날에 호랑이가 담배 피우던 시절에 말야" 하고 과거의 무용담을 들려주는 것처럼 어색할 수 있습니다. 나 역시 마케팅 상담 고객을 대할 때 블로그 이야기를 하면 고객들이 그보다 페이스북이나 인스타그램은 어떠냐고 되묻거나 왜 지나간 구식 마케팅을 알려주려 하냐며 핀잔하는 경우가 있습니다. 하지만 블로그는 결코 무시할 수 없는 마케팅 채널입니다. 그 이유는 바로 폭넓은 사용자층과 오랜 역사를 통해 탄탄히 다져진 신뢰도, 그리고 깊이 있는 콘텐츠의 양 때문입니다.

우리나라에서는 2002년 11월 'blog.co.kr'이라는 도메인을 달고 최초의 블로그 서비스가 시작되었습니다. 그 이후 네이버, 다음 등 대중적인 포털사이트를 통해 블로그는 사람들에게 전파되고 그 명칭이 알려졌습니다. 처음에는 사용자층이 미미했지만 점점 사용자를 늘려갔고 포털사이트의 첫 화면에 기사와 함께 좋은 정보를 갖춘 블로그의 포스트가 함께 노출되면서 많은 이의 주목을 끌게 되었습니다.

2000년대 이후에는 더 이상 소수의 이용자가 콘텐츠를 발행하는 매체가 아닌 영향력 있는 1인 미디어로 자리 잡으며 더욱 빠르게 성장하기 시작했습니다. 일반 사용자들이 일상에서의 경험, 느낌, 생각 들을 알리기 시작하면서 왜곡된 언론이나 광고보다 더욱 신뢰받기 시작했죠. 그리고 이러한 블로그의 특징 때문에 블로그는 강력한 영향력을 가진 매체로 급성장합니다.

그리고 블로그는 많은 업데이트 과정을 거치며 '소통'의 기능을 더욱 갖춥니다. 일반 사용자들이 일상에서의 경험, 생각, 느낌 등을 적은 블로그 포스트에 많은 이가 방문하고 그 포스트에 대한 느낌을 서로 교감하면서 블로그가 만들어내는 정보의 가치가 더욱더 높아지게 됩니다.

이러한 블로그는 오랜 역사만큼이나 10대부터 70대까지 아우르는 폭넓은 사용자층을 자랑합니다. 그리고 이러한 블로그의 특성 때문에 SNS가 대세가 된 현 시점에서도 결코 무시할 수 없는 강력한 매체로 남을 수 있었던 것입니다.

블로그(Blog)는 '웹(Web)'과 '로그(Log)'의 줄임말로, 원래는 웹로그라는 이름으로 세상에 태어났습니다. 이른바 '웹에 작성하는 일기'라고 하는 블로그는 등장부터 심상치 않은 포스를 뿜어냈습니다. 과거에는 천리안, 나우누리 같은 PC통신의 게시판에 사람들이 자기 이야기를 올리고 소통하는 방식이었습니다. 이후 인터넷이 발달하고 인터넷 속도가 증가하고 저장 용량이 획기적으로 늘어남에 따라 개인들은 자신의 게시판을 직접 운영하는 방식으로 바꿉니다. 이러한 변화의 바람은 1994년 미국의 저스틴 홀이라는 사람이 쓴 온라인 일기가 <뉴욕타임스> 등의 일간지에 소개되면서 더 거세집니다.

이러한 1인 미디어를 향한 열망은 얼마 지나지 않아 블로그라는 공식 명칭을 가진 서비스를 탄생시켰고, 오늘날까지 강력한 매체로서 발전하게 되었습니다. 최초의 블로그는 단순히 텍스트만으로 내 생각이나 느낌 등을 나열하는 정도였습니다. 그러나 오늘날 인터넷 서비스와 환경이 발전하면서 텍스트와 더불어 사진, 음악, 동영상, 파일 등 다양한 콘텐츠를 같이 활용하여 더욱 자유롭고 다채롭게 꾸미고 표현할 수 있게 되었습니다.

무엇보다 블로그는 개인 홈페이지와 달리 HTML, CSS처럼 특별한 지식이나 기능 없이도 나만의 콘텐츠를 손쉽게 편집·제작하고 관리할 수 있다는 장점 덕분에 자신을 표현하고 싶은 개인들에게 가장 매력적인 매체로 자리 잡았습니다.

2) 그래도 사람들이 믿어주는 콘텐츠 생산자

오늘날은 정보의 홍수를 겪고 있다 합니다. 과거에는 정보 자체가 가지는 가치가 아주 컸다면 오늘날에는 선별된 정보의 가치가 더욱 존중받습니다. 특히 온라인이 발달하고 다양한 매체가 등장함에 따라 우리는 정말 다양한 콘텐츠와 정보를 마주합니다. 물론 이 정보가 진실(true)일지, 거짓(false)일지는 겪어봐야만 압니다. 이러한 사회적 분위기는 블로그가 큰 정체기 없이 오늘날까지 성장하는 데 큰 도움을 주었습니다. 지금 현대인들은 바쁜 일상 속에서 살아가고 있습니다. 그러다 보니 오프라인에서 얻을 수 있는 정보는 한정적입니다. 이러한 이유로 온라인에서 얻는 정보에 의존할 수밖에 없습니다.

세상이 많이 발전한 덕분에 정보량은 기하급수적으로 늘었지만 상대적으로 나에게 꼭 필요한 양질의 정보를 찾아내기란 점점 어려워졌습니다. 사람들은 경험을 통해 이를 깨달았고 질 좋은 정보를 얻기 위해 노력하고 또 검증하기 시작했습니다. 그러면서 1인 미디어의 전초기지라 할 수 있는 블로그에 주목했고, 블로그의 정보를 비교적 신뢰할 수 있는 양질의 데이터로 인식한 것입니다.

블로그가 주는 1인 미디어의 정보가 대체 어떻게 높은 신뢰도를 가질 수 있었을까요? 아마 여러분도 나와 비슷한 경험이 있을 것입니다. 화려한 광고와 번지르르한 사진이나 영상에 이끌려 찾아갔더니 이미지와는 영 딴판인 식당이라든지, 멋진 텍스트로 버무려진 광고를 보고 찾아갔더니 심히 과장된 형편없는 업체라든지 등등…….

이렇듯 넘쳐나는 정보 모두가 거짓일 수 있음을 예비 소비자들이 인식하면서 조금이라도 사실일 확률이 높은 개인 의견 및 느낌이 듬뿍 담긴 1인 미디어의 정보를 좀 더 신뢰하게 되었습니다.

그리고 이러한 1인 미디어 블로그는 시대의 흐름을 타고 세상에 없던 맛집을 만들어내기도 맛집을 부숴버리기도 하는 강력한 미디어 생산자로 자리매김하게 됩니다.

오늘날 블로그가 만들어내는 바이럴 마케팅(Viral Marketing) 효과를 위해 마케터부터 사장, 세일즈맨 등 수많은 사람이 블로그의 콘텐츠 생산에 동참하고 있습니다. 이 덕분에 블로그가 전달하는 정보량은 비약적으로 증가하고 있습니다. 물론 그 정보의 퀄리티가 이전만 못하다고는 하나 여전히 신뢰할 수 있는 강력한 콘텐츠임은 부정할 수 없습니다.

3) 내 색깔을 드러낼 수 있는 매체

온라인 세상이 발전함에 따라 개성을 드러내는 개인이 늘어나는 반면, 완벽한 비밀도 없는 시대가 되었습니다. 주변에 페이스북을 즐겨하는 많은 지인에게 듣곤 하는 문제이고, 나 역시 느끼는 문제이기도 합니다.

친구가 멋진 여성의 사진을 보여주며 소개팅을 권유하면 설레는 밤을 맞이하며 다음 날을 꿈꾸던 시절과는 달리, 소개받은 여성의 번호를 페이스북 검색창에 입력하여 그 여성의 학력, 사는 지역, 좋아하는 것, 친구들의 성향 등 다양한 정보를 찾아낼 수 있는 게 오늘날입니다. 점점 프라이버시가 존중받지 못하며 나를 들키기 쉬운 세상이 되어가고 있습니다.

이러한 부작용으로 인해 SNS에 지쳐 떠나는 이도 늘고 있으니, 그 문제 또한 무시할 수 없는 시점에 이르렀습니다. 그러다 보니 이용자들은 차라리 자신을 철저히 숨길 수 있는 인스타그램과 같은 SNS로 본적을 옮기기도 합니다. 내가 아예 드러나거나 아니면 나도 모르는 가상의 나를 만들어내는 SNS로 말입니다. 그 결과 적당히 나를 드러내면서 나라는 사람이 가진 색깔을 드러내고 프라이버시도 존중받을 수 있는 SNS에 대한 욕구가 다시금 1인 미디어의 아버지 격인 블로그로 이용자들을 돌아오게 만들었습니다.

물론 과거처럼 적당히 내 일상과 생각만 남기며 키울 수 있는 쉬운 매체는 아니지만 충분히 프라이버시를 지키면서 내 색깔을 드러낼 수 있으니 이만한 미디어도 없다고 할 수 있습니다.

블로그는 개인의 생각이나 느낌, 일상 등을 기록하는 일기 속성을 지닌다고는 하지만 실제 블로그를 운영하는 목적, 이유는 개인마다 다를 것입니다. 어떤 사람은 자신의 생각을 정리하는 일기를 기록해두는 공간으로, 어떤 사람은 홍보와 마케팅을 위해 상품을 잠재고객에게 소개하기 위한 목적으로, 어떤 사람은 내 브랜드 인지도를 높이고 브랜드의 다양한 정보를 전달하기 위해, 어떤 사람은 자신이 가진 독특한 지식과 견해를 공유하기 위해 운영합니다.

스마트폰 등장으로 모바일 검색이 일상화되면서 온라인 이용자들이 전보다 더욱 쉽고 빠르게 정보를 찾고 소통하는 시대가 되었습니다. 이제는 누구든 자신의 이야기를 소셜 미디어를 통해 말할 수 있고, 콘텐츠의 퀄리티에 따라 인기 있는 미디어를 소유할 수 있게 되었습니다. 이러한 시대적 흐름에 맞춰 누구나 원하고 열광할 만한 양질의 콘텐츠를 갖춘 블로그라면 이는 매우 효과적인 도구가 될 것입니다.

2 대한민국의 거대 공룡, 네이버에 올라타라

대한민국의 온라인 세계에는 거대한 공룡 두 마리가 살고 있습니다. 하나는 녹색 공룡, 하나는 노란 공룡입니다. 이들은 서로 비슷한 서비스를 선보이며 앞서거니 뒤서거니 하는 라이벌입니다. 바로 네이버와 카카오의 이야기죠. 최근에는 이 두 공룡이 가는 길이 많이 달라지긴 하였습니다. 하지만 네이버와 카카오의 전신인 다음이 경쟁하던 시기만 하더라도 서로 비슷한 서비스를 수시로 만들어내며 치열하게 경쟁해왔습니다. 그리고 1차 대전쟁에서 승리한 녹색 공룡 네이버는 검색 점유율 75% 이상의 초거대 공룡이 되었습니다.

왜 이토록 많은 사람이 네이버 검색엔진을 이용하게 되었을까요? 이러한 격차가 난 데에는 일반인은 모를 많은 이유가 있겠지만 나는 과거 전지현이 CF를 찍으며 강력하게 발전시킨 지식인과 네이버카페 외에도 블로그가 있었기 때문이라고 생각합니다. 블로그는 네이버의 가장 신뢰할 수 있는 CP로서 네이버라는 포털의 콘텐츠를 풍성하게 만들고 그 콘텐츠를 통해 이용자들을 네이버에 묶어두는 역할을 하고 있습니다.

여행 가기에 앞서 네이버 블로그를 통해 여행지 리뷰 등의 정보를 얻어 여행 루트를 짜고, 여행지에서 숙박할 숙소를 고르며, 항공권의 가격과 서비스를 비교합니다. 처음 가는 지역에서는 네이버에 검색하여 이 지역에서는 어디가 맛있고 사람들의 평가가 어떤 곳이 더 좋은지 확인합니다. 이렇듯 어느새 '네이버에 물어보세요'라는 말이 생길 정도로 네이버가 생산해내는 콘텐츠에 대한 신뢰가 높아졌습니다. 물론 네이버가 이토록 비정상적인 점유율을 차지하게 되면서 독과점의 부작용도 많이 발생했지만 그래도 가장 다양한 정보를 보여주는 포털사이트임을 그 누구도 부정할 수 없을 것입니다.

사실, 겉으로만 보면 네이버에 블로그는 독이 될 수도 있습니다. 이유는 네이버 대부분의 수익이 검색 광고 등 광고 매출을 통해 발생하는데 네이버 블로그는 따로 비용이 들지 않으면서도 네이버의 검색 광고에 키워드를 노출시킬 수 있는 미디어이기 때문입니다. 무료 광고가 성장한다는 것은 그만큼 유료 광고에서의 성과를 잃는다는 것을 의미합니다. 그럼에도 네이버가 블로그를 아낌없이 키우고 발전시키는 이유는 단 하나입니다. 바로 네이버의 다양한 콘텐츠 중에서 블로그 정보가 검색 이용자들에게 유용하게 다가가고 있으며, 그게 네이버를 존속시키는 강력한 힘임을 스스로 잘 알고 있기 때문입니다. 이렇듯 네이버의 블로그는 큰일이 있지 않는 이상 네이버가 앞으로도 아낌없이 가꿔나갈 거목입니다.

네이버는 다양한 CP를 통해 이용자들을 묶어두는 데 성공했고 우리나라 검색 이용자 대부분이 이용하는 말도 안 되는 점유율을 만들어냈습니다. 그리고 이를 바탕으로 매년 높은 성장률을 기록해왔고 거대한 기업이 될 수 있었습니다. 이러한 정보를 만들어낸 일등공신인 블로그는 앞으로도 계속 성장해나갈 것이기 때문에 마케팅을 하겠다는 사람은 절대로 놓쳐서는 안 됩니다. 앞으로도 꽤 오랜 기간 네이버는 우리나라에서 가장 영향력 있는 포털사이트로서, 미디어로서 자리를 차지하고 있을 것으로 봅니다.

Bl★g

3 바이럴 마케팅, 네이버 블로그는 필수다

네이버 같은 포털사이트에서 어떤 키워드를 검색한 사람들 중 약 40%는 곧장 블로그로 이동합니다. 그만큼 블로그가 제공하는 콘텐츠에 대해 검색 이용자가 느끼는 신뢰도는 높습니다. 그래서 우리는 이토록 블로그를 입에 올리는 것이고, 수많은 바이럴 마케팅의 방법 중에서도 블로그가 그토록 주목받는 것입니다.

'그렇다면 과연 세상의 수많은 검색 이용자가 블로그를 통해서 얻고자 하는 진짜 정보는 무엇일까?'

우리는 이 부분을 좀 더 의미 있게 다루며 블로그가 주는 다양한 가치에 대해 알아볼 필요가 있습니다. 과거, 지금처럼 다양한 정보 검색처가 없던 시절에는 맛집을 찾든, 데이트 코스 혹은 새로운 여행지를 알아보든 간에 직접 발품을 팔거나 구전을 통해 정보를 얻을 수 있었습니다.

특히 "~에 가니 국밥이 맛있더라" 하는 정보는 지인이나 가족의 입을 통해서 얻을 수밖에 없었습니다. 이러한 입소문은 기존 고객에 이어 또 다른 신규 고객을 불러들이는 중요한 수단이 되었고, 신규 고객은 단골이 되고 또다시 입소문을 내어 마치 바이러스처럼 퍼져나가 전설적인 맛집을 탄생시켰습니다.

'바이럴'이라는 단어 유래도 이러한 입소문의 특징과 관련이 깊습니다. 바이럴은 'Virus(바이러스) + Oral(구전의)'의 합성어로 '바이러스처럼 퍼져 나가는 입소문'이라는 의미를 가지고 있습니다. 큰돈을 주고 오프라인 마케팅, 미디어 마케팅 등을 하는 경우에는 그 마케팅의 지속력이 한계가 있습니다. 하지만 입소문 마케팅은 기존 고객이 신규 고객을 낳고, 그 신규 고객이 또 다른 신규 고객을 낳는다는 점에서 마케팅이 제대로 설계만 이뤄진다면 강력한 지속력과 전파력을 갖습니다. 그리고 이러한 입소문은 요즘처럼 다양한 통신 접속 환경 속에서 더욱 더 강력한 전파 체계를 갖습니다.

알다시피 오늘날 페이스북·인스타그램·네이버 블로그·네이버 포스트·빙글 등 다양한 SNS 및 미디어 채널이 존재합니다. 이러한 환경은 그동안 입에서 입을 거치던 '알짜 정보'의 전달 속도를 비약적으로 단축시켰습니다. 우리가 살아가는 환경의 변화는 수많은 자영업자 및 사업자, 세일즈맨으로 하여금 바이럴 마케팅은 '네이버 블로그가 답이다'라는 잘못된 확신을 심어주기도 하였습니다.

물론 네이버 블로그가 정말 중요한 포지션을 가지고 있는 것은 사실입니다. 하지만 다른 온라인 미디어 채널이나 오프라인에서의 마케팅 포지션도 중요한데, 네이버 블로그가 바이럴 마케팅이라는 잘못된 인식이 확산됨에 따라 네이버 내에서 과잉된 경쟁을 낳기도 하였습니다.

이렇게 '네이버 블로그를 하는 것이 바이럴 마케팅이다'라는 잘못된 인식이 생긴 이유는 '네이버 블로그 마케팅 1주 완성'과 같은 타이틀을 달고 운영하는 잘못된 강의나 과장된 서적들 때문이기도 합니다.

과거에 그랬듯 오늘날에도 '완벽'이란 존재하지 않습니다. 정답 또한 없습니다. 결국 '바이럴 마케팅 = 네이버 블로그'인 것은 아닙니다. 다만, 네이버가 아직도 검색 점유율에서 위용을 떨치고 있고 네이버의 주요 콘텐츠를 채워주는 중요한 CP로서 블로그를 밀어주는 만큼, 온라인상에서 바이럴 마케팅을 전개하기 위해서는 네이버 블로그가 필수임을 알아둘 필요는 있겠습니다.

그렇다면 네이버 블로그는 어떻게 활용할 때 가장 강력한 효과를 볼 수 있을까요?

내가 웨딩 사업을 하며 직접 마케팅할 때 겪었던 이야기를 일례로 들어보겠습니다. 마케팅은 오래전 추억의 게임이 된 디아블로 2의 여전사, 아마존이 쏘는 '멀티풀 샷'과 같다고 할 수 있습니다. 웨딩 사업을 하던 시절, 나는 한 달에 약 1,500만 원 이상을 페이스북에 사용했습니다. 처음에는 페이스북의 성장세에 힘입어 굉장한 성과를 올리기도 했고 그로 인해 단기간에 기업을 비약적으로 성장시킬 수 있었습니다.

하지만 시간이 지남에 따라 페이스북을 이용하는 유저의 이탈, 광고 콘텐츠의 식상함, 불경기 등 여러 이유로 광고 성과가 떨어지기 시작했습니다. 그때는 정말 웃기게도 키워드 광고나 네이버 블로그를 이용한 바이럴 마케팅 등을 하지 않던 시절이었습니다. 페이스북의 확산력이 너무나 뛰어났던 시절이기도 하지만 클릭당 500원 미만의 페이스북에 비해 네이버 키워드 검색의 클릭당 비용은 7,000원 이상이었습니다. 당연히 어차피 돈이 든다면 더 저렴한 광고를 많이 내는 것이 맞다고 생각했습니다.

그러던 어느 날 너무도 떨어진 광고 성과 지표를 보면서 다른 광고 수단을 찾던 중 네이버 키워드 검색도구를 통해 내가 운영하던 업체명의 검색률을 확인하게 되었습니다. 충격적이게도 내가 운영하던 상호명의 검색 수가 생각 이상으로 매우 높았습니다. 바로 네이버 검색창에 내가 운영하는 상호명을 입력하고 검색했는데, 노출되는 내용은 거의 없다시피 했습니다.

이 말인즉슨 페이스북에 어마어마한 돈을 쏟은 만큼 그 광고를 본 사람들이 네이버에 검색을 해봤다는 소리인데 나는 고객들의 그런 검색에 대해 아무런 정보나 피드백을 주지 못하고 있었다는 뜻입니다. 나는 1,500만 원의 예산 중 500만 원 정도를 네이버 블로그 포스팅과 네이버 검색 광고에 사용했고, 이후 훨씬 좋은 광고 성과를 달성했습니다. 마케팅도 우리가 먹는 먹거리와 같아서 편식하면 좋지 않다는 것을 배운 순간이었죠.

결국 진짜 효과가 높은 바이럴 마케팅을 만들어내기 위해서는 검색 후 즉시 블로그로 이동하는 40%를 제외한 나머지 역시 커버할 마케팅 전략을 잘 만들어야 합니다. 카페, 지식인, 웹문서, 네이버 지도, 사이트, 이미지, 동영상, 홈페이지, 인스타그램, 페이스북 등 다양한 채널 곳곳에 마케팅 요소와 콘텐츠를 적절히 배치하여 촘촘한 그물망을 만들 때 비로소 고객이라는 고기를 잡을 수 있는 것입니다.

TIP

바이럴 마케팅

바이럴 마케팅이란 무엇일까요? 바로 Virus(바이러스)와 Oral(구전의)의 합성어로써 입에서 나온 말이 바이러스처럼 널리 퍼져나간다 하여 입소문 마케팅으로 많이 번역되어 사용하고 있습니다. 정보 기기가 발달하고 정보가 넘쳐나는 오늘날에는 정보가 반드시 '사실'을 의미하지는 않습니다. 검색해서 힘들게 찾아간 맛집이 '거짓' 맛집(먹어봤더니 정말 맛없거나 얻은 정보와는 확연히 다른 경우)인 경우도 있고, 인터넷 세상 속 정말 멋진 미사여구로 포장하여 '있어 보이는' 상품을 구입했는데 '메이드 인 차이나'급의 고물이 배송되기도 합니다.

이렇게 널리 퍼져 있는 정보를 믿을 수 없는 세상이 되다 보니 사람들은 광고를 통해 빠르게 접근하는 정보에 대해 의심을 품었고 심지어 믿지 않게 되었습니다. 오히려 광고가 주는 느낌과는 다른 실제 이용자가 작성한 '의견'을 좀 더 가치 있는 정보로 받아들이기 시작했습니다. 그리고 이러한 정보를 받아들여 정말 나에게 '가치 있는 정보'로서 역할을 하게 되면 가까운 친구나 가족에게 그 사실을 알리기도 하고 인터넷에 좋은 후기를 남기기도 합니다. 이로써 그 정보는 더욱 확대되고 재생산됩니다.

바이럴 마케팅을 이메일을 통한 홍보라고도 합니다. 실제 우리가 생각하는 바이럴 마케팅과 큰 차이를 보이는 점으로 볼 때 이 마케팅이 지닌 의미도 시간이 흐르면서 많이 변해왔음을 알 수 있습니다.

이처럼 오늘날 바이럴 마케팅의 핵심적인 특징은 정보가 퍼져나가는 중심이 정보 제공자냐 정보 수용자냐에 의해 결정된다고 볼 수 있습니다. 조금 더 명확히 정의하자면 고객이 어떠한 상품이나 서비스를 이용하고 이것을 그들만의 경험치로 끝내지 않고 자발적으로 타인에게 소개하거나 그 정보를 재생산하고 평가를 내림으로써 정보가 퍼져나가게 만드는 일련의 행위를 바이럴 마케팅이라고 하겠습니다.

4 누구를 타깃으로 마케팅할 것인가?

세상은 정말 급변하고 있습니다. 특히 우리가 하루도 빠지지 않고 보는 스마트폰 화면은 더욱 빠르게 바뀌고 있죠. 이전에는 TV를 통해 정보를 얻었고, 시간이 조금 흘러 인터넷이 대중화되면서 PC를 통해 정보를 얻었습니다.

그리고 이런 과거와 달리 오늘날엔 우리가 바라보는 정보의 창이 더욱 발달하여 모바일화되었습니다. 전 세계에서 가장 많은 사람이 이용하는 인터넷 커뮤니티인 페이스북 역시 모바일로 접속하는 사람이 대부분입니다. 페이스북 코리아의 조용범 대표는 "페이스북의 한국 사용자 94%가 모바일로 접속하고 있다"라고 언급할 정도로 모바일로 인터넷을 접속하는 것이 보편화되었습니다.

다만, SNS 겸 개인 공간이라고 할 블로그는 PC 사용자가 꽤 오랜 기간 모바일 사용자를 압도했습니다. 그 이유는 바로 블로그가 처음 오픈하던 시기와 연관이 있습니다. 네이버 블로그는 2003년에 오픈하여 지금까지 네이버의 강력한 콘텐츠 보급 담당을 맡고 있습니다. 때가

때인 만큼 오픈 당시의 10대, 20대, 30대가 아직까지도 블로그를 가장 친숙하고 편한 커뮤니케이션 공간으로 활용하고 있습니다. 물론 모바일이 대중화된 오늘날 모바일 사용자가 PC 사용자를 넘어섰지만, 우리는 블로그의 오픈 시기에 주목하고 이를 이용할 필요가 있습니다.

오늘날 떠오르는 다양한 마케팅 채널이자 커뮤니티라고 할 페이스북, 인스타그램, 트위터 같은 SNS들은 블로그에 비해 역사가 그리 길지 않습니다. 그런 SNS와는 다르게 오래전부터 많은 이용자를 유치해온 블로그는 이용 연령대가 다른 커뮤니티에 비해서 높다는 특징이 있습니다. 이러한 블로그에서 그동안 우리가 알아온 맛집이 태어났고, 다양한 제품의 리뷰를 통해 스테디셀러, 베스트셀러가 탄생했습니다. 자가용을 구입하기 전에 자동차 딜러가 올려둔 시승기와 스펙을 보고 차를 살 때 참고하기도 했습니다. 이 모든 블로그의 지나온 역사들이 지금의 블로그를 지탱하는 힘이 되고 있으며 지속적으로 블로그를 찾는 이용자들을 생산해내고 있습니다.

우리가 블로그에 주목해야 하는 이유는 바로 이러한 블로그 이용자의 연령대와 충성고객들 때문입니다. 다양한 마케팅 채널을 사용하는 나 역시 여전히 어떠한 정보나 의견을 얻고자 할 때는 네이버 블로그를 찾습니다. 왠지 편할뿐더러 블로거가 전달하고자 하는 의견 혹은 다양한 관점이 상당한 도움을 주기 때문입니다.

하지만 이런 나와는 다르게 10대와 20대의 젊은 층은 블로그가 아닌 인스타그램, 페이스북 같은 SNS를 훨씬 편하게 이용하고 또 친숙하게 다룹니다. 블로그에서 맛집을 찾지 않고, 분위기 좋은 카페를 찾더라도 인스타그램의 해시태그 또는 페이스북의 맛집 소개 페이지를 이용합니다. 이러한 세대 간의 이용 채널 차이는 다양한 성향을 가진 블로그에 들어가 보면 알 수 있습니다. 블로거의 연령대가 그리 어리지 않은 경우가 많고 또 블로그를 찾는 방문객 역시 젊은 층보다는 20대 후반에서 40대 정도의 초기 인터넷 세대들이 많습니다.

그렇다면 구매력이 가장 강한 세대는 어떤 층일까요? 구매 상품의 종류에 따라 조금씩 차이는 있으나 의·식·주와 같은 인간이 살아가는 데에서 가장 기본이 되는 상품군만 살펴보아도 25~49세의 연령대가 가장 구매력이 높은 것을 알 수 있습니다.

스마트폰의 대중화에 따라 예전에는 꿈도 꾸지 못했을 일들이 너무 쉽게 일어나고 있습니다. 지구 반대편에 사는 외국인과 친구가 되어 외국에서 또는 한국에서 만나기도 하는 세상입니다. 하지만 특정 연령대에게는 그런 모바일 세상이 굉장히 어렵기도 하고 쉽사리 이해가 되지 않을 수도 있습니다. 반면, 인터넷이 막 설치되던 초기부터 존재해온 블로그는 다양한 세대가 이해하고 이용하는 데 편리한 부분이 많습니다. 이런 맥락에서 구매력이 가장 강한 세대들이 이용하는 블로그가 주는 장점은 너무 많습니다.

1) 매출에 강력한 영향을 준다

블로그를 이용하는 목적은 정말 다양할 수는 있으나 사업자의 입장에서 블로그만큼 매출에 강한 영향을 주는 매체도 흔치 않습니다. 페이스북 광고, 키워드 광고, 인스타그램 광고 등 다양한 광고 방법이 존재하지만 블로그만큼 입소문을 만들기 좋은 매체가 없고 노력만큼 성과로 돌려주는 매체 또한 드뭅니다. 블로그 이용자들이 가장 구매력이 강한 나이대를 형성한다는 것 역시 블로그가 주는 메리트로 아주 충분하다고 하겠습니다.

2) 바로 검색 본능이다

오늘날 모바일의 대중화 속에서 흔히 볼 수 있는 것 중 하나가 '즉석 검색'입니다. 흔히 남자들은 술자리에서 스포츠 이야기를 즐겨 하곤 합니다. 마침 두 사람이 술자리에서 프로 선수의 연봉을 가지고 의견이 나뉘었습니다. 한 명은 1억이라고 하고 나머지 한 명은 2억이라고 서로의 의견을 내세우기 시작했다면 스마트폰이 등장하기 이전에는 꽤 오랜 시간 동안 누가 옳고 그른지 판정을 내릴 수 없었습니다. 그러나 요즘은 그 자리에서 스마트폰을 통해 검색합니다. 또 처음 간 지역에서 맛있는 식당을 찾을 때도 검색합니다. 이러한 '검색 본능'으로 인하여 다른 SNS는 줄 수 없는 블로그만의 메리트가 탄생합니다.

3) 블로그에는 깊은 정보가 존재한다

결혼한 지 얼마 되지 않는 초보 주부 B씨에게 위급한 상황이 발생했습니다. 갑작스레 시어머니가 상경해서 곧 집에 들이닥칠 예정이죠. 냉장고를 열어보니 두부 한 모와 먹다 남은 햄, 소시지, 그리고 친정엄마에게 받아 온 김치가 있습니다. B씨는 부대찌개를 끓여서 상경한 시어머니를 대접해야겠다고 결심합니다. 이때 B씨가 가장 먼저 하게 될 행동은 무엇일까요? 바로 '검색' 후 '블로그'에 들어가 부대찌개 레시피들을 비교하고 현 상황에 가장 적합하고 확실한 요리법을 선택하는 것입니다. 절대 이런 상황에서 페이스북이나 인스타그램에 들어가 부대찌개 레시피를 찾지 않을 것입니다. 이유는 사진이나 짧은 영상을 찾기 쉬울지언정 깊은 정보를 담고 있는 콘텐츠를 찾는 것은 매우 어려운 일이기 때문입니다.

블로그는 이미 우리 생활에 아주 밀접하게 연관되어 있습니다. 검색한 정보가 곧 사실이 되며 구매력 높은 25~49세의 많은 이용자가 다양한 목적으로 블로그를 이용하고 있습니다. 따라서 우리는 관점을 바꾸어 이러한 구매력 높은 나이대를 지배할 수 있는 블로그를 더욱 활용해야 합니다.

1 블로그 vs. 포스트

2 블로그, 왜 내가 하면 안 되는 것일까?

3 콘텐츠의 질이 고수익을 결정한다

TIP_ 카카오 브런치와 네이버 포스트의 장단점

Bl★g

PART

3

진화하는 블로그,
떠오르는 포스트

Blog

1 블로그 vs. 포스트

요즘 블로그만큼이나 핫한 것이 있는데, 바로 네이버 포스트입니다. '나는 개나 소나 다 하는 레드오션 블로그가 아닌 다른 것을 해보고 싶어'라고 생각하는 이가 있다면 한 번쯤 확인하고 또 도전해볼 필요가 있는 마케팅 채널이자 소통 채널입니다. 네이버 포스트는 모바일 콘텐츠를 중심으로 제작된 채널인데, 관심사별 태그로 원하는 정보들을 찾고 나만의 노하우와 팁을 담은 포스트를 발행하는 형식입니다. 이런 점에서 기존의 콘텐츠를 기록하는 채널이었던 블로그에 비해 좀 더 모바일 환경에 친화적이며 조금 더 전문 지식을 공유하는 공간으로 인식되고 있습니다.

네이버 포스트는 포스트라는 새로운 서비스를 론칭하기에 앞서 '스타 에디터 발굴 프로젝트'라는 이벤트를 통해 좀 더 구성지고 내용 깊은 콘텐츠 제작자들을 찾았습니다. 앞의 메인 화면을 보면 다양한 분류가 존재하고 여러 주제의 글을 공유하는 공간이라는 점에서는 네이버 블로그와 닮은 부분이 많습니다. 그러면서도 조금 더 깊은 정보를

▷ 네이버 블로그의 메인 화면과 네이버 포스트의 메인 화면 비교

가지고 있는 고급 콘텐츠를 다루는 공간이라는 점에서 포스트는 블로그와 차이를 갖습니다.

블로그는 내 일상 속 살아가는 이야기를 담은 일기장이라고 한다면, 포스트는 각 분야의 전문가들이 그들의 경험과 노하우를 구성지게 잘 정리해서 올려두는 플랫폼입니다. 그렇다 보니 블로그와는 다르게 굉장히 비판적인 눈으로 작성된 영화 리뷰나 상품 리뷰를 찾아볼 수도 있고, 다소 가볍지 않은 주제를 접할 수도 있습니다. 그렇다면 잘나가는 네이버 블로그를 놔두고 포스트를 만든 이유는 무엇일까요? 블로그에서 조금 더 깊은 정보를 가진 콘텐츠를 만들 수도 있을 텐데 말이죠.

네이버가 잘나가는 블로그 외에도 포스트를 만든 가장 주요한 이유는 PC 시대에서 모바일 시대로 변화되는 시대적 흐름에 의해서, 그리고 경쟁사 카카오가 만든 서비스 브런치에 대항하기 위해서 등 다양한

▷ 네이버 포스트 화면

이슈가 작용했을 것입니다.

오래전 TV가 귀했던 시절, 온 동네 주민이 TV 있는 집에 놀러 가 드라마를 보던 때처럼 PC가 그러한 대우를 받는 시절이 있었습니다.

후에는 PC 보급률이 높아져 어디서든 PC를 찾아볼 수 있게 되었는데 오늘날에는 이러한 PC를 굳이 사지 않는 가정도 있다고 하니 세상이 얼마나 바뀌었는지 알 수 있습니다.

오늘날 초등학생부터 어르신까지 누구나 손에 쥔 스마트폰의 등장은 PC를 기반으로 탄생한 블로그에게 큰 위협이 될 법한 환경이었을 것입니다. 특히나 이런 시기에 카카오에서 브런치라고 하는 전문성 높은 콘텐츠를 생산하는 글쓰기 전용 플랫폼을 개발함에 따라 블로그 외에도 스마트폰과 전문성에 맞춘 새로운 플랫폼이 필요하다는 인식이 발생했을 것입니다. 이런 이유로 탄생한 포스트는 검색되는 콘텐츠에 따라 네이버 블로그보다 더욱 상위에 노출되기도 하며, 오랜 역사를 통해 포화된 블로그에 비해 블루오션으로 인식되기도 합니다.

따라서 어느 정도 전문성을 가지고 판매되어야 하는 상품을 소개하거나, 다른 서비스 업종에 비해 더욱 전문적인 서비스 혹은 텍스트보다는 사진 기반의 콘텐츠를 생산하고자 한다면 꼭 블로그가 아니어도 한 번쯤 고려해볼 만한 채널이 포스트라고 하겠습니다.

2 블로그, 왜 내가 하면 안 되는 것일까?

웨딩 사업 이후 나는 요즘 마케팅 및 비즈니스 컨설팅, 그리고 웹디자인 사업을 이어 붙여 토털 비즈니스 컨설팅 사업을 하고 있습니다. 일이 일인 만큼 많은 사업자를 만나게 되고 또 그만큼 사업자의 고민이 무엇인지도 듣게 됩니다. 사업자들을 만났을 때, 가장 많이 받는 질문 하나가 있습니다.

"왜 내 블로그는 방문자가 오르지 않을까요? 열심히 하고 있는데 말입니다."

정말 많은 이가 사업, 개인적 취미, 맛집 정보 공유 등 다양한 목적으로 블로그를 이용합니다. 이렇게 블로그를 하다 보면 어느 순간 상대적 박탈감이 찾아오는 때도 있습니다. 나는 정말 열심히 블로그를 이용하는데도 다른 블로그에 비해 터무니없이 적은 방문자를 보게 되는 순간, 촌스러운 내 블로그에 비해 예쁘게 꾸며진 세련된 블로그를 마주하는 순간에 말이죠.

무언가 내 블로그가 '잘 안 풀리고 있다'는 사실을 직면한다는 것은 참 슬프고 의욕 떨어지는 일이 아닐 수 없습니다.

하지만 실망할 필요 없습니다. 우리는 이 책을 통해 조금 더 많은 방문자와 조금 더 예쁜 블로그를 만들고 가꿔가는 법을 만나보게 될 테니까요. 일단 우리는 우리가 마주한 상대를 바라보면 됩니다. 바로 지금처럼 변화가 빠른 SNS 시대에도 10년간 굳건하게 1위를 지켜오고 있는 것이 바로 검색엔진의 챔피언, 네이버입니다. 초당 200명이 검색하고 하루 3,600만 건의 상품 검색이 이뤄지며 경제 활동 인구와 맞먹는 2,400만 명이 하루에 접속하는 곳, 네이버가 상대이기 때문에 우리의 블로그가 뜻대로 풀리지 않는 것일 뿐입니다.

오랜 역사를 자랑하는 네이버의 가장 믿을 수 있는 CP이자 가장 많은 사람이 정보를 얻어 가는 이정표 역할을 수행하는 블로그이기에 네이버는 아주 꼼꼼하고 엄격한 룰로써 블로그를 관리해오고 있습니다. 이러한 네이버 블로그가 우리 같은 초보자 손에 쉽게 정복된다면 그게 더 이상한 일 아닐까요?

그렇기에 '열심히'라는 누구나 이미 실천하고 있는 통제변인이 아닌 다른 독립변인을 추가해 더 강한 경쟁력을 갖출 필요가 있습니다. 내가 열심히 블로그를 써서 내 의도대로 고객이 내 블로그에 찾아와 정보를 얻고 매출을 만들어주고 내가 의도하는 대로 흘러가준다면 그 얼마나 아름다운 광경이겠습니까? 그러나 네이버는 하루아침에 아무런 이유 없이 1위의 검색엔진이 된 것이 아닙니다. 오랜 역사만큼이나 탄탄하고 구성진 검색 상위 노출 알고리즘을 가지고 있으며, 이마저도 매우 빠른 주기로 변하고 있어 많은 마케터가 상위 노출 알고리즘을 이해하고 활용하는 데 애를 먹습니다.

그렇기 때문에 블로그가 조금 뜻대로 잘 안 굴러간다고 해서 실망하지 않아도 되며 잘나가는 블로거들을 보며 기죽을 필요 또한 없습니다. 우리는 네이버가 요구하는 기본기에 충실하면서 열심히 올바르게 실천만 하더라도 반 이상은 갈 수 있습니다.

수많은 사람이 “거기 맛집이라고 해서 가봤는데 맛이 영 꽝이었어”, “좋은 제품이라는 리뷰가 많아 구매해봤더니 완전 별로였어”, “전에 갔을 때 맛없던데, 사람들이 줄서서 먹는 집이라는 게 도무지 이해 안 돼”와 같은 맥락의 이야기를 합니다. 이러한 반응들은 꼭 맛집이 아니어도, 좋은 제품이 아니어도 특정한 방법에 의해 알려질 수 있다는 희망을 우리에게 전해줍니다.

지금은 많은 이가 블로그에 도전하고 또 쓴맛을 보고 있습니다. 초기의 네이버는 일단 많은 사용자를 확보하는 게 중요했고, 아웃소싱과 클라우드소싱을 하며 사용자 모으기에 모든 힘을 쏟았습니다. 그렇기에 어느 정도의 도배글이나 도용글 같은 어뷰징(반칙)을 눈감아주기도 했습니다. 그리고 중복되어 올라오는 광고글에도 지금과는 다르게 큰 힘이 실리곤 했습니다. 당시에는 마케팅 초보자라고 하더라도 어뷰징 룰만 일정 부분 숙지하면 포스팅 하나만으로도 여기저기 도배하고 다니며 좋은 마케팅 성과를 얻을 수 있었습니다.

하지만 지금의 네이버는 국내 점유율 70~80%를 오가며 독재자의 위치에 올라섰습니다. 이렇게 성장한 네이버는 이제는 ‘신뢰할 수 있는 정보’로 고객을 묶어둬야 할 상황에 놓여 있습니다. 말하자면 디펜딩 챔피언의 위치에 있는 것입니다. 그래서 간단한 방법으로는 높은 광고 성과를 올리기가 어렵게 룰이 바뀌었습니다. 고객들 역시 성의 없이 작성된 글이나 광고 냄새가 팍팍 나는 무미건조한 콘텐츠에는 전혀 반응하지 않게 되었으며 상위 노출된 블로그의 콘텐츠도 일부는 마케터에 의해 작성된 '거짓'이라는 것도 알게 되었습니다.

아무튼 똑똑해진 고객만큼이나 블로그도 복잡한 알고리즘을 가지고 꾸준히 발전해왔습니다. 즉, 블로그를 내가 하면 안 되는 이유는 네이버도 고객도 별로 좋아하지 않는 글을 썼다는 것입니다. 내용의 깊이나 콘텐츠의 퀄리티를 논하는 것이 아닌 '네이버의 상위 노출 알고리즘'에 맞지 않는 글을 썼다거나 고객이 반응하지 않는 진부한 글을 썼다고 생각하면 됩니다. 하지만 실망하지 않아도 됩니다. 이토록 체계적인 알고리즘과 시스템을 갖춘 플랫폼이기에 네이버 블로그는 네이버가 정해둔 그 체계 안에 맞춰 글을 작성하고 블로그를 기획한다면 더 이상 실패하지 않고 성공할 수도 있습니다.

3 콘텐츠의 질이 고수익을 결정한다

블로그나 포스트를 개설하고 최선을 다해 블로그(포스트, 이하 생략)를 운영했지만 성과를 내지 못한 이들의 특징이 있습니다. 바로 콘텐츠의 부실입니다. 성과 없는 블로그를 보면 백이면 백, 콘텐츠의 수준이 너무 낮거나 경쟁 상대에 비해 콘텐츠의 가치가 떨어집니다.

여러분이 삼국지에 등장하는 '유비'라고 가정해보죠. 만부부당(萬夫不當, 수많은 장부로도 능히 당할 수 없음)의 인물 관우 한 명과 졸병 열 명이 찾아와 부하로 삼아달라고 합니다. 이 상황에서 여러분은 관우와 졸병 열 명 중 무조건 하나를 택해야 한다면 과연 어느 쪽을 선택할 것인가요?

갑자기 얼토당토않은 질문을 꺼낸 것에는 이유가 있습니다. 양으로 몰아치는 포스팅을 하는 이들이 있는데, 이는 정말 손만 아프고 눈만 아픈 소용없는 짓입니다. 일명 '계란으로 철옹성 네이버 치기'입니다. 특히나 스마트폰의 대중화로 고객들의 수준이 많이 높아지고 정보가 흔해진 오늘날 평범하거나 수준 낮은 콘텐츠에는 고객들이(혹은 방문자들이) 아무런 반응을 보여주지 않을뿐더러 블로그에 더 안 좋은 영향을 끼칠 수도 있습니다. 즉, 졸병 열 명 같은 '흔글(흔한 글)' 10개보다는 관우 같은 멋지고 매력적인 글 하나가 더욱 가치가 있다는 것입니다.

당연한 이야기겠지만 고객들은 '읽기 쉽고', '보기 좋고', '많은 정보를 포함하고 있으며', '신뢰할 수 있는 의견을 담은' 콘텐츠를 원합니다. 이 말은 가독성이 떨어지거나, 사진 혹은 도식 등이 부족하여 읽기 싫어지는 글이거나, 정보가 너무 없는 글이거나, 너무 당연한 이야기만 가득한 글에는 눈길을 주지 않는다는 소리입니다.

내 블로그가 성공적으로 자리 잡고 높은 질을 갖춘 콘텐츠 생산자로서의 블로거가 되기 위해서는 다음 사항에 유의하여 블로그 콘텐츠를 만들어가야 합니다.

1) 블로그의 콘셉트와 운영 방향을 유지하라

블로그의 콘셉트와 운영 방향을 정하고 그것을 유지하면서 블로그를 운영해야 합니다. 내가 많은 이의 블로그를 진단하면서 발견하는 문제점인데, 블로그를 운영하다 보면 블로그의 콘셉트나 운영 방향을 정하지 않는 경우가 다반사입니다. 반드시 블로그의 콘셉트를 잡으라는 법은 없으나, 블로그의 콘셉트는 장기적인 관점에서 내 블로그를 지속적으로 방문해줄 이용자에게 제시하는 하나의 이정표가 될 수 있습니다.

영화를 좋아하는 블로그 운영자가 블로그에 본인의 다양한 영화 관점들을 꾸준히 작성한다면 당연히 시간이 지날수록 영화에 관심을 가진 사람들이 이웃이 되어주거나 즐겨찾기에 블로그를 등록해두고 꾸준히 방문해줍니다. 많은 사설 블로그 강좌나 어디서 유래한 것인지 모를 '~카더라' 통신의 블로그 육성 방법 중 꾸준히 맛집 포스팅, 일상 사진, 여행 사진 등을 다채롭게 올려줘야 한다는 말 때문에 대다수의 블로그가 콘셉트가 존재하지 않고 중구난방 개인만을 위한 공간이 되어 있는 경우를 많이 목격합니다.

'개인의 일상을 기록하는 일지'라는 점에서 블로그의 목적과 부합한다고 할 수 있지만 사실 블로그를 운영하는 대다수는 그 이상의 목적을 가진 경우가 많기 때문에 이는 옳은 방법이 아닙니다. 의미 없는 방문자를 늘리기 위해 맛집, 영화 리뷰, 여행, 일상, 상품 후기 등을 마구 올리기보다는 특정 콘셉트를 정하고 그와 관련된 정확한 정보 제공에 초점을 맞추어 글을 쓰는 것이 장기적으로 내 블로그를 방문해줄 '진짜' 잠재고객을 찾는 방법이 될 것입니다. 이러한 콘셉트전략은 처음에는 이웃 수도, 방문자 수도 더디게 늘어날지 몰라도 시간이 지날수록 탄탄한 고객군 형성을 통해 강한 파괴력을 지닌 블로그를 탄생시킵니다.

2) 블로그는 시간 싸움이다

블로그를 시작하면 최소 3개월은 바라봐야 합니다. 그리고 3개월 정도 열심히 시간을 던질 자신이 없다면 차라리 시작하지 말고 그 시간을 다른 일에 투자하는 것이 정신건강은 물론 시간 절약에 도움됩니다. 블로그는 처음 안착하는 데까지 시간과 꾸준히 사투해야 합니다. 어떤 마케팅이든 당장 성과가 나오는 것은 없습니다. 블로그 역시 절대로 당장 오늘 써서 네이버 메인에 게시될 수도 없고 갑자기 없던 손님이 늘지도 않습니다. 장기적으로 꾸준히 좋은 콘텐츠를 생산하여 내 블로그의 지수를 타 블로그보다 높게 만들어야 합니다. 그래야 네이버가 '좋은 블로그'로 판단해 더 많은 검색에 노출시켜주고 더욱 많은 방문자를 만들어줍니다.

많은 도전자가 목표 없이 한두 달 만에 결과를 보려다가 쉽게 지치고 포기하는 모습을 봐왔습니다. 블로그에 이왕 시간을 들일 거라면 제대로 확실히 투자해야 합니다. 1시간 걸려 쓴 글 7개보다 2시간 걸려 쓴 글 3개가 더 파괴력이 높을 수 있습니다. 따라서 아무리 귀찮고 힘든 일일지라도 미리 계획을 가지고 글의 주제를 잘 생각해서 글 하나하나에 정성을 쏟아 꾸준히 블로그를 운영해줘야만 블로그가 성장할 수 있습니다.

3) 차별점이 있는 콘텐츠를 생산해야 한다

어느 한 가지 주제에서 양질의 콘텐츠를 생산한다는 것은 결코 쉬운 일이 아닙니다. 뛰는 놈 위에 나는 놈 있는 법입니다. 평범한 주제에서 더 특별하고 양질의 글을 쓰려는 노력보다 타 블로그와 어떤 차별점을 두어 어떤 점에서 내 블로그의 강점으로 부각할 것인지를 고민하는 게 좋은 콘텐츠를 만드는 더 쉬운 방법이 될 수 있습니다.

차별화라고 하면 많은 이가 이벤트나 어떤 혜택을 제공해야 하는 것이 아닌가 착각할 수도 있습니다. 이벤트를 하고 방문자들과 지속적인 소통을 하면서 이슈를 끌어가는 것도 차별화의 좋은 방법이 될 수 있습니다. 그러나 꼭 이런 이벤트가 아니더라도 '나는 남들보다 훨씬 웃긴 사람이다'라는 특징을 지녔다면 조금 더 웃긴 글을 써서 타 블로그와의 차별점을 강조할 수도 있습니다. 또 단순히 내 상품을 홍보하는 글이 아닌 경쟁업체의 상품과도 비교 분석하며 장단점을 모두 나열하는 글을 써서 신뢰도 높은 글로 보이게 만든다든지, 평소에 꾸미기를 잘하는데 내용은 빈약하더라도 더욱 예쁘게 글을 쓰고 가독성을 높여 읽고 싶은 콘텐츠로 보이게 만든다든지 등등 타 블로그와 다른 차별전략을 구사하는 것도 블로그를 키우는 좋은 습관이 될 것입니다.

4) 평소에 아이디어를 잘 정리해두는 습관을 지니도록 한다

나뿐 아니라 글을 귀신처럼 잘 쓴다고 하는 사람도 갑자기 컴퓨터 앞에 앉아 글을 쓰려면 막막해지는 경우가 많습니다. '뭘 쓰지?', '무엇을 강조하지?', '어떻게 돋보이게 하지?', '어느 부분에서 다른 블로그들과 차별점을 주지?' 등등 수많은 생각이 머릿속에 뒤엉켜 결국 글 몇 줄 쓰는데도 많은 시간을 허비하곤 합니다.

그리고 이런 형태의 콘텐츠 생산 습관은 운영자이자 생산자인 블로거 본인을 지치게 만들고 결국 포기하게 만듭니다. 따라서 블로그에 어떤 콘셉트를 정하고 일주일에 몇 번 정도 콘텐츠를 만들 것인지와 같은 기본적인 계획을 수립해야 합니다. 더불어 평소 블로그 운영이나 블로그에 쓸 좋은 아이디어가 떠오르면 잘 메모해두었다가 활용하는 습관을 겸비해야 합니다. 그렇게 한다면 블로그로 인해 다가오는 정신적 스트레스로부터 조금이나마 해방될 수 있습니다.

5) 남의 블로그를 자주 들여다본다

블로그 운영에 너무 심취한 나머지 내 블로그 글쓰기에만 혈안이 된 이들이 있습니다. 네이버 블로그 메인 화면 등에 링크된 블로그들을 한 번씩 들여다보며 내 글쓰기와 다른 점은 무엇인지, 어떤 점이 좋아서 네이버 메인에 게시되었는지 등을 한번 생각해볼 필요가 있습니다.

우물 안 개구리처럼 너무 내 블로그에만 심취해 있다 보면 내가 만드는 콘텐츠가 다른 경쟁자가 만드는 콘텐츠에 비해 어떤 점이 더 좋고 어떤 점에서 차별화를 두었는지 스스로 모를 수 있습니다. 따라서 실제 운영되고 있는 수많은 블로그를 들여다보면서 다른 블로거들이 활용하는 글 작성법, 요즘 유행하는 것은 무엇이고, 어떤 프레임으로 운영되는지 등을 주시해봅니다. 이렇게 살펴보면서 블로그를 운영하는 것도 양질의 콘텐츠를 만들고 블로그를 성장시킬 좋은 습관이 됩니다. 거듭 말합니다만, 너무 잘 갖춰진 블로그를 보면서 기죽지는 맙시다. 누구나 처음이 있게 마련이며 꾸준히 블로그를 하다 보면 전문가 못지않은 실력을 가진 자신을 발견하게 될 테니까요.

TIP

카카오 브런치와 네이버 포스트의 장단점

앞서 잠깐 설명했던 네이버 포스트를 조금 더 살펴보며, 경쟁사 카카오의 비슷한 서비스인 브런치에 대해서도 조금 알아보겠습니다.

우선 이 두 플랫폼은 모두 모바일을 위한 글쓰기에 최적화되어 있다는 점에서 비슷한 맥락을 가졌습니다. 또한 온라인 세상 곳곳에 뿌려진 출처를 알 수 없는 정보가 아닌 어느 정도 필터링이 된 고급 정보를 얻고자 하는 이용자들이 이용하는 플랫폼입니다. 다른 기타 플랫폼에 비해 깔끔한 가독성을 제공한다는 것도 공통점이라고 할 수 있습니다.

다만 가장 큰 차이는 폐쇄성의 정도와 노출방식 등인데 앞서 설명한 네이버 포스트에 비해 카카오 브런치는 조금 더 폐쇄적입니다.

카카오 브런치가 좀 더 폐쇄적이라고 말하는 이유는 바로 '심사'라는 과정이 존재하기 때문입니다. 브런치를 이용하기 위해서는 가입 및 개설 외에도 내가 쓰고자 하는 글에 대해 카카오의 심사를 받아야 하고 심사를 통과한 뒤에야 브런치에 글을 발행할 수 있는 발행 권한을 부여받게 됩니다. 즉, 카카오가 보기에 실력 없거나 가벼운 수준의 글쟁이는 글을 쓸 수 없는 것입니다. 그럼 당연히 네이버 포스트를 이용해야 하는 것 아니냐고 하겠지만 이러한 플랫폼을 사용하는 이용자 측면에서는 왠지 카카오 브런치가 더 높은 수준의 콘텐츠를 제공할 것만 같은 기분이 들기 때문에 단순 비교하기란 어렵습니다.

네이버 포스트와 카카오 브런치 간의 두 번째 차이점은 콘텐츠가 소비자(이용자)에게 노출되는 방식입니다. 이 둘은 비슷하면서도 많은 차이를 가지고 있는데, 우선 카카오 브런치는 네이버 포스트에 비해 다소 폐쇄적으로 노출되는 경향이 있습니다.

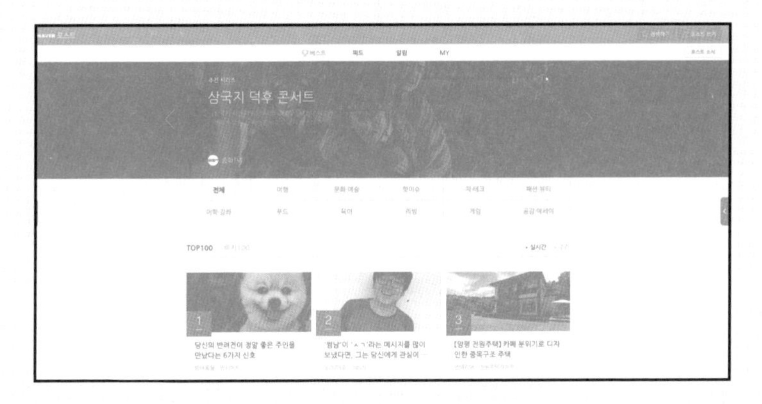

▷ 네이버 포스트 화면

▷ 카카오 브런치 화면

우선 각 플랫폼의 서비스 홈페이지부터 비슷한 듯 다른 양상을 보입니다. 다양한 주제별로 골라볼 수 있는 매거진 가판대 형태를 보이는 네이버 포스트에 비해 카카오 브런치는 전문 서적이 꽂혀 있는 대학가의 서점을 보는 듯합니다. 실제로 심사 절차가 있는 카카오 브런치에는 좀 더 작가의 개성이 묻어나는 글이 많고 개인의 견해나 전문 지식이 많이 드러나는 훨씬 깊은 내용을 다루고 있는 경우가 많습니다. 또 기술적이고 정보를 담은 설명 위주의 글보다는 감성적이고 서사적인 글이 많다는 특징이 있습니다.

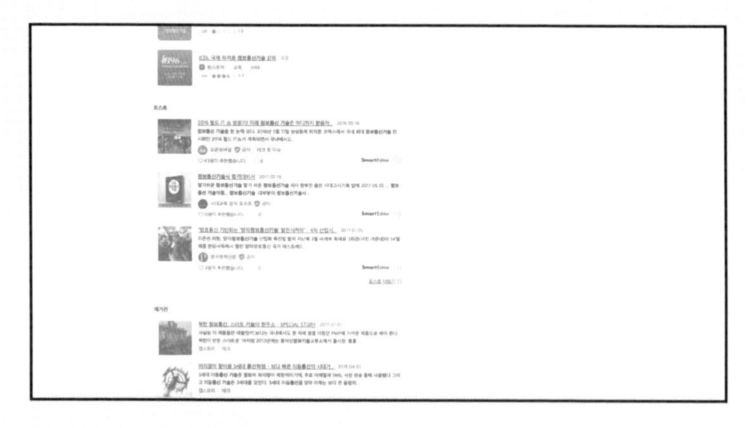

▷ 네이버 포스트 노출 화면

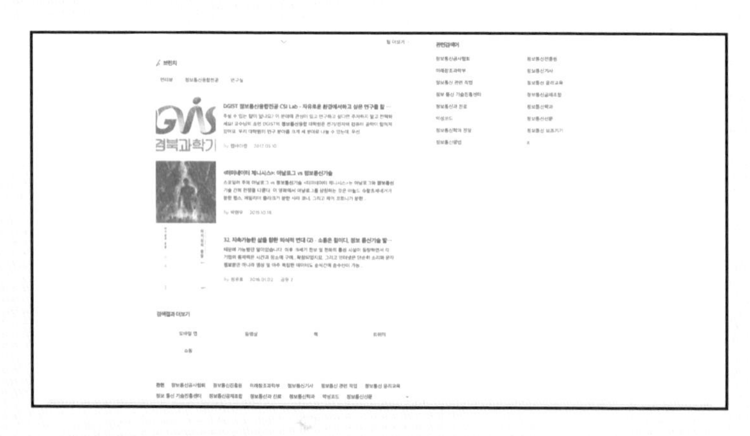

▷ 카카오 브런치 노출 화면

위 사진에서도 볼 수 있듯, 네이버 포스트는 검색어에 따라 상위에 노출되기도, 가운데 노출되기도, 화면 하단에 노출되기도 하는 유연성을 보여줍니다. 반면, 카카오 브런치는 보통 최하단에 노출되는 특징이 있습니다. 이렇다 보니 브런치 이용자들은 자체적인 노출에만 의지하지 않고 페이스북이나 다른 SNS 등을 통해 본인의 글을 퍼 날라서 노출하는 경우가 많습니다. 반대로 검색 점유율 1위라는 네이버의 검색 노출이 가능한 포스트는 빵빵한 검색 점유율을 맘껏 활용하여 검색엔진 그 자체를 가지고 소비자들에게 콘텐츠를 노출합니다.

그 외에도 네이버 포스트와 카카오 브런치는 많은 차이가 있습니다. 다만 이러한 차이를 신경 쓰지 말고 본인의 성향에 따라 카카오 브런치나 네이버 포스트를 활용하다 보면 어떤 것이 더 나에게 맞고 효율적인 성과를 가져다 주는지 알 수 있을 것입니다. 개인적으로 나는 본인이 정말 글에 재주가 있는 것이 아니라면 비교적 쉬운 에디터와 사진으로 버무려서 내용을 만들어갈 수 있는 네이버 포스트를 더 추천합니다.

| 1 통합검색을 알면 마케팅이 보인다 |

| 2 키워드별로 달라지는 통합검색 화면 |

| 3 좋은 키워드는 있다? 없다? |

| 4 나의 가게는 어떤 평가를 받고 있을까? |

| 5 키워드에도 블루오션이 있다 |

| 6 리뷰 마케팅의 중요성 |

Bl★g

PART

4

네이버 통합검색 활용하기

1 통합검색을 알면 마케팅이 보인다

이제는 전문 조사기관에 의뢰하지 않고서도 올해의 트렌드는 무엇인지, 사람들은 어떤 이야기에 열광하는지, 어떤 상품이 가장 잘나가는지 등 소비자 심리를 전문적으로 파악할 수 있게 되었습니다. 이유는 바로 네이버나 다음 같은 검색엔진이 존재하고 있기 때문입니다. 쉽게 말해 잠재고객들이 원하는 것은 키워드를 통해 표현됩니다. 이러한 이유로 어떤 전략을 가지고 네이버 블로그를 작성하고 운영하느냐에 따라 단어 하나의 선택에 따라 노출이 100배가 넘는 수치로 차이가 나기도 합니다. 마케팅은 무조건 돈을 들인다고 해서 높은 성과가 나는 것은 아니라고 말했습니다. 이는 얼마나 소비자의 심리를 파악하고 어떤 키워드전략을 사용했는지에 따라 그 결과가 천차만별이기 때문인데요. 이런 이유로 네이버라는 검색엔진 안에서도 어떤 키워드를 검색하였느냐에 따라 검색 후 나타나는 화면이 달라집니다. 아무래도 검색엔진을 통해 네이버가 가져가는 수익에 따라 또는 상품을 제작하고 판매하는 기업의 마진에 따라 집행되는 광고비가 달라지기 때문입니다.

소비자 마케팅 영역에서는 이런 상품을 '고관여 상품'과 '저관여 상품' 두 가지로 나눕니다. 흔히 고가의 상품을 고관여 상품이라고 하고, 저가의 상품을 저관여 상품이라고 합니다. 이는 키워드를 통해 원하는 정보를 찾고 선택하게 되는 검색엔진에서 비슷하게 나타납니다. 바로 이런 차이 때문에 검색 후에 나타나는 화면이 달라지는 것입니다.

예컨대 사무용으로 사용할 노트와 펜을 주문한다고 가정해보겠습니다. 선호하는 브랜드나 특가 이벤트 등 변수가 있을 수 있지만 큰 정성을 들여 수차례 검색하고 여러 사이트를 들락거리면서 상품을 선택하지는 않습니다. 집 근처 문방구나 마트에서 살 수도 있고 인터넷을 통해 최저가로 산다 하더라도 오프라인 상점과 비교해 몇백 원, 몇천 원 차이 나지 않는 상품들이기 때문입니다. 반대로 노트북을 사기 위해 검색한다면 이야기가 달라집니다. 몇 시간이 걸리더라도 내가 만족할 사양의 노트북을 가장 저렴하게 구입하기 위해서, 조금이라도 더 믿을 수 있는 사이트를 찾기 위해서 검색에 몰두합니다. 왜냐하면 선택의 차이에 따라 몇만 원 이득을 볼 수도 손해를 볼 수도 있으며, 이 상품에 거는 기대가 아주 높기 때문입니다. 그리고 이러한 키워드들이 네이버의 입장에서는 배를 불려줄 좋은 수익 수단이 됩니다. 그러므로 이러한 검색엔진을 운영하는 네이버의 관점에서 통합 검색을 이해하고 네이버 블로그에 포스팅을 할 때 조금이나마 더 소비자에게 접근하기 좋은 글을 작성할 수 있습니다.

과거 웨딩 컨설팅 및 웨딩 박람회 주최 사업을 하면서 직접 마케팅에 뛰어들게 된 계기가 있었습니다. 당시는 사업을 시작하고 초기에 불타는 의지만큼이나 이것저것 많은 것을 시도해보던 시기였는데, 온라인에서도 큰 지배력을 가진 웨딩 업체를 만들고 싶은 욕심에 큰돈을 들여 사이트를 만들고 검색엔진에 사이트를 등록했습니다.

등록한 지 얼마 지나지 않아 수많은 마케팅 업체로부터 연락이 왔습니다. 그들은 너나없이 키워드 마케팅을 통해 매출을 극대화할 수 있다고 말했습니다. 그러니 자신들에게 마케팅을 맡기는 것만으로도 높은 수익을 창출할 수 있다고 했습니다. 사업 초기에는 마케팅의 '마' 자도 모르던 처지였기에 흔쾌히 월 예산을 잡아 마케팅을 의뢰했습니다.

며칠이 지났을까요? 마케팅 예산이 소진되었으니 마케팅 비용을 추가로 더 입금해달라는 연락을 받았습니다. 그래서 어디에 마케팅을 집행했냐고 하니, 키워드 마케팅에 일부를 지출하고 기사도 올렸다고 했습니다. 그러고는 인터넷 기사를 보내주는 것이었습니다. 당시에는 우습게도 '와, 벌써 기사까지 나다니!' 하면서 기쁜 마음에 어머니에게 내 회사가 인터넷 기사에 올라온다고 자랑했었죠.

이 마케팅이 아주 잘못되어가고 있다는 사실은 마케팅을 마케팅 업체에 맡기고 3개월이 지나서야 깨달을 수 있었습니다. 우연히 서울로 출장을 가서 쇼핑몰을 운영하는 한 대표와 미팅을 갖게 되었는데, 내 마케팅에 대해 매우 우려를 표하는 것이었습니다. 키워드 마케팅이 어떤 키워드에 얼마가 지출되었는지, 기사는 얼마나 송출되었는지, 그로 인해 사이트 방문자는 얼마나 늘었는지, 그런 데이터를 하나도 받지 않고 마케팅을 한다는 게 말이 되냐며 핀잔을 주었습니다. 이에 나는 쇼핑몰 대표가 적어준 내용을 바탕으로 전화하여 하나하나 따져 물었더니 다음 달부터는 자료를 송부하겠다고 하는 것이었습니다. 그럼

이전에는 자료가 없냐는 말에 없다고 하는 뻔뻔한 마케팅 회사의 태도를 접하며 속았음을 깨달았습니다.

이 일화에서 보듯 마케팅을 내가 하지 않을 때 답답한 가장 큰 이유는 내 돈이 어디에 사용되고 그로 인해 어떤 효과를 봤는지 제대로 알 수 없기 때문입니다. 이런 일을 겪은 뒤, 나는 당장 서점으로 가 다양한 서적을 구매하고 마케터를 채용해 네이버의 광고 생태계가 어떻게 움직이는지 배웠습니다.

거듭 말하지만, 마케팅은 무조건 비용을 들인다고 되는 것이 아니었습니다. 키워드를 선정하고 상업주의 관점이 아닌 그것을 찾을 고객의 관점으로 접근해야 했죠. 그리고 키워드별로 가격이 천차만별이기에 내가 가진 예산 내에서 가장 효율적인 키워드 조합을 만들고 수시로 바뀌는 키워드의 단가를 조정해줘야 했습니다. 과연 고객이 어떤 키워드 검색을 통해 내 사이트를 방문하게 되고, 또 어떤 키워드로 유입된 고객이 가장 큰 부가가치를 창출해주는지도 분석해야 했습니다. 모든 마케팅은 업종과 지역 그리고 관련 키워드에 따라 진행해야 할 방법이 달라집니다. 또 블로그 하나만 해서도 될 것이 아니고 페이스북에 '올인'한다고 되는 것도 아닙니다.

업종, 지역, 구매 연령대나 구매자의 성별, 사회적 이슈 등 정말 다양한 부분에서 철저한 분석을 하고 그 데이터를 토대로 맞춤전략을 구성하지 않고서는 절대 '제대로 된 마케팅'이 이뤄지지 않습니다. 나는 결국 이러한 쓰라린 경험을 통해 마케팅을 배웠고, 그 마케팅 포인트를 잡을 길라잡이로 '네이버 통합검색'을 분석하기에 이르렀습니다.

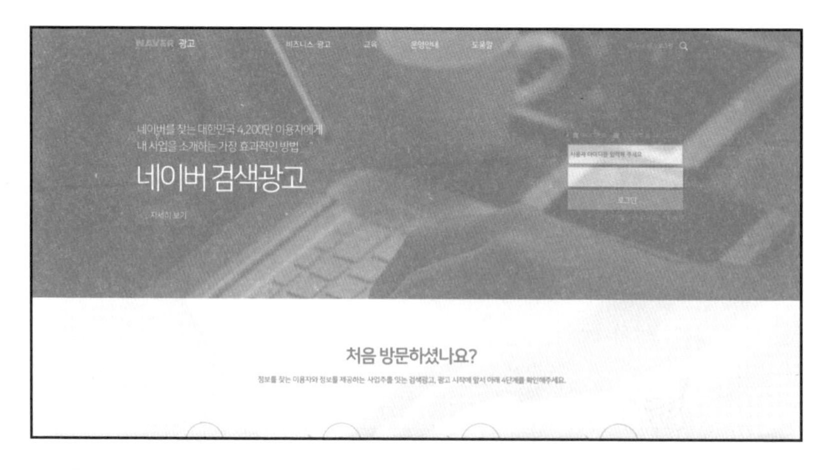

▷ 네이버 광고의 메인 화면

위 이미지는 네이버 광고의 메인 페이지입니다. 네이버 통합검색을 이야기하다가 네이버 광고가 웬 말이냐고요? 사실, 네이버의 검색 시스템을 이해하기 가장 쉬운 방법으로 네이버 광고를 보는 일 만한 것도 없습니다. 세상 사람들은 정말 다양한 관심사를 가지고 다양한 주제를 검색합니다. 그런 만큼 검색엔진을 직접 검색하면서 검색 흐름을 아는 것보다는 네이버 광고를 통해 네이버가 어떤 광고 키워드에서 큰 수익을 얻는지 알아보면 빠르게 그 답을 찾을 수 있습니다.

네이버 광고에서 광고주 아이디를 만들고 로그인하면 위와 같은 광고 도구를 사용할 수 있습니다. 처음에는 낯설고 복잡해서 어렵게 느껴질 화면이지만 여기서 네이버가 만들어내는 광고 수익이 움직인다고 생각하면 됩니다. 광고 화면을 갑자기 꺼낸 이유는 이 화면을 통해 다양한 키워드의 특성을 파악하고 이로써 네이버 통합검색을 훨씬 쉽게 이해하기 위해서입니다.

▷ 네이버 광고 도구

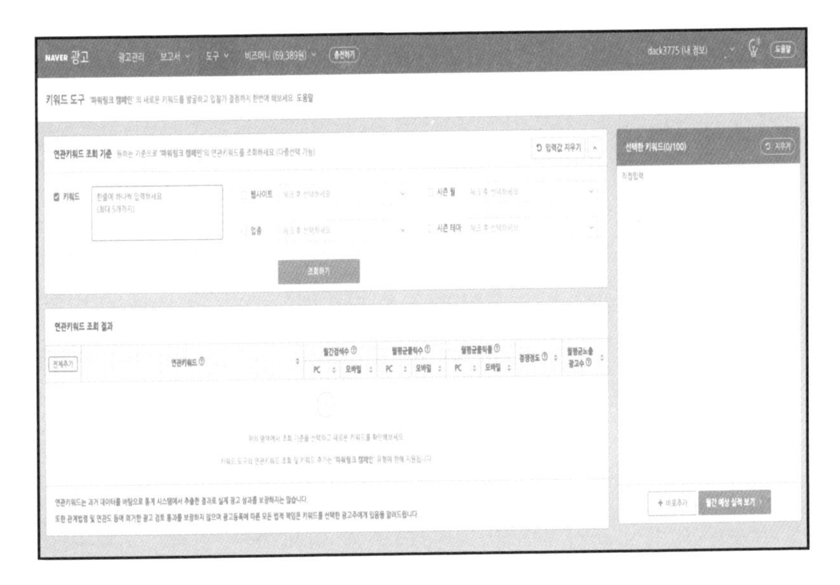

▷ 네이버 광고 키워드 도구

2 키워드별로 달라지는 통합검색 화면

앞서 네이버 통합검색과 광고 툴을 이용하여 '키워드별로 얼마나 많은 노출 차이가 있는가?', '어떤 키워드가 네이버에 어떤 큰 수익을 안겨주는가?' 등을 알아보았습니다. 여기서 조금 더 깊이 생각해보면 우리가 블로그를 어떻게 운영해야 할지 어느 정도 가닥이 잡힙니다. 네이버 블로그는 누구나 이용할 수 있는 무료 서비스입니다. 네이버는 키워드 광고로 이익을 극대화하려는 영리 추구의 기업입니다. 당연히 무료인 블로그가 비싼 키워드의 영역을 건드리는 것을 좋아할 리 없습니다. 비싼 키워드는 확실한 '유료 광고'의 영역에 둠으로써 수익을 극대화하려고 할 것이기 때문입니다. 이 때문에 비싼 키워드로 블로그를 상위 노출시키는 일은 초보자에게 하늘의 별따기일 뿐 아니라 자칫 잘못하면 블로그가 네이버 알고리즘에 의해 '저품질 블로그'가 되어 더는 상위 노출을 하기 어려운 쓸모없는 블로그가 되는 사태를 맞이하기도 합니다.

선택한 키워드 (8)개

다운로드 | 선택 키워드 제외

키워드	입찰가	예상 노출수	예상 클릭수	예상평균클릭 비용	예상 비용
합계	-	101,539	5,468	16,561원	90,555,471원
대출	20,000	65,549	3,993	17,541원	70,042,632원
펀딩플랫폼	20,000	2,574	13	1,577원	20,495원
캐피탈	20,000	14,819	248	17,615원	4,368,531원
모바일대출	20,000	11,012	701	17,380원	12,183,720원
미림대출	20,000	1,350	177	2,516원	445,245원
P2P대출업체	20,000	1,554	70	7,343원	514,020원
30만원대출	20,000	1,799	97	5,863원	568,735원
공인인증서대출	20,000	2,882	169	14,273원	2,412,093원

▷ 대출 관련 키워드 단가

선택한 키워드 (8)개

다운로드 | 선택 키워드 제외

키워드	입찰가	예상 노출수	예상 클릭수	예상평균클릭 비용	예상 비용
합계	-	64,138	3,618	9,133원	33,044,771원
성형	20,000	13,992	229	4,021원	920,907원
성형외과	20,000	27,581	1,952	8,664원	16,912,354원
강남성형외과	20,000	10,420	642	13,897원	8,921,786원
성형수술	20,000	3,630	42	5,428원	227,968원
서울성형외과	20,000	2,532	202	6,985원	1,410,886원
성형외과유명한곳	20,000	3,469	303	11,266원	3,413,703원
연예인성형외과	20,000	2,220	230	4,837원	1,112,441원
성형외과순위	20,000	294	18	6,929원	124,726원

▷ 성형 관련 키워드 단가

이렇듯 효율적인 블로그를 만들기 위해서는 네이버의 심기를 건들지 않으면서 적절한 키워드 조합으로 상위 노출을 꾀해야 합니다. 그리고 블로그를 효과적으로 활용하기 위해서는 '대표 키워드'와 '세부 키워드'를 이해해둘 필요가 있습니다. 뒤에서 자세히 설명할 블로그 최적화도 이 부분과 깊은 관련이 있는데, 블로그는 이미지 영상을 제외하면 거의 모든 것이 키워드로 노출된다고 해도 과언이 아닙니다. 대표 키워드를 중심으로 확장되어가는 세부 키워드, 그리고 연관검색어, 자동완성어 등 다양한 키워드가 자연스러운 문장으로 연결된 포스팅의 내용과 연관되어 검색을 통해 노출됩니다.

당연히 사진과 제목, 내용에 담긴 다양한 키워드가 자연스럽게 연결된 포스팅이 유저의 반응뿐 아니라 검색엔진의 로봇에게도 유리하게 인식될 것입니다. 이는 블로그 최적화를 위한 블로그 지수를 만들어가는 데 상당히 중요하며, 명확히 인식해둬야 할 부분입니다.

그렇다면 대표 키워드란 무엇일까요? 대표 키워드는 많은 사람이 검색하는 메인 키워드인데, 그 자체로 의미를 갖는 독립명사의 형태를 띄고 있는 경우가 많습니다. 많은 사람이 검색하기 때문에 키워드 자체에도 경쟁이 치열하고 유료 광고의 경우는 키워드 단가도 아주 비싸게 형성되어 있습니다. 대신 이러한 키워드를 상위에 노출만 시킨다면 많은 방문자를 확보할 수 있습니다. 그리고 이때 자연스럽게 블로그 최적화가 이뤄집니다. 그러나 우리가 진정으로 원하는 쇼핑몰이나 오프라인 매장에서 매출을 만들고 구매전환율을 높이기 위한 전략 구성에는 세부 키워드를 통해서 '확실한' 고객만을 포착하게 되기 때문에 대표 키워드와 세부 키워드는 서로 필요충분조건에 있다고 할 수 있습니다.

그렇다면 우리는 대표 키워드와 세부 키워드를 어떻게 활용해야 할까요? 대표 키워드란 어떠한 상품과 서비스를 대표하는 키워드를 말합니다. 예컨대 치아가 좋지 않아 임플란트를 해야 하는 사람이 '임플란트' 등의 고유명사를 검색하여 대략적인 정보를 얻고자 검색하는 단어인 것입니다. 반면 '잠실 임플란트 치과'나 '잠심 임플란트 잘하는 곳'과 같이 지역명이나 검색자의 이용 의도가 어느 정도 반영된 수식어가 포함된 좀 더 구체적인 키워드를 '세부 키워드'라고 합니다.

당연히 대표 키워드는 클릭이 많이 발생하지만 블로그 영역에서 상위 노출이 매우 어렵고 경쟁 또한 매우 치열합니다. 키워드 광고 단가도 비싸며, 경쟁 업체나 블로그 대행 업체로부터 '유사문서 공격(작성자의 글보다 먼저 작성해둔 잡글을 작성자의 글과 비슷하게 수정하여 네이버 검색엔진으로부터 유사한 문서로 인식되게 하여 상위 노출에서 끌어내리는 공격 방법)'을 당할 가능성도 높습니다.

반면 세부 키워드는 블로그 영역에서 비교적 상위 노출이 용이하며 키워드 광고로 잠재고객을 충성고객으로 전환하는 비율이 높다는 특징을 갖고 있습니다.

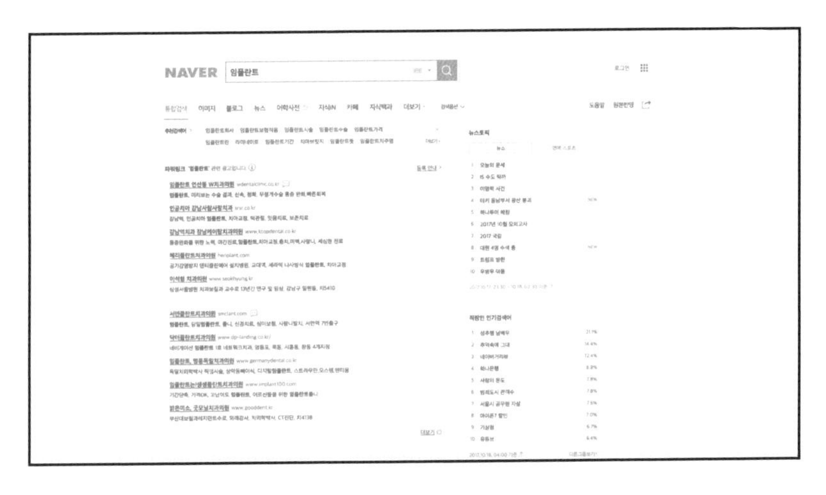

▷ 키워드 통합검색 화면

위 사진을 살펴보면 '임플란트'라는 키워드를 통합검색으로 검색하자 상단에서부터 광고들이 어마어마하게 나타났습니다. 스크롤을 내려 한참을 내려가도 블로그는 검색되지 않습니다. 대표 키워드이면서 네이버에 큰 수익을 안겨주는 키워드인 만큼 블로그 노출은커녕 화면

이 광고로 범벅되었습니다. 사실, 고객의 입장에서 임플란트에 대한 지식을 얻을 수 있는 키워드일지는 몰라도 정작 임플란트를 본인이 돈을 주고 하려는 입장이라면 절대 이런 키워드로 검색하지 않을 것입니다. 즉, 이런 키워드는 마케팅 측면에서 큰 의미가 없는 '돈지랄'이라는 것이죠.

▷ 지역별 키워드 통합검색 화면

이번에는 '서면 임플란트'라는 형태로 지역명을 추가한 키워드로 통합검색을 해봤습니다. 내가 부산에 사는 만큼 부산에서 가장 번화가인 서면을 임플란트 키워드 앞에 삽입해보았는데 최상위에 뜨는 파워링크(키워드 검색 광고)를 제외하고 바로 아래에 블로그가 노출되는 모습을 볼 수 있습니다. 물론 이 정도 키워드를 상단에 잡는 일도 아주 어려운 일이지만 말이죠. 이미 수준 높은 마케터들이 상위를 잡고 있을 가능성이 매우 높은 키워드이며, 서면이 서울의 강남처럼 부산의 최고

번화가인 만큼 이미 자본력이 충분한 사업가들이 큰돈을 들여 마케터를 포진해놨을 가능성이 높기 때문입니다. 따라서 우리는 조금 더 세부 키워드로 들어가려고 합니다.

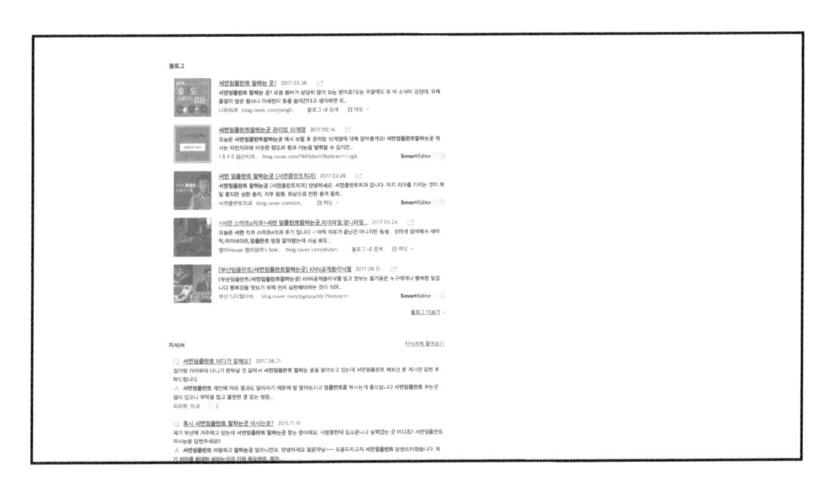

▷ 롱테일 키워드 통합검색 화면

이제 '서면 임플란트 잘하는 곳'이라고 검색해보았습니다. 지역명과 수식어가 들어감으로써 조금 더 디테일한 키워드가 만들어졌습니다. 이렇게 더 구체적인 세부 키워드로 들어가는 것을 '롱테일 키워드'라고 합니다. 롱테일 키워드일수록 검색 수 그 자체는 떨어지는 특성은 있으나 내 포스팅의 특징을 더 잘 반영해주고 고객이 원하는 정보를 가진 글처럼 보일 가능성이 높아집니다.

즉, 당장 대표 키워드급의 큰 키워드로 상위 노출을 할 수는 없지만 노출 기간이 길고 고객이 원하는 정보를 담고 있을 확률이 높아 구매 전환율을 높일뿐더러 브랜드 인지도를 올리기에 적합한 키워드라고 할 수 있겠습니다. '서면 임플란트'라는 키워드는 길어봐야 6일 전 작성된 콘텐츠이지만 '서면 임플란트 잘하는 곳'은 8개월 된 글도 있으니 확실히 생존 기간이 길다는 것을 알 수 있습니다.

이렇게 사진에서도 알 수 있듯 때로는 사람들이 많이 검색하는 대표 키워드보다 정확하게 자리를 잡아 노출되는 세부 키워드가 블로그 운영에 더 좋다는 사실을 알 수 있습니다. 그리고 내가 운영하고자 하는 블로그의 운영 목적과 콘셉트, 블로그를 운영함으로써 얻고자 하는 고객의 특성 등을 면밀히 분석하여 수시로 통합검색을 해보는 습관을 들이는 게 좋습니다. 검색하는 만큼 키워드에 대한 이해도가 높아지며 내 경쟁자를 더 깊이 이해할 수 있습니다.

3 좋은 키워드는 있다? 없다?

"어떤 키워드로 광고하면 좋을까요?"

이는 마케팅 강연을 할 때마다, 그리고 다른 업종의 대표들과 미팅을 할 때마다 많이 받는 질문입니다. 업종, 시기, 고객 연령대, 지역에 따라 조금 더 유리한 키워드는 있을 수 있으나, 사실 좋은 키워드도 나쁜 키워드도 없습니다. 바로 이것이 포인트입니다. 블로그를 어느 정도 이해하고 네이버 검색엔진이 어떤 원리로 움직이는지 조금씩 보이기 시작하면 특정 키워드에 대해 '아 이게 가장 좋은 키워드군' 하고 그 키워드에 묶여버리는 사업자들을 많이 봐왔습니다. 그래서 키워드를 선정하고 자기 콘셉트와 블로그 운영 목적에 맞춰 키워드 구성을 하려는 여러분에게 '좋은 키워드, 나쁜 키워드'를 굳이 구분하지 않으려고 합니다. 어제 상류에 있던 물이 오늘 하류를 지나 내일 바다로 나가듯 키워드 역시 그냥 시류에 흘러갈 뿐이니까요.

다음은 서핑보드라는 키워드의 월별 검색량을 보여주는 그래프입니다.

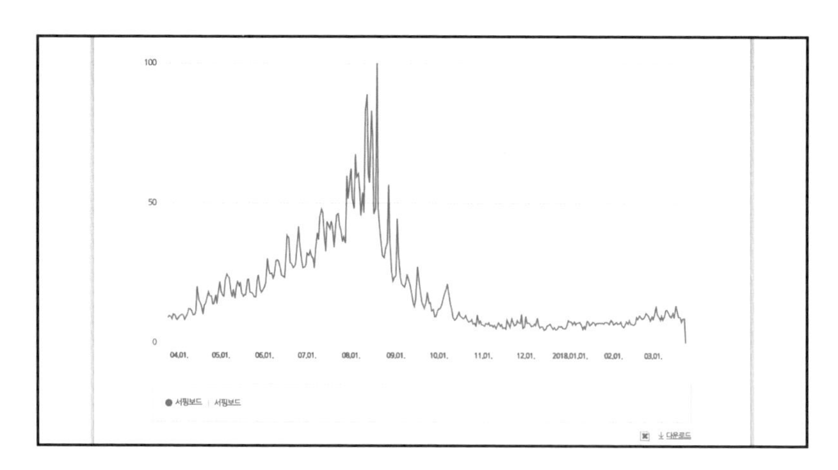

▷ 네이버 키워드, 서핑보드 월별 검색량 그래프

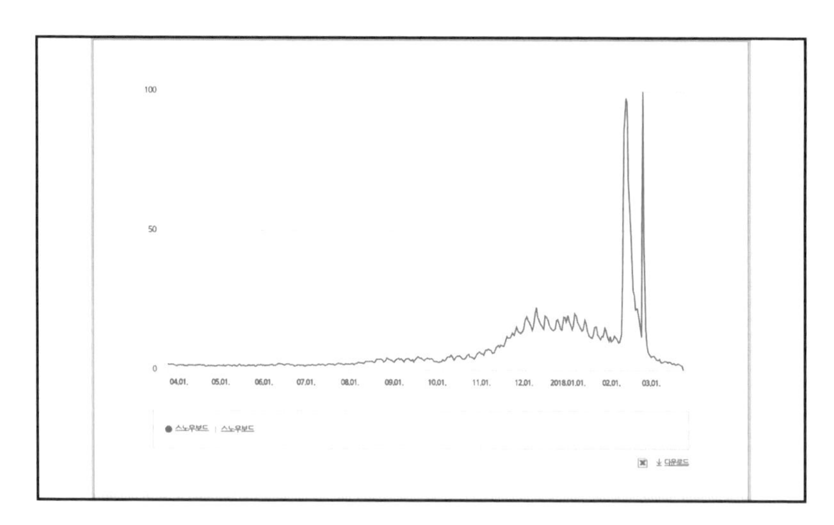

▷ 네이버 키워드, 스노우보드 월별 검색량 그래프

스노우보드라는 키워드의 월별 검색량 그래프는 서핑과는 정반대되는 모습을 보입니다. 위 두 키워드는 모두 대표 키워드이면서 아주 명확한 독립명사이기 때문에 이런 극단적 비교가 결코 마케팅에 도움 되지는 않습니다. 그저 이렇게 비교해봄으로써 굳이 좋은 키워드, 나쁜 키워드를 나누면서까지 키워드에 얽매일 필요가 없다는 것을 알 수 있습니다. 다만, 키워드를 강조하는 데는 이유가 있습니다. 앞서 잠깐 설명했듯이, 바로 고객이 원하는 것이 '키워드'로 표현되기 때문입니다.

예컨대 날씨가 쌀쌀해지더니 갈대와 억새가 보이기 시작할 무렵, '핑크뮬리'라고 하는 핑크색 갈대가 아주 뜨겁게 검색되기 시작합니다. 인스타그램과 페이스북에 노출된 기사들을 토대로 붐을 일으킨 '핑크뮬리밭'은 가을 데이트 코스 겸 감성 사진 명당으로 급격히 떠오릅니다. 이렇듯 소비자 마케팅 영역에서는 키워드를 통해 소비자가 어디에 집중하고 열광하는지 분석하고 이를 활용할 수 있습니다.

▷ 핑크뮬리 검색 화면

'핑크뮬리'를 검색해보니 블로그와 포스트를 중심으로 아주 많은 콘텐츠가 쏟아지고 있습니다. 고객(소비자)은 결국 원하는 것, 알고 싶은 것을 검색하게 되어 있고 고객이 열광하는 것들은 키워드로 나타나게 되어 있습니다.

얼마 전, 나는 나름의 고급 DSLR인 캐논 EOS 5D MARK Ⅳ를 구입했습니다. 수백만 원을 호가하는 카메라라는 이유 외에도 후회 없는 구매를 해야 한다는 생각에 며칠간 온갖 사이트를 뒤지고 리뷰를 읽고 각종 질문 글을 썼습니다. 결국 고객은 본인의 관심이나 니즈만큼을 키워드로 표현하면서 그만큼 더 많이 사이트를 찾고 블로그를 찾게 됩니다.

즉, 좋은 키워드는 없지만 시시각각 변하는 유행과 고객의 니즈가 이동하는 방향을 잘 고려해서 블로그 글을 작성하다 보면 자연스럽게 '좋은 블로그'가 됩니다.

4 나의 가게는 어떤 평가를 받고 있을까?

레스토랑을 크게 운영하는 한 클라이언트가 나에게 웹디자인을 맡긴 적이 있습니다. 웹디자인 작업을 하며 일단 고객들이 찍어놓은 사진을 볼 겸 레스토랑의 이름을 네이버에 검색했는데, 그때 레스토랑에 아주 악의적인 글이 올라와 있는 것을 발견하고는 즉시 레스토랑 담당자에게 전달했습니다.

물론 그 최상단에 있던 악의적인 글이 매출에 별 영향을 주지 않았을지도 모릅니다. 하지만 보이지 않는 마이너스를 만드는 역할을 할 수도 있는 것이 바이럴 마케팅입니다. 그래서 상위 노출이 가능한 다른 마케터들을 동원해 재빨리 글을 내렸습니다. 글을 내리는 데에서도 역시 돈이 들었지만 이미지라는 것이 한순간이기 때문에 앞으로는 다른 업체 것만 보지 말고 나의 가게가 어떻게 평가받고 있는지도 수시로 검색해달라는 당부를 하면서 일을 마무리했습니다. 굳이 밝히자면, 악의적인 글을 쓴 이는 인근의 레스토랑 사장이었습니다.

우리는 TV 속에 등장하는 연예인이 어느 날 안 좋은 일에 연루되어 기사에 노출되고 곧 욕을 바가지로 먹으면서 순식간에 추락하는 모습을 보곤 합니다. 이렇듯 인터넷이 가진 파급력이 어마어마하며 그중에서도 네이버라는 공룡급 검색엔진의 주요 콘텐츠 공급자인 블로그는 큰 파급력을 가지고 있습니다. 블로그에는 고객의 다양한 의견이 드러나므로 고객이 블로그에 내 가게나 내 서비스에 관한 글을 적어준다고 해서 마냥 좋아할 수만도 없습니다. 정말 '너 한번 망해봐라' 하는 느낌을 지닌 글도 많이 올라오기 때문입니다.

마케팅을 잘하는 용도로 블로그를 이해하고 꾸려나가는 것도 좋지만 그만큼이나 타인의 블로그, 카페, 포스트 등에서 내 가게가 어떻게 평가받고 있는지를 확인하고 피드백을 얻는 것도 중요합니다. 절대 지인들에게서 들을 수 없는 뼈아픈 평가를 접할 수도 있는데, 이런 피드백은 나의 가게 및 사업을 발전시키는 데 더없이 중요한 밑거름이 되어줍니다.

내 가게가 어떤 평가를 받는지 알아보는 방법은 세 가지입니다.

1) 네이버 검색도구를 활용한다

앞서 네이버 통합검색을 알아보는 과정에서 잠깐 설명했던 네이버의 검색도구를 활용하는 것입니다. 내 가게의 검색 키워드가 어떤 그래프를 그리고 있는지를 보면서 고객들이 인식하는 가게의 모습이나 인지도의 변화 등을 어느 정도 예상하고 분석해볼 수 있습니다. 예컨대 '내 가게명'을 검색도구에 검색했는데 그래프가 상승 곡선을 그리고 있다면 당연히 그만큼 많이 알려지고 있다는 좋은 징조이고, 반대로 하강 곡선을 그리고 있다면 고객으로부터 인지도가 떨어지게 된 부분

▷ 네이버 키워드 검색량을 비교해볼 수 있는 검색어트렌드

을 찾아 조치를 취해야 합니다.

2) 수시로 내 가게명을 검색해본다

내 가게에 대한 호의적인 글이든 부정적인 글이든 자주 검색하여 블로그나 카페 등에 올라오는 글을 체크해야 합니다. 그다음 내 가게에 호의적인 부분은 더욱 강화해주는 피드백을, 부정적인 부분은 적극적으로 개선한 뒤 그 부분을 블로그를 통해 알립니다. 이런 식으로 내 가게를 많이 검색해보는 것도 좋은 블로그 활용의 예입니다. 많은 사람이 내 가게가 아닌 경쟁 가게를 검색하는 경우가 많습니다. 수시로 내 가게에 대한 의견을 진짜 고객으로부터 받아보는 것만큼 좋은 거

름은 없다는 점을 명심하고 내 가게에 집중하는 것이 좋습니다. 그리고 좋은 글을 적어준 고객에게는 항상 감사의 표시를 댓글로 달아주고, 부정적인 글을 써준 고객에게도 불편함이 없도록 더욱 개선하겠다는 말을 달아주는 것만으로도 단골을 강화할 수 있습니다. 이는 또한 혹시 모를 네거티브 바이럴 마케팅 효과를 막아줄 좋은 방어 수단이 됩니다.

3) 연관검색어를 참조한다

네이버에는 특정검색어를 검색한 후 그 검색어와 연관된 연관검색어를 볼 수 있습니다. 옷가게를 하는 A양의 가게를 검색했더니 여성의류 A가게가 연관검색어로 나온다면 제법 여성의류를 판매하는 가게로서 인지도를 다져가고 있다고 판단할 수 있습니다. 처음에는 검색량 자체가 미미하기 때문에 연관검색어 형성이 어려울 수 있습니다. 하지만 꾸준히 내 브랜드를 다져가다 보면 어느 정도 소비자 마케팅에 참조할 수 있는 연관검색어들이 생성됩니다. 그러니 너무 조바심 갖지 말고 꾸준히 브랜드를 키우면서 연관검색어를 참조하도록 합니다.

5 키워드에도 블루오션이 있다

레드오션뿐인 오늘날, 블루오션은 마치 꿈같은 이야기입니다. 블루오션이라는 단어만 가지고도 들려주고 싶은 이야기가 넘칩니다만, 그건 잠깐 접어두고 키워드에도 블루오션이 존재한다는 이야기를 해보겠습니다. 그 누구도 검색하지 않는 아주 긴 롱테일 키워드를 쓰는 것도 남들이 잘 쓰지 않는 블루오션 키워드를 만드는 방법일 수 있습니다. 하지만 고객 역시 검색하지 않을 테니 이런 허접한 방법은 설명하지 않겠습니다.

여기서 말하고자 하는 블루오션은 아주 잠깐이지만 방대한 검색량을 손쉽게 점령하여 큰 수익을 창출하는 방법입니다.

앞장에서 예로 든 '핑크뮬리'로 블루오션을 어떻게 잡아내는지 쉽게 알아보겠습니다. 위 사진에서 등장하는 5개의 블로그 글 중 4번째에 위치한 글은 사실 경주에 위치한 테마파크인 '경주월드'의 광고 글입니다. 경주월드라는 키워드로도 클릭을 얻을 수는 있겠지만 그 외에 또 다른 고객을 유치할 만한 많은 클릭을 얻기는 아주 어려울 것입니다.

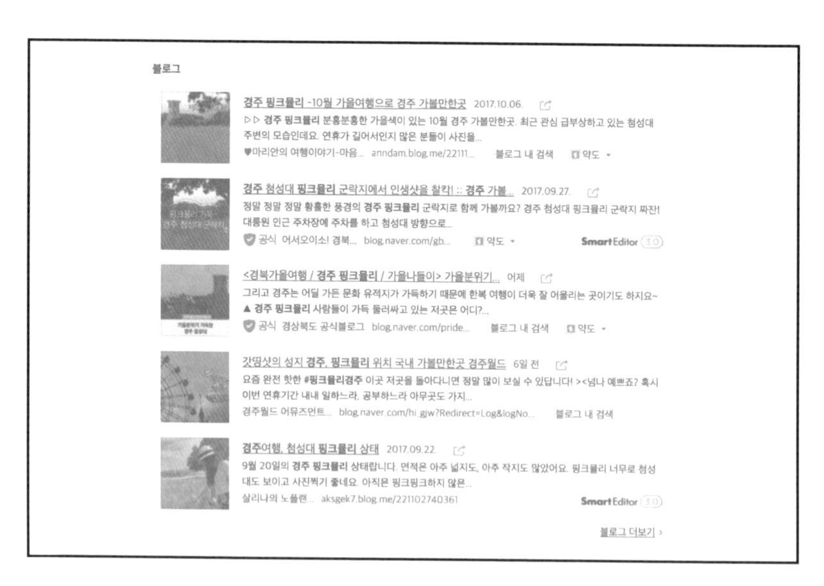

▷ 경주 관련 검색 화면

하지만 해당 블로그 작성자는 경주의 가볼 만한 곳에 경주월드를 포함시킴으로써 그리고 거기에 가장 핫한 키워드였던 핑크뮬리를 버무리면서 어마어마한 클릭 수를 발생시켰습니다.

'핑크뮬리'라는 단어는 사실 나도 잘 몰랐던 식물의 이름인 만큼 평소에는 주목받지 못하다가 갑자기 떠오른 다크호스 같은 키워드입니다. 이는 이미 진입한 경쟁자가 거의 없기 때문에 빠르게 치고 빠질 수 있는 좋은 키워드 재료라는 점을 말해주기도 합니다. 이러한 키워드는 주식 그래프와 닮은 모습으로 나타나는 경우가 많은데, 주식에서도 잠잠하던 그래프가 골든크로스를 돌파하며 갑작스레 상승세를 타기도 합니다.

너무 연관이 없는 키워드를 끌어 쓰는 것은 올바른 블로그 운영과는 거리가 멀다고 할 수 있겠지만, 위와 같은 경우는 같은 경주라는 점에서 공통된 키워드를 잡아내고 핑크뮬리밭과 가깝다는 점을 들어 상단에 잘 노출시킨 케이스입니다. 따라서 치열한 마케팅 전쟁 속에서도 블루오션은 존재한다는 흥미로운 사례로 알아두고 활용하면 좋을 것 같습니다.

6 리뷰 마케팅의 중요성

지금까지 우리는 네이버 통합검색에 대해 깊이 파헤쳤습니다. 왜 네이버 통합검색이 중요한지, 네이버 통합검색으로 내가 얻을 수 있는 이득은 무엇인지 조금씩 보이기 시작했다면 이 글을 읽는 여러분은 벌써 마케팅의 가장 기본적인 스킬들을 체득한 것이나 다름없습니다. 여기서 네이버 블로그가 왜 효과적인 마케팅 채널로 부상했으며, 어떻게 그 입지를 여전히 공고히 지키고 있는지 살펴보겠습니다.

오늘날에도 많은 관공서, 지방자치단체, 비영리단체, 환경운동단체, 동물보호단체, 그 외에 이익을 추구하는 영리 집단인 기업들까지 블로그를 하고 있습니다. 이들은 단순히 고객들과 소통하고 싶어서, 다들 블로그를 하니까 블로그에 큰돈과 인력을 들여가며 관리하는 것일까요?

물론 블로그의 활용 방법은 네이버의 검색 알고리즘이 변화함에 따라 많이 바뀌어왔지만 여전히 블로그는 좋은 홍보 수단이면서 강력한 예비 고객군을 지닌 훌륭한 마케팅 수단입니다. 점점 텍스트의 비중을 줄여가는 여타 SNS에 비해 여전히 텍스트와 사진으로 훌륭한 콘텐츠를 제작하고 고객들의 공감을 얻을 수 있는 점, 결국 사람들은 궁금한 것이 있거나 알아봐야 할 것이 있을 때는 '검색'을 한다는 점만으로도 다른 SNS와는 차별성을 갖고 있습니다.

특히 블로그는 오랜 역사를 가지면서 많은 콘텐츠 생산자가 탄생했고 맛집, 인테리어, 패션, 여행, 신상품 리뷰, 요리, 도서 등 다양한 카테고리(Category)에서 훌륭한 콘텐츠들이 하루에도 수천 개씩 생성되고 있습니다. 그리고 이런 콘텐츠와 다양한 이용자의 갖가지 의견이 모여 '블로그'의 핵심 원동력인 '리뷰(Review)'를 만들어냅니다. 사실, 스마트폰이 등장하기 전까지만 해도 이만큼 광고에 대해 불신이 많지는 않았던 것 같습니다. SNS를 통해 무료로 무엇을 준다는 둥, 무료로 여행권을 준다는 둥, 말도 안 되게 맛있다는 식당의 광고처럼 자극적이고 강렬한 마케팅 방법들이 등장하면서 점점 소비자들은 광고에 대한 신뢰를 잃어갔습니다.

내가 2011년에 페이스북 맛집 페이지를 운영하던 시절만 하더라도 다양한 메뉴를 영상으로 촬영해서 자극적인 키워드와 함께 페이지에 업로드하면 소위 '대박'이 났습니다. 하루도 지나지 않아 '좋아요'가 1,000개에서 30,000개까지 찍히며 해당 식당은 일주일간 몰아치는 손님 때문에 업무가 마비될 정도였죠. 그렇습니다. 그때만 하더라도 스마트폰이 주는 모든 정보가 신기하고 대단하던 시절이라 조금만 잘 포장된 광고를 만나면 사람들은 반응했습니다. 하지만 오늘날에는 너무 지나친 광고 노출의 결과로 이전보다 높은 광고비를 지불함에도 사람들의 반응은 시들해졌습니다.

그러면서 다시 주목받는 것이 바로 블로그의 '리뷰 마케팅'입니다. 금수저가 아닌 이상 어떤 사람이든 돈을 쓰는 일에 대해서는 대체로 보수적입니다. 그동안은 자극적인 광고로 쉽게 손님을 끌어모을 수 있었습니다만, 넘쳐나는 정보와 하루에도 수백 개씩 폐업하는 오늘날의 현실 속에서 점점 고객들은 사업자들이 돈을 벌기 위해 만드는 가짜 정보를 믿지 않습니다. 그럼에도 불구하고 같은 소비자가 쓴 '의견' 또는 '견해'라고 할 수 있는 '리뷰'는 조금이나마 더 신뢰합니다. 아마 이 글을 읽는 여러분도 그럴싸한 미사여구로 포장된 광고에 속아 아까운 시간과 돈을 낭비한 기억이 있을 것입니다. 오늘날의 소비자는 상품 또는 서비스가 좋았던 점도 리뷰로 남기지만 그렇지 않은 나쁜 기억에 대해서도 리뷰를 남겨 본인과 같은 피해자가 발생하는 것을 막습니다. 그리고 이러한 리뷰 문화가 점차 정착되어감에 따라 사람들은 개인의 의견이 담긴 리뷰를 더욱 신뢰하게 되었습니다.

분명 블로그는 사진과 더불어 자기 의견을 자세히 피력하여 콘텐츠로 활용하는 데 적합한 채널입니다. 한마디로 '리뷰 남기기'의 최적의 마당입니다. 그래서 세월이 흐르고 스마트폰이 대중화된 현재에도 많은 이가 SNS가 아닌 블로그에서 리뷰에 근거한 먹거리와 서비스를 찾고 있는 것입니다.

Marketing

1 블로그는 언제 만들어야 가장 효과적일까?

2 블로그 운영 방향 및 콘셉트 설정하기

3 블로그 개설 및 카테고리 기획하기

TIP_ 나에게 맞는 블로그 유형은?

Bl★g

PART 5

네이버 마케팅의 기본, 블로그 시작하기

1 블로그는 언제 만들어야 가장 효과적일까?

'나도 블로그 좀 해볼까?'

남녀노소 직업군을 가리지 않고 많은 사람이 블로그에 관심을 가집니다. 확실히 블로그는 정말 유용한 도구이자 자기 어필을 하기 좋은 미디어 채널입니다. 따라서 이왕 블로그를 해야겠다고 마음을 먹었다면 실제로 시작하는 것이 좋습니다.

하지만 블로그 개설만 해놓고 포기하는 경우가 부지기수입니다. 보통 '시간이 없어서', '어려워서', '막상 해보려니 잘 안 돼서'와 같은 이유를 많이 내놓습니다. 그중 블로그가 어렵다는 이유를 드는 것은 확실히 핑계라고 생각합니다. 회사에서 워드프로세스 프로그램을 다루고, ERP 전산을 만지는 것을 보면 말입니다.

물론, 블로그는 어찌 되었건 글을 쓰는 과정이 필연적으로 들어갈 수밖에 없긴 합니다. 글 하나하나를 끙끙대면서 정성 들여 포스팅을 하다 보면 '이건 사람 할 짓이 아니다'라는 생각이 들기도 합니다.

나 역시 그랬습니다. 처음에는 오직 내 사업체를 알리고 수익을 내겠다는 열정 하나로 시작했던 일이었는데, 날이 지날수록 점점 귀찮아지고 주제가 고갈되는 느낌을 받았습니다. 막상 쓸 이야기가 없으니 매번 먹는 이야기만 올리게 되었습니다. 그렇다고 날마다 외식하는 입장은 아니었으니, 그마저도 올릴 자료가 고갈되고 말았습니다.

이는 대부분의 블로그 초보자가 필연적으로 겪는 일입니다. 평소 글을 즐겨 쓰고 책을 즐겨 읽는 사람에게는 그리 어려운 일이 아닐지도 모릅니다. 그러나 쓰지 않던 글을, 그것도 사진이 첨부된 보기 좋은 정보성 콘텐츠를 제작하려고 하니 소재에서 첫 번째로 고비를 겪고 글 하나하나에 많은 시간을 투자하게 되면서 점점 정신적으로 지쳐가게 마련입니다.

'마케팅을 위해'라는 사업적 목표가 있는 경우에서야 오만상을 찌푸리며 블로그를 어렵게 간신히 운영해 나아갑니다. 그런데 이런 식으로 쓴 글에 영혼이 깃들어 있을까요? 당연히 블로그 방문자들이 열광할 만한 재미있는 요소도 없습니다. 그러니 방문자들의 큰 반응을 일으키기 어렵고 혼자 공허한 외침만 하는 기분이 들기 십상입니다.

나는 강의를 다니고 다양한 사업자를 만나면서 특히 블로그에 대한 질문을 많이 받습니다. 그리고 나의 경험을 살려 교정해주기도 하고 다른 대안을 제시해주기도 합니다. 대부분 초반에는 블로그를 파워블로그로 키워보겠다는 둥, 광고에 쏟을 비용을 인력이나 시스템에 투자하고 블로그로 광고 비용을 메꿔서 사업을 꾸려보겠다는 둥 굉장한 의지를 불태웁니다. 하지만 시간이 지나 잘하고 있는지 확인해보면 꾸준히 의지를 가지고 이어나가는 블로거는 10% 남짓입니다.

블로그를 운영하는 데에서 어려움에 봉착하는 이유는 앞서 말한 것처럼 시간이 없고 귀찮고 쓸 주제가 없기 때문이기도 하겠으나, 무엇보다 운영 계획 없이 잘하겠다는 '의지'만 가지고 시작했기 때문입니다.

우리가 어떤 일을 할 때 무턱대고 시작하는 것과 철저한 사전 계획과 체크리스트를 만들어 정해진 순서대로 하나씩 진행해가는 것 중 어느 쪽이 더 효율적일까요?

어릴 적 한 학기가 끝나갈 무렵 선생님으로부터 원으로 된 방학 시간계획표를 그리는 교육을 받았습니다. 그리고 여름방학이나 겨울방학이 오면 매일 그림일기를 쓰고 그려야 했고 지루한 방학숙제를 해야 했습니다. 방학숙제 역시 사전 계획대로 꾸준히 실천하지 않으면 방학이 끝나기 직전에 벼락치기를 해야 하는 끔찍한 상황이 닥치곤 했습니다.

그런데 시작하면 끝장을 봐야 하는 '장거리 달리기' 혹은 '철인 3종 경기' 격인 블로그 운영을 정말 아무런 계획도 준비도 없이 시작하려 한다면, 오래가지도 못 할뿐더러 블로그를 운영하면서 필연적으로 겪게 될 작은 장애물에도 쉽게 걸려 넘어지고 말 것입니다.

블로그를 하겠다 결심하는 것은 쉬우나 블로그의 특성상 '꾸준한' 운영 없이는 블로그로 별다른 성과를 만들기가 어려운 특징이 있습니다. 즉, 한 번 출발하면 멈출 수 없는 죽음의 마라톤 같기 때문에 어떤 준비물을 마련할지, 어떤 코스로 달릴지, 특정 코스에서는 어떤 경치를 보고 달릴지, 어떤 타이밍에 페이스 조절을 할지, 내 라이벌은 누가 있는지, 그 라이벌은 어떤 전략을 준비하고 있는지 등 정말 디테일하게 여러 사항을 검토하고 출발해야 멈춤 없이 꾸준히 달릴 수 있습니다.

사실, 블로그는 개설과 동시에 수많은 고민을 안겨주며 초장부터 여러분의 시간을 빼앗을 것입니다. 예컨대 닉네임을 정하는 것부터 블로그 타이틀을 정하는 것까지 쉬운 듯하나 의외로 애를 먹을 것입니다. 따라서 블로그를 시작하기 전에 다음과 같은 준비가 되었는지 확인해보고 내가 운영하고자 하는 블로그의 청사진을 그려보면서 운영 계획을 짜는 게 좋습니다.

이렇게 블로그의 청사진을 어느 정도 그려보고 계획이 잡히면 그때 블로그를 시작합니다. 앞에서도 강조했지만 아무리 블로그에 글을 쓰고 꾸미는 과정이 낯설고 어렵고 또 시간이 많이 들더라도 가급적 처음만이라도 직접 운영하기를 권합니다. 이유는 모든 블로그 운영 대행사가 정직하게 자기 블로그를 운영하듯 해주면 좋지만 실상 그렇지 않은 경우가 많고, 이를 블로그 주인이 블로그에 대해 잘 모르면 결국 밑 빠진 독에 물 붓는 격으로 돈 버리는 경우가 생기기 때문입니다.

그러면 안 되겠지만 블로그 마케팅을 설계해주는 마케터들도 사람을 봐가며 견적을 부르고 사람을 봐가며 작업 수준을 결정하기도 합니다. 따라서 처음에 어렵더라도 세부키워드를 상위 노출까지 시켜보고, 이웃을 추가하고, 그 이웃과 소통합니다. 그렇게 블로그가 어느 정도 건강한 체질을 유지하며 돌아가는 상태가 될 때까지는 본인이 직접 키워보는 것이 좋습니다.

블로그 운영 목적:
내 블로그는 무엇을 위해서 운영하는가?

블로그 이름:
독특하면서도 방문자 기억에 남을 블로그의 이름은?

내 닉네임:
흔하지 않으면서 나의 개성을 잘 살려줄 닉네임은?

블로그 운영 타깃:
내 블로그를 봐주었으면 하는 사람은 누구인가?

블로그 운영 목표:
1년 뒤 블로그 운영을 통해 달성하고자 하는 목표는 무엇인가?

내 라이벌:
내가 노출시키고자 하는 키워드의 경쟁자는 누구이며, 어느 정도 수준의 블로그를 운영하고 있는가?

차별화 포인트:
내 라이벌과 비교하여 내가 차별화하고자 하는 콘텐츠는?

블로그 디자인:
어떤 디자인으로 내 블로그를 운영할 것인가?

블로그 카테고리:
어떤 카테고리로 콘텐츠를 구분할 것인가?

블로그 작성 계획:
1주일에 몇 번 블로그에 포스팅할 것인가?

2 블로그 운영 방향 및 콘셉트 설정하기

블로그 운영 방향 및 콘셉트 설정은 가장 기본적면서도 가장 중요한 일입니다. 축구, 농구, 권투 등 스포츠에서 강조되는 것은 '기본'입니다. 블로그 역시 이러한 기본이 가장 중요한데, 블로그의 기본은 내 블로그의 콘셉트를 정하고 그에 따른 운영 방향을 명확히 설정하는 것입니다. 콘셉트와 운영 방향은 내 블로그를 만들어가는 데에서 길을 잃지 않도록 길잡이가 되어주며 나아가 내 블로그를 아껴주고 다시 찾아주는 특정한 팬을 만들어주기도 합니다. 그리고 이런 팬들은 지속적으로 방문하고 블로그의 조회수를 높여주어 오래도록 블로그가 생존할 수 있는 튼튼한 뿌리가 되어줍니다. 따라서 블로그를 만들기 전, 간단하게 블로그 운영 방향에 대해 스케치해보고 명확한 콘셉트를 갖추는 방법을 알아보는 것이 좋습니다.

1) 블로그에 쓰고 싶은 주제 생각하기

블로그는 앞서 설명하였듯 기본적으로 일기처럼 일상을 남기는 공간입니다. 그러면서도 효과적인 마케팅 채널이고, 다양한 사람과 만나고 소통할 수 있는 소통 창구의 역할을 수행합니다. 그렇기 때문에 개인적이면서도 타인의 호응을 충분히 얻을 수 있는 주제를 정하는 것이 좋습니다. 좋은 주제는 너무 지엽적인 주제를 피하면서 많은 사람이 공감할 만한 주제이면서 내가 흥미를 가지는 주제가 좋습니다. 너무 좁지도 넓지도 않은 적당한 주제를 정해봅니다. 좋은 주제를 잘 정하면 이후에 포스팅을 할 때에도 비교적 적은 스트레스 속에서 좋은 글감을 구해 포스팅할 수 있습니다.

2) 어떤 사람에게, 무엇을 보여줄 것인가?

내가 작성하는 블로그의 글이 어떤 지역에, 어떤 사람들에게 전달될 것인지를 정확하게 정하는 것은 높은 품질의 글을 작성하는 것만큼이나 중요합니다. 마케팅적 요소에서 바라보자면 가장 기본이 되는 '세분화'의 개념인데, 이러한 독자(고객) 세분화야말로 성공적인 블로그 운영의 핵심 요소입니다.

맥도널드는 전 세계인에게 패스트푸드를 파는 글로벌 기업입니다. 패스트푸드 기업이라고 해서 누구나 글로벌 기업이 될 수 있는 건 아닙니다. 누구나 대중적으로 즐겨먹는 맥도널드 같지만 맥도널드만큼 시장 세분화, 고객 세분화를 잘 이해하고 있는 기업도 드뭅니다. 맥도널드는 이런 세분화전략을 통해 세계 최고의 패스트푸드 기업이 될 수 있었습니다. 물론 우리가 맥도널드만큼의 글로벌 기업을 노리는 것은 아니지만 어떤 지역에 사는 어떤 연령대의 독자에게 어떤 콘텐츠를 어떤 방식으로 전달할지에 대해서는 명확히 해둘 필요가 있습니다.

3) 개성을 만드는 차별화 vs. 정확성이 필요한 세분화

거래처 대표들이 운영하는 블로그를 살펴보면 이도저도 아닌 느낌의 것인 경우가 있습니다. 한 대표는 평소 본인이 즐기는 골프를 포스팅하기도 하고, 얼마 전 맛있게 먹었던 식당의 음식 사진과 그에 대한 리뷰를 남겨놓기도 합니다. 얼마 전 태어난 손주에 대한 애정을 담은 글을 남겨두기도 하고, 일반인들은 잘 모를 법한 금을 통한 재테크 지식을 남겨두기도 했습니다.

'일기'와 비슷하다는 점에서 블로그의 운영 취지에 가장 맞는 블로거라고 할 수도 있겠습니다. 하지만 우리가 목표로 하는 '많은 방문자', '높은 재방문율', '효과적인 마케팅 채널로서의 블로그' 등과는 아주 거리가 멀다고 볼 수 있죠. 이유는 개성도 특정 주제에 대한 정확성도 모두 놓친 블로그가 되어버렸기 때문입니다.

예를 들어 건담을 좋아하는 블로거가 본인이 가진 건담에 대한 해박한 지식과 수집품들을 사진으로 찍어서 블로그에 올린다고 가정해봅시다. 어느 순간 찍어서 올릴 건담이 없게 되더라도 건담을 좋아하는 블로거는 해외에서 출시 예정인 다양한 건담 제품들과 그에 대한 기대감 등을 담은 포스팅을 지속할 것입니다. 이러한 블로그는 철저하게 개성을 쫓아간 차별화된 블로그라고 할 수 있습니다. 어느 순간 이러한 블로거의 마음에 공감하는 구독자가 늘 것이고 같은 마음을 공유하는 이웃이 늘 것입니다. 이웃이 느는 만큼 재방문율도 높아져 하루하루 방문자 수가 증가할 것입니다. 이 블로거가 건담 프라모델을 판매하는 쇼핑몰의 운영자라면 아주 성공적이고 모범 사례가 될 멋진 마케팅 채널을 만들 가능성이 높습니다.

두 번째 예를 들어보겠습니다. 어떠한 주제를 정하기 애매했던 블로거는 자신이 사는 고장에서 대표하는 맛집들을 찾아가 사진을 찍고 이런 집들에 대해 리뷰를 남기기로 마음먹었습니다. 그는 본인이 작성하는 글이 20~30대의 여성에게 좋은 평가를 받을 것으로 여겨 다른 연령층보다도 특히 20~30대를 아우르는 젊은 여성들이 공감할 내용을 콘텐츠 곳곳에 배치했습니다. 열심히 블로그를 운영하다 보니 방문한 맛집들에 반응하는 같은 지역의 20~30대 여성 방문자가 늘었습니다. 콘텐츠가 떨어질 위기가 찾아왔지만 어느새 블로거는 여러 음식점에서 돈을 주고 모셔가는 맛집 블로거가 되었습니다.

이렇듯 주제가 다른 사람들이 올리는 글과 차별성을 가지지 않더라도 명확한 타깃층과 명확한 주제가 동반될 때 블로그는 큰 효과를 가진 채널이 됩니다.

4) 레드오션에서 기회를 만들어주는 콘셉트

'콘셉트'의 사전적 의미는 '어떤 작품이나 제품, 공연, 행사 따위에서 드러내려고 하는 주된 생각'입니다. 하지만 여기서 말하고자 하는 콘셉트는 블로거가 블로그에 나타낼 수 있는 자신만의 주된 특징이나 블로그가 갖는 독특한 특징입니다. 블로그는 오랜 역사만큼이나 이미 많은 사람이 블로그를 만들어왔고 그만큼 경쟁이 치열한 편에 속하는 마케팅 시장입니다. 이러한 블로그의 레드오션 속에서 한 줄기의 빛이 있다면 바로 내 블로그만의 독특한 콘셉트입니다.

닉네임 '마루토스'라는 유명한 카메라 리뷰 블로거는 카메라의 성능을 테스트하고 카메라의 리뷰를 남길 때 건담 프라모델을 촬영한 사진을 활용하곤 합니다. 세상에 수많은 카메라 리뷰어들이 있지만 건담과 카메라 하면 떠오를 수 있는 특징을 갖춘 블로거는 '마루토스'뿐입니다. 어떤 블로거는 그 누구보다 웃긴 포스팅을 작성하기도 하고, 그 누구보다 따뜻하고 자상한 스타일의 글을 쓰기도 합니다. 이러한 내 블로그만이 가진 특징은 수많은 블로그의 세상 속에서 나를 돋보이게 하고 내 블로그가 성장할 수 있게끔 만들어줄 유일한 '기회'이기 때문에 블로그를 시작하기에 앞서 러프하게라도 미리 설정해둬야 합니다.

3 블로그 개설 및 카테고리 기획하기

네이버는 회원 가입과 동시에 메일, 블로그, 네이버 클라우드가 자동으로 만들어집니다. 아이디를 만들면 해당 아이디로 접속할 수 있는 블로그 계정이 만들어집니다. 제공된 블로그를 내가 원하는 디자인과 내용으로 채워 넣기만 하면 됩니다. 지금부터 블로그를 개설하고 꾸며가는 과정에 대해서 하나하나 알아보겠습니다.

네이버 블로그를 개설하고 나면 블로그의 카테고리를 만들어야 하는데 무턱대고 카테고리를 정하기보다는 내 스타일과 블로그 운영 의도, 운영 방향 등을 잘 생각해서 기획을 먼저 해둬야 합니다.

1) 이벤트 중심 카테고리와 테마 중심 카테고리

블로그에서 카테고리란 글(포스팅)들의 작은 집단을 나타냅니다. 카테고리는 내가 작성하는 글을 간단히 분류할 수 있는 좋은 수단입니다. 블로그 제작 초기에 카테고리만 잘 정해도 한결 수월하게 글을 작성하고 채워갈 수 있습니다. 카테고리는 이벤트 중심의 카테고리와 테마 중심의 카테고리, 이 두 가지 구조로 나눌 수 있습니다.

우선, 이벤트 중심의 카테고리는 기록을 위해 발생되는 상태를 중심으로 글이 작성되는 것을 말합니다. 쉽게 말해 '제주도 여행', '유럽 여행', '세계 여행'처럼 특정 여행지를 가기 위한 준비에서부터 여행지에 다다르기까지의 이야기를 하나의 카테고리로 몰아서 작성하는 경우가 이에 해당합니다. 이벤트 중심의 카테고리를 정하면 글감 소재가 분류된 범위가 매우 넓어진다는 특징이 있습니다.

이런 이유 때문에 많은 블로거가 이 카테고리 분류방식을 사용합니다. 이 방식의 블로그에는 이런 특징이 나타납니다. 예를 들어 카테고리를 '서울 맛집'이라고 정해놓으면 서울에 있는 수많은 음식점의 리뷰가 모두 글감 소재가 될 수 있기 때문에 글을 써야 하는 블로거 입장에서 굉장히 편하게 작성할 수 있으며, 글을 보러 온 방문자 역시 카테고리를 보면 충분히 안에 담길 글 내용이 무엇인지 예상 가능하다는 장점이 있습니다. 하지만 글이 많이 쌓이게 되면 굉장히 혼란스러운 구성이 될 수 있어 나중에 다시 분류해주어야 하는 단점이 있습니다. 대부분의 블로그는 시간이 흘러 글의 양이 많아지면 카테고리를 재분류하는 과정을 거치면서 점점 세분화된 카테고리를 갖게 됩니다.

두 번째로 테마 중심의 카테고리는 글을 써야 하는 소재가 장기적으로 명확한 경우 용이하게 쓸 수 있는 분류방식입니다. 전문성 높은 글을 쓸 때 선호되는 카테고리 분류방식으로, 예컨대 그래픽 디자인, 부동산 관련 투자 정보, HTML, 쇼핑몰 운영 및 마케팅, 웹프로그래밍 등 해당 키워드만으로도 전문적 이야기가 나올 수 있는 글들을 묶곤 합니다.

테마 중심의 카테고리를 정하면 글감의 소재가 세밀하게 쪼개져 많은 양의 블로그 글을 쓸 때 분류가 용이하다는 장점이 있습니다. 예컨대 HTML이라고 분류를 정해놓으면 복잡하고 다양한 HTML이라는 주제에 관한 많은 정보나 글을 담을 수 있기 때문에 웹 디자인이라는 더 큰 범주 중 매우 특징적인 이야기를 한곳에서 볼 수 있습니다. 하지만 글이 들어가야 하는 카테고리가 세분화된 만큼 블로그 글의 양이 적거나 운영상의 미숙함이 발생하게 되면 카테고리가 오랜 기간 업로드 없이 방치될 단점이 있습니다.

우선 블로그를 처음 시작하는 입장이라면 테마 중심의 카테고리 보다는 이벤트 중심의 카테고리가 적합하며 카테고리의 개수로는 3~5개 정도가 좋습니다. 간혹 처음의 타오르는 열정을 주체하지 못하고 카테고리를 너무 많이 만들어두는 이가 있는데, 이런 경우는 블로그가 텅 빈 느낌을 줄 뿐만 아니라 작성자인 블로거도 금방 지쳐서 블로그를 오래 운영하지 못하게 되고 빈 카테고리가 방치되는 문제가 발생합니다. 따라서 포스팅 수가 적은 초창기에는 카테고리 수를 조금만 만들어서 블로그를 운영하는 것이 좋습니다.

2) 블로그 카테고리 기획하기

다음은 초보자에게 적합한 초창기 블로그의 카테고리를 기획하는 방법을 알아보겠습니다. 블로그의 카테고리는 블로그의 콘셉트나 운영 방향에 따라 천차만별로 달라질 수 있습니다. 특히 운영 목적이 단순한 취미이냐, 마케팅과 같은 어떤 특수한 목적을 가지느냐에 따라서도 블로그 카테고리 구성이 달라질 수 있습니다. 우선 초창기의 블로그를 운영한다는 전제하에 만능 블로그 카테고리를 만드는 방법을 알아보겠습니다.

블로그 포스팅이 충분히 쌓여 카테고리를 세분화할 정도로 포스팅이 많은 블로거에게는 카테고리 기획이 그다지 중요하지 않을 수 있습니다. 하지만 초반에는 포스팅된 글의 수가 극히 적기 때문에 카테고리가 너무 많거나 너무 지엽적이면 블로그 운영에 문제가 발생할 수 있습니다. 앞서 설명한 것처럼 초보자들은 너무 세분화하여 많은 카테고리를 만들곤 하는데 그러다 보니 일부 카테고리는 빈 채로 방치되는 문제가 발생합니다. 이는 방문자로 하여금 블로그가 제대로 운영되고 있지 않다거나 비전문적인 블로그로 인식되어 재방문율을 떨어뜨릴 수 있습니다.

또 카테고리가 너무 지엽적인 경우도 문제가 될 수 있습니다. 블로그 운영을 시작한 초기에는 마음과는 다르게 글을 쓰는 데 많은 시간이 들고 그 글의 내용이 너무 전문적이면 더더욱 글을 쓰는 게 어려워집니다. 그런데 카테고리가 다양하고 많은 내용을 포괄할 수 없는 정말 좁은 범위의 울타리를 가진 카테고리라면 해당 카테고리에 맞춰서 글을 쓴다는 것 자체가 매우 어려워질 수 있습니다.

따라서 카테고리를 처음 기획할 때는 내 블로그의 운영 목적이 정확하게 드러날 수 있는 목적성 카테고리 1개, 일상이나 평소의 생각 등 내 삶을 담을 수 있는 일기성 카테고리 1개, 마지막으로 내 취미 등을 게시할 수 있는 취미성 카테고리 1개 등 3개 정도의 카테고리가 가장 적합합니다.

시간이 금인 오늘날, 블로그를 아무런 목적도 이유도 없이 운영하는 사람은 극히 적을 것입니다. 자신을 알리거나 새로운 지인을 사귀기 위한 친목 등의 지극히 개인적인 목적에서부터 사업 홍보, 상품 홍보 등 비즈니스 목적을 갖기도 합니다. 어찌 되었든 블로그에 내가 블로그를 운영하는 목적이 반영되지 않으면 그 블로그는 나에게 아무런 가치가 없습니다.

따라서 내 상품을 올리기 위해서든, 내 기업을 알리기 위해서든 내 목적이 비교적 명확히 드러날 수 있는 카테고리는 반드시 하나 정도 있는 것이 좋습니다. 실제로 글을 써보면 알겠지만 이렇게 명확한 목적이 있음에도 포스팅은 쉽지 않습니다. 특히 목적성을 띤 글만을 포스팅하다 보면 내 블로그의 목적이 너무 여실히 방문자에게 드러나 재방문율이 떨어진다거나, 상업성 블로그로 낙인찍히는 좋지 않은 결과를 낳을 수도 있습니다.

그렇기 때문에 일상 속에서의 생각이나 의견 등을 담는 정말 개인 목적의 카테고리도 하나쯤 있는 것이 좋습니다. 특히 목적성을 띤 포스팅에서 한계가 오거나 글감 소재가 고갈되는 경우에 지속적인 블로그 운영을 유지하는 데 정말 좋은 역할을 합니다. 생각이나 일상은 지극히 주관적인 것임에도 방문자로 하여금 항상 새로움을 줄 수 있고 그로 인해 블로그에 재미를 부여할 수 있기 때문입니다. 또한 앞서 설명한 것과 같이 블로그의 '꾸준함'을 유지할 수 있어 현재 블로그에서 따로 일상 글을 올리지 않아도 상위 노출이 가능하다는 룰이 존재함에도 나는 이러한 일상 글을 올리는 게 좋다고 설명합니다.

마지막으로 취미 포스팅을 올릴 취미성 카테고리를 만들어줍니다. 이유는 정말 뻔한데, 사람은 본인의 취미 활동을 할 때 행복감을 느끼고 재미를 느낍니다. 블로그에 꾸준히 포스팅을 한다는 것은 결코 쉬운 일이 아닙니다. 90% 이상이 실패하고 결국 블로그를 쓰다 제 풀에 지쳐 포기하게 되는 아주 쉽지 않은 일 중 하나입니다. 아무리 블로그 운영에 목적이 있다 하더라도 매번 블로그 포스팅하는 시간이 지옥 같다면 블로그로 인해 광고가 되고 돈을 벌어본들 정신 건강만 상하게 될지도 모릅니다.

그래서 취미성 카테고리가 하나 있으면 블로그 포스팅에 재미를 느낄 수 있고 롱런하는 블로거가 될 수 있습니다. 특히 어떤 취미는 방문자의 방문 목적에 따라 전문적인 정보가 되어줄 수도 있기 때문에 블로그 콘텐츠의 깊이를 더하는 데 큰 도움이 됩니다. 예를 들어 건담 프라모델 수집을 즐겨하는 블로거가 건담 프라모델에 대한 리뷰와 수집한 건담의 사진들, 그리고 그에 대한 생각 등을 포스팅했다고 가정해 보겠습니다. 작성자인 블로거에게는 정말 단순히 취미를 올린 일일 수 있으나 아직 초심자에 속하는 방문자라든가 건담 애호가들에게는 충분히 읽을 가치가 넘치는 전문성 있고 재미있는 글이 되어줄 수 있습니다. 이런 글들은 페이지 체류 시간을 높여줍니다. 특히 오늘날의 블로그 상위 노출을 만드는 블로그 지수가 페이지 체류 시간에 많은 영향을 받는다는 점에서 취미를 포스팅하는 것은 단순히 블로그에 흥미를 느끼는 것을 넘어서 블로그 지수에 좋은 영향을 줄 가능성이 아주 높다고 할 수 있습니다.

다음의 이미지는 최근 내가 기획한 개인 블로그 기획 내용입니다. 언뜻 러프하게 낙서한 느낌이지만 이렇게 블로그 카테고리를 만들기에 앞서 미리 쓱싹쓱싹 내 블로그의 청사진을 그리며 카테고리를 스

▷ 블로그 기획안

케치해본다면 아무런 기획도 없이 카테고리를 만들 때보다 훨씬 구성진 카테고리를 만들 수 있고 나아가 안정적으로 블로그 운영을 할 수 있을 것입니다.

TIP

나에게 맞는 블로그 유형은?

네이버 블로그를 살펴보면 일상과 생각을 남기는 일기장처럼 작성하는 블로거의 스타일에 따라 다양한 블로그가 있습니다. 사람마다 생각이 다르고 성격이 다르듯 내가 어떤 스타일의 블로그를 계획하고 운영하느냐도 굉장히 중요합니다. 나에게 맞지 않는 옷을 입으면 불편한 것과도 같은 이치입니다.

처음 블로그를 시작한 블로거들이 종종 저지르는 실수 중 하나가 정치적 견해를 담은 기사도 가져오고, 유명 연예인의 스캔들이나 사회적 이슈 등을 올리는 것입니다. 요리 레시피는 물론이고 맛집 탐방 등 아주 잡동사니를 모으고 모아 블로그의 콘텐츠를 구성합니다. 이렇게 색을 잃은 블로그를 운영하다 보면 블로거 본인도 매번 어떤 자료를 올려야 할지 고민하게 됨은 물론, 방문자로 하여금 이 블로그를 꼭 구독해야 할 이유마저 잃게 만듭니다.

블로그의 유형이라고 해서 명확히 어떤 명칭이 정해져 있거나 꼭 특정 자료만을 올려야 한다는 것은 없습니다. 앞서 설명한 바와 같이 무엇이든 너무 과하게 콘텐츠가 섞이면 문제가 되지만 어느 정도 틀을 정해두고 적절하게 자료를 섞어가며 블로그를 관리하면 큰 어려움 없이 블로그를 운영할 수 있습니다. 그렇게 자연스레 블로그를 운영하다 보면 아래와 같은 취향이 드러나는 블로그를 만들 수 있습니다. 이제 다음의 유형들을 참고하여 내가 운영해 나아갈 블로그를 미리 생각해봅시다.

• 소비 리더형 블로그

기업의 광고, 마케팅보다 더 제품을 매력적으 로 보이게 하는 능력을 가진 블로그의 형태로, '일상생활에서 접하는 상품이나 서비스'에 대해 정보를 전달하고 현명한 구매에 도움을 주는 블로그입니다.

• 슈퍼스타형 블로그

자신이 이야기하고 싶은 분야에 대해 사람들과 깊이 있게 이야기하며 일상을 기록하는 블로그입니다. 다양한 친분관계, 댓글 등으로 웹상에서 발이 넓으며 따뜻한 감성으로 이웃 블로그들과 소통합니다.

• 라이프 로그형 블로그

자신의 일상, 업무상의 노하우, 생활의 지혜 등으로 자기 삶의 자취를 남기는 블로그입니다. 처음에는 미미하지만 글들이 모이면 자신의 삶을 담은 큰 자서전과 같은 형태가 됩니다. 외형적인 성장만을 바라보고 파워블로그가 되는 것을 원한다면 상당히 힘든 일입니다. 처음엔 쓰고 싶어서 쓴다는 생각으로 가볍게 시작해야 합니다. 처음 블로그를 시작하거나 방문자 수, 댓글에 연연하지 않는다면 라이프 로그형 블로그를 추천합니다.

• 미디어형 블로그

카메라나 캠코더로 우리가 살아가는 세상을 담고 인터넷에 소개하는 블로그 형태입니다. 언론이 미처 소개하지 못한 뉴스나 소소한 이야기, 숨은 이슈 등으로 대중에게 새로운 관점에서 정보를 전달합니다. 기존 미디어는 한정된 지면과 시간으로 세부적인 자료를 내보내기 어려운 한계가 있지만 블로그에

선 이런 부분이 가능한 장점이 있습니다.

• 직업생활 소개형 블로그

직업적 특성과 직장에서의 생존기 등을 담은 블로그로, 나에게는 반복된 일상이지만 다른 누군가에게는 특별한 일상이 될 수 있습니다. 남에게 살벌한 정글과도 같은 직장에서 터득한 다양한 노하우를 전해주고 싶은 이라면 이런 형태가 적합합니다. 또한 직장에서 보내는 시간이 많아 다양한 콘텐츠 확보가 어려운 이들에게도 좋은 유형의 블로그가 될 수 있습니다.

• 여행 리뷰형 블로그

여행을 다니면서 자신이 겪은 많은 이야기와 사진을 함께 기록하는 블로그로, 국내의 아름다운 풍경 및 관광지는 물론 멀리 해외에서 만난 맛집이나 이야기 등으로 여행을 주요 콘텐츠로 삼아 블로그를 운영합니다.

• 슈퍼 컨슈머형 블로그

한마디로 얼리어답터의 블로그입니다. 상품의 특장점을 잘 파악하고 뛰어난 분석력을 바탕으로 세부적인 카테고리에서 상품의 장단점을 분석하고 사용기 등을 함께 기록합니다. 일상적인 리뷰를 싣는 소비 리더형과는 차이가 있는데, 이들은 강력한 소비력을 바탕으로 늘 새로운 상품들을 소개합니다. 주로 기업의 제휴 광고 문의를 많이 받으며 제대로 성장만 한다면 다양한 협찬 상품을 받아볼 수 있는 형태의 블로그입니다.

• **신문화 비평가형 블로그**

문화 콘텐츠를 소비하고 통찰력 있게 분석하는 블로그로서 뛰어난 글쓰기 능력과 호소력을 갖춘 블로그 형태입니다.

• **정보 공유형 블로그**

재테크 소개, 부동산 소개, 자동차 리뷰 등 특정 전문가의 영역을 자세히 소개하는 블로그를 말합니다. 주로 특정 분야의 전문가들이 많이 운영하는 블로그인데, 영리 목적을 기반으로 운영되는 경우가 많습니다.

그 외에도 블로그의 유형은 많은 형태가 있습니다. 그리고 하나의 형태를 콕 짚어서 하는 것이 아닌 여러 유형의 블로그를 섞어서 운영하기도 합니다. 블로그는 자신의 이야기와 목소리를 기록하는 웹상의 일기장입니다. 결국 본인의 취향과 명확한 주관을 갖고 운영한다면 스스로 즐길 수 있을뿐더러 사람들과 더 재미있게 소통할 수 있는 나만의 블로그가 될 겁니다.

Marketing

| 1 나의 첫 포스트 쓰기 |

| 2 이웃 신청하기 |

| 3 블로그 이웃관리하기 |

| 4 조금 더 예쁜 블로그 갖기 |

| 5 나만의 폰트 설정하기 |

| 6 잘되는 콘텐츠는 따로 있다 |

| TIP_ 작심삼일로 끝나는 블로그 마케팅, 어떻게 지속할 수 있을까? |

Bl★g

PART

6

효율적인 마케팅을 위한 블로그 응용하기

1 나의 첫 포스트 쓰기

우리 주변에는 일기를 쓰는 것조차도 어려워하는 사람이 참 많습니다. 일기는 남에게 보이고자 쓰는 것이 아닌 하루의 경험 그리고 느낀 점, 반성 등을 기록하는 것입니다. 사실, 우리나라 사람들은 어떤 글을 쓰거나 콘텐츠를 제작할 때 남에게 '멋지게 보이는 것'을 굉장히 신경 씁니다.

이런 분위기 때문인지 몰라도 초창기 블로그에는 굉장한 명필가들이 넘쳐났습니다. 당연히 이런 글을 읽다 보면 나의 글은 보잘것없이 느껴지게 마련입니다. 열정을 가지고 블로그를 시작했음에도 대부분 블로그 운영을 지속적으로 하지 못하는 이유가 아마 여기에도 있을 것입니다.

많은 사업자를 만나 컨설팅을 하고 조금 더 획기적이고 효과적인 마케팅 방안에 대해 이야기를 나눌 때 그들로부터 '블로그가 가지는 힘이 어느 정도인지, 또 블로그를 어떻게 활용하면 좋은지'와 같은 질문을 거의 빠짐없이 받아왔던 것 같습니다. 그만큼 우리에게 익숙한 마케팅 수단이고 일상에서 쉽게 접하는 블로그임에도 이상하게 내가 쓰려면 어려워져버리는 블로그입니다.

앞서 설명한 것처럼 블로그의 주제가 명확하지 않고 운영 계획이나 콘셉트 등이 없어서일 수도 있지만 그보다도 더 기본적인 이유는 정말 많은 사람이 '글쓰기 자체를 굉장히 어렵게 생각한다는 것'입니다.

블로그는 내 일기장이며, 나만의 공간입니다. 나의 이야기를 쓰고 내 경험을 적는 공간임에도 자꾸 나 자신이 아닌 것처럼 보이려 애쓰기 때문에 글쓰기가 어려워지는 것입니다. 내 스토리텔링을 하는데도 너무 완벽한 글을 작성해야 한다는 강박관념과 남들의 시선을 신경 씁니다. 그러다 보니 제대로 된 블로그 운영은 시도조차 못하고 포기하거나 글만 조금 끄적거리다 그만두는 이가 정말 많습니다. 아니면 조금 더 독하게 굴어서 몇 개의 글을 포스팅하는 데 성공하지만 글 하나하나 쥐어짜내는 노력과 시간에 지쳐버려 블로그를 놓게 되는 경우도 많이 봐왔습니다.

사실 '글쓰기'는 어려운 과정입니다. 그렇기에 수많은 작가가 소재를 찾기 위해 여행을 다니기도 하고 타인의 경험을 참고하기도 합니다. 시인이라도 된 것처럼 시상을 찾아 하루하루 생각에 잠겨 지내기도 합니다. 하지만 블로그는 글쓰기이면서 글쓰기가 아닌 영역입니다. 잘 쓴 글인지는 둘째로 치고 우선 과제는 내 글의 검색 노출이 잘 이뤄지는 것입니다.

블로그를 통해 쓴 글이나 사진이 남들에게 평가받는 것이 제일의 목적이 아닙니다. 우선 노출이 되고 그로 인해 내가 운영하는 자영업이, 사업이, 기타 수익 활동이 조금이라도 더 긍정적인 효과를 보길 기대하며 블로그를 운영하는 것입니다. 따라서 '글쓰기 활동'처럼 부담을 가질 필요가 전혀 없습니다.

나 역시 소심한 성격에 남들 시선을 누구보다 신경 쓰는 스타일이라 내가 쓰는 글 하나하나에 모든 힘을 바쳐 쓰던 시절도 있었습니다. 포스팅이 50개가 넘어가는 시기가 오니 점점 글을 쓰기가 싫어졌습니다. 이유는 글 하나하나에 몇 시간을 들이다 보니 과연 이 블로그로 마케팅 효과를 얻을 수 있을지, 그 시간에 충실히 내 본업을 하는 게 더 도움이 되지 않을까 싶었습니다. 어느 순간 포스팅을 하기 싫어지는 마음은 우후죽순 격으로 커져갔고 기어코 블로그를 때려치웠던 경험도 있습니다. 결국 스스로의 만족을 위해 고생이라는 고생은 다 하다가 아무런 효과도 얻지 못한 정말 바보 같고 멍청한 케이스가 바로 나였습니다.

어느 날부터인가 나는 사진을 대충 올리고, 글도 대충 썼습니다. 작가를 할 것도 아닌데(물론 책을 쓰게 되었지만) 여기에 고생할 바에 '대충대충 하자'라는 마음으로 포스팅을 하게 되었습니다. 그런데 시간이 흘러 블로그를 살펴보던 중 초반에 고생하며 쓴 글이나 대충 쓴 글이나 별반 차이가 없다는 사실을 발견하였습니다.

즉, 좋은 글쓰기에 목맬 필요도 없고 또 글재주가 없다고 고생할 필요도 없다는 이야기입니다. 어차피 네이버에는 1,000만 개가 넘는 블로그에서 수많은 글이 올라오고 있으며 내 글은 우주 속 먼지처럼 작은 부분에 불과합니다. 물론 그럼에도 내 포스팅을 누군가가 읽어주고 댓글도 달아주고 공감도 해준다면 얼마나 행복한 일이겠습니까마는 수많은 글을 접하고 수많은 정보를 접하는 유저에게 굳이 내가 사진을 잘 찍는 사람으로 보이기 위해서, 글을 잘 쓰기 위해서 노력할 필요는 없다는 이야기입니다.

결국 '일기'와 같습니다. 나는 가장 나다운 글이 가장 좋은 글이라고 생각합니다. 어떤 사람은 글에 깊이가 있기도 하고, 어떤 사람은 글의 깊이는 없지만 유머러스하여 읽기에 수월하기도 합니다. 또 누군가는 맛을 풀어내는 데 일가견이 있어서 글을 읽는 것만으로도 입에 침이 고이도록 만들고, 또 누군가는 전달력이 좋아 글재주가 없음에도 현장감 넘치는 글을 써내기도 합니다. 이 중 어떤 글이 더 좋고 나쁜지는 읽는 사람에 따라 다르기 때문에 우리는 그렇게 깊이 생각할 필요가 없습니다.

블로그 지수에 따라 글이 상위 노출되기도 하고 되지 않기도 합니다만, 일단 기본적으로 최신의 글일수록 상단에 글이 노출될 가능성이 높습니다. 특히 이제 블로그를 막 처음 시작한 블로거의 글은 애초에 상위 노출이 될 가능성도 없고 보이지 않는 저 먼 페이지에서 머물러 있을지도 모릅니다. 그러니 편하게 글을 쓰면 됩니다. 그리고 조금이라도 최신의 글일수록 노출 순위가 올라갈 가능성이 있으니, 힘들게 완벽한 글을 쓰기보다는 편안한 마음으로 글을 올리는 빈도를 조금 더 높이는 게 블로그 운영에 도움 될 가능성이 높습니다.

Bl★g

2 이웃 신청하기

내 블로그의 이웃을 늘리는 방법은 아주 간단합니다. 블로그 이웃은 약 10여 년 전에 유행했던 싸이월드의 일촌과도 같고, 오늘날의 강력한 소셜 미디어 채널인 페이스북의 친구와도 유사합니다. 특히 이웃은 인스타그램의 '팔로워'와 아주 유사합니다.

내 마음에 드는 블로그를 발견하고 이웃으로 추가하면 그 블로거가 신규로 쓰는 포스트의 알림을 받아볼 수 있습니다. 그렇기 때문에 내 블로그의 포스트를 받아보는 이웃이 늘어난다는 것은 곧 예비 방문자가 늘어난다는 의미입니다. 따라서 더욱 멋지고 효율적인 마케팅을 위한 블로그를 꿈꾸는 블로거라면 필수적으로 이웃을 모으고 관리하는 방법을 배워야겠죠?

블로그 이웃은 인스타그램의 팔로워와 유사하다고 언급했습니다. 다만 블로그는 SNS에 비해 좀 더 오랜 역사를 지니고 있는 만큼 조금 다른 문화도 가지고 있습니다. 바로 답례 문화입니다. 스타성이 강조되는 인스타그램에서는 내가 그 사람의 팬이 되고 싶은 마음에 팔로워가 되기도 하지만 블로그는 그보다 좀 더 보수적인 형태를 띠고 있습니다. 그렇기에 이웃을 늘리고 싶다면 좋은 콘텐츠도 중요하지만 그만큼 먼저 다가가 내 이웃이 되어주길 바란다는 마음을 어필할 필요가 있습니다. 즉, 내가 먼저 다가가 이웃 추가를 하고 이웃의 포스팅에 반응을 해주어야 합니다.

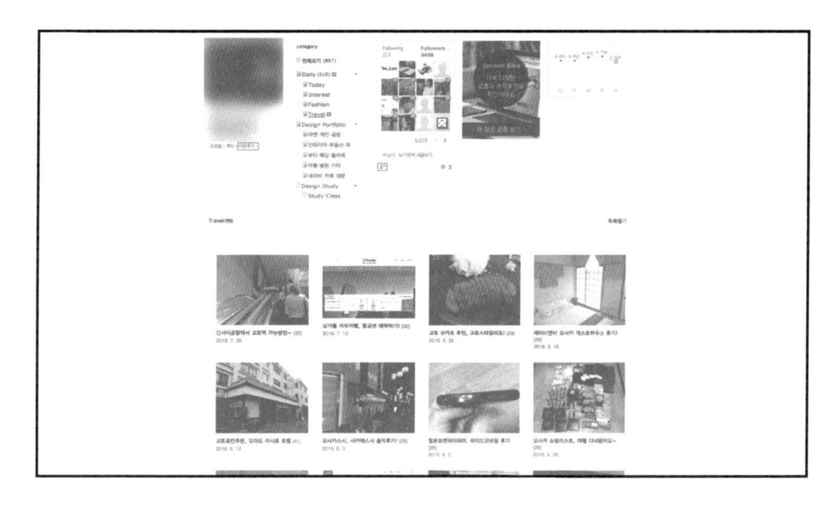

▷ 블로그 이웃추가 항목

네이버에서는 다양한 블로거를 정말 쉽게 만나볼 수 있습니다. 처음부터 인기 많은 블로거가 나의 이웃이 되어주면 정말 좋겠지만 세상은 그리 호락호락하지 않습니다. 처음에는 욕심 내지 말고 방문자가 많지 않더라도 꾸준히 활동하고 있는 블로거를 나의 이웃으로 삼는 전략을 펼치는 것이 좋습니다. 네이버에서 검색을 통해 만나보는 다양한 블로거 중 비교적 포스팅 기간이 규칙적이고 최근까지 포스팅을 하고 있는 블로거들을 대상으로 프로필 하단부에 있는 '이웃 추가' 버튼을 클릭합니다. 이웃커넥트 위젯이 부착된 블로그에서는 위젯 하단에 위치한 '이웃추가' 버튼을 클릭해주어도 됩니다.

이웃추가

님과 이웃 서로이웃 을 맺습니다.
서로이웃 신청을 받지 않는 이웃입니다.

블로그 이용 TIP
이웃과 서로이웃은 무엇인가요?
이웃공개, 서로이웃공개 포스트는 누가 볼 수 있게 되나요?

이웃 새글은 네이버 MY구독으로 자동으로 배달됩니다.

취소 다음

▷ 이웃추가 요청

'이웃추가' 버튼을 클릭하면 위와 같은 창이 팝업으로 뜹니다. 혹시나 팝업으로 뜨지 않는다면 내 브라우저가 팝업을 차단한 것은 아닌지 확인해줍니다. 팝업 내용을 살펴보니, '이웃'과 '서로이웃' 중에서 선택할 수 있습니다. 처음 방문한 블로그에 '서로이웃'(일종의 맞팔로우라고 생각하면 되겠습니다)을 요청한다면 당연히 이웃을 늘리려는 마케팅 활동으로 생각하고 이웃으로서 받아주지 않을지도 모릅니다. 따라서 평소 친분이 없는 블로거의 경우에는 '이웃'으로 신청하고, 평소에 내가 종종 방문하면서 댓글도 달고 소통하던 블로거라면 '서로이웃'으로 선택해서 '다음' 버튼을 클릭해줍니다.

이웃추가

님을 추가할 그룹을 선택해주세요.

서로이웃 + 그룹추가

서로이웃

블로그 이용 TIP

이웃과 서로이웃은 무엇인가요?
이웃공개, 서로이웃공개 포스트는 누가 볼 수 있게 되나요?

이웃 새글은 네이버 MY구독으로 자동으로 배달됩니다.

취소 다음

▷ 이웃추가 그룹추가

'다음' 화면으로 넘어와 보니 이웃을 어떤 그룹에 포함시킬 것인지를 묻는 창이 뜹니다. 이웃이 별로 없는 블로그 운영 초기에는 그리 중요하지 않지만 훗날에 이웃이 늘기 시작하면 점점 이웃관리가 어려워지고 누가 누구인지 헷갈리게 됩니다. 그래서 이렇게 '그룹추가' 및 '그룹선택'의 기능이 존재하는 것입니다. '그룹추가' 버튼을 통해 그룹을 생성하고 '확인' 버튼을 클릭해 이웃 신청을 마무리합니다.

다음의 이미지는 '이웃으로 추가' 버튼을 클릭한 후 '서로이웃'을 신청하여 '서로이웃'이 되었을 때 뜨는 화면입니다. '서로이웃'은 서로가 이웃이 되어 상대방의 신규 포스팅 알림을 받아볼 수 있는 비교적 친밀도가 높은 블로거와 맺는 방식입니다. 인스타그램의 '맞팔'이라고 볼 수 있겠습니다.

서로이웃 맺기

님에게 서로이웃을 신청하였습니다.

신청내역은 내 블로그 관리 > **서로이웃 맺기 관리**에서 확인 할 수 있습니다.
상대가 수락하고 서로 이웃이 되면 **네이버 MY구독**으로도 이웃 새글이 배달됩니다.

닫기

▷ 서로이웃 맺기 신청

'서로이웃'이 된다는 것은 상대방 역시도 내 글을 받아본다는 뜻입니다. 이 말은 상대방에게 내가 쓰는 포스팅이 거북하거나 취향에 맞지 않는 경우 거절당할 수도 있음을 뜻합니다. 그렇기 때문에 '서로이웃'을 신청할 때는 신청 메시지를 조금 더 신경 써서 '내가 누구이며', '어떤 이유로 서로이웃을 신청하는지', '내가 어떤 주제로 포스팅을 주로 하고 있는지' 등을 밝히는 것이 좋습니다.

Bl★g

3 블로그 이웃관리하기

내가 블로그를 한창 운영하던 시절, 이웃이 늘어남에 따라 그에 따른 알림 메시지만 하루에 수백 개를 받기도 했습니다. 나에게 '이웃을 신청하는 알림', 내가 다른 블로거에게 서로이웃을 신청한 것에 대한 '답변을 담은 알림', 그 외에도 내가 쓴 포스팅에 달리는 '댓글에 대한 알림' 등 많은 알림으로 인해 정작 중요한 알림을 놓치기도 했습니다. 그래서 이런 알림들을 분야별, 관심도별, 항목별로 관리하고 이를 통해 효율적인 이웃관리를 하는 방법을 알아보겠습니다.

블로그를 처음에 오픈하고 열심히 포스팅을 하다 보면, 즉 검색에 노출될 포스팅을 늘려가다 보면 수많은 이웃신청이 들어옵니다. 심지어 '서로이웃' 요청이 다수를 이룹니다. 초보자들은 '아, 벌써 내게도 이웃이 생기는구나' 하는 마음에 기쁜 마음으로 요청을 수락하지만 이는 잘못된 선택이 되는 경우가 대다수입니다. 주로 나쁜 이웃이 되기 때문입니다. 별 볼 일 없는 블로그에 '서로이웃'을 신청하는 목적부터가 신청자 본인 블로그의 홍보 효과를 위해서인 경우가 대부분이기 때문입니다. 따라서 나에게 온 이웃 신청이 과연 진정성 있는 이웃 신청인지 구분할 수 있는 안목을 키워야 합니다.

예컨대 오늘날에는 자동화 프로그램인 매크로를 이용해 이웃의 수를 늘리는 블로거들이 많다 보니 서로이웃 추가 메시지가 마치 대본에 적어놓은 듯 동일 문구로 반복되어 오는 경우가 있습니다. 아마도 사용자는 다르겠지만 서로 같은 프로그램을 썼기 때문이라고 추측해볼 수 있습니다. 당연히 이런 경우에는 나와 소통하면서 같이 재미있게 블로그를 운영해가자는 '진정성 있는' 이웃 신청이라기보다는 홍보 또는 블로그 활성을 목적으로 접근한 이웃 신청일 가능성이 높습니다. 따라서 무작정 이웃 신청에 '수락' 또는 '거절'을 하기보다는 이웃 신청을 한 해당 블로그를 방문하여 블로거가 어떤 의도로 '이웃 신청'을 하는지 살펴볼 필요가 있습니다.

우선 내게 이웃 신청을 한 블로그를 방문해 어떤 종류의 글이 올라오는지를 살펴봅니다. 나는 맛집에 대한 포스팅이 주를 이루는데 상대방은 중고자동차 리뷰에 대한 포스팅이 주를 이룬다면 정말 맛집에 흥미를 가지고 있는 블로거일 수도 있으나 본인이 판매하는 중고자동차를 홍보하기 위한 방법일 수도 있습니다. 보통은 '진정성 있는' 이웃의 경우 본인이 작성하는 포스팅과 내가 작성하는 포스팅의 주제가 비슷하거나 연관이 있는 경우가 많습니다.

두 번째로는 블로그의 글이 주기적으로 올라오는지 살펴봅니다. 블로그에 글이 하나도 없거나, 오래전에 글을 쓴 뒤로 운영되지 않는 블로그이거나, 올라오는 주기가 너무 형편없이 느린 블로그라면 큰 도움이 되는 블로그가 아닐 수도 있고 다른 목적을 가진 블로그일 수도 있기 때문입니다.

마지막으로 도박, 음란물, 선정적인 글 등이 담긴 블로그 역시도 배제해야 합니다. 일반적으로 이런 류의 업체는 정상적인 광고(키워드 광고나 CPC배너 광고) 집행이 어렵다 보니 우회적으로 접속을 유도하는 간접광고에 힘을 쏟게 됩니다. 그중 하나가 블로그인데 본인의 포스팅 역시 잘 노출이 되지 않다 보니 매크로를 통해 수많은 사람에게 이웃 신청을 하고 다니도록 세팅해놓는 경우가 부지기수입니다.

이웃 신청을 한 블로그를 방문했을 때 주기적으로 정성이 담긴 자신의 이야기를 올리고, 나와 주제가 비슷한 블로거라면 앞으로도 좋은 소통을 할 '진정성 있는' 블로거로 구분할 수 있습니다. 이때 포스팅이 전문적이고 유익할수록 좋은 평가를 받으며, 포스팅에 공감이나 댓글이 많이 달리는 블로그 또한 소통이 원활하다는 증거이므로 좋은 이웃이 될 수 있습니다.

나는 블로그를 운영하면서 몇몇 이웃과는 굉장히 깊은 소통을 하고 실제로 만나 커피도 마시고 취미생활을 공유한 기억이 있습니다. 이렇듯 블로그를 운영하며 만나는 이웃은 단순히 '내 블로그의 방문자 수'를 늘려주는 목적을 넘어 좋은 인연이 되고 나 자신에게도 발전을 가져다줄 경우가 있기 때문에 블로그 운영 초기부터 '이웃관리'에 신경을 써주어야 합니다.

다음 이미지는 '블로그 관리' - '열린이웃·그룹 관리'에 들어간 화면의 모습입니다. '열린이웃·그룹 관리'에서는 서로이웃 신청받기를 설정할 수 있습니다. '사용'을 선택하면 서로이웃 신청을 할 수 있고, '사용하지 않음'을 선택하면 더 이상 서로이웃 신청을 할 수 없게 됩니다.

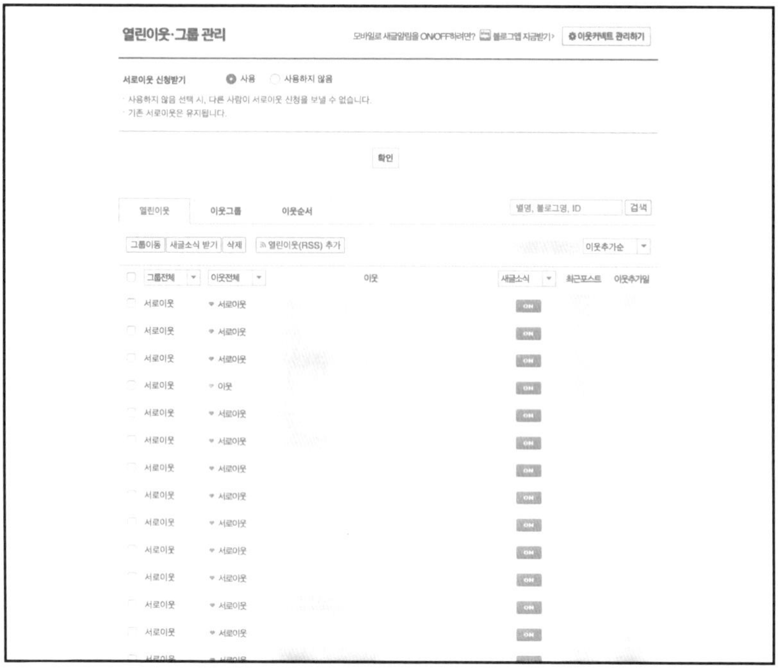

열린이웃·그룹 관리
모바일로 새글알림을 ON/OFF하려면? 블로그앱 지금받기›
이웃커넥트 관리하기
서로이웃 신청받기 사용 사용하지 않음
· 사용하지 않음 선택 시, 다른 사람이 서로이웃 신청을 보낼 수 없습니다.
· 기존 서로이웃은 유지됩니다.
확인
열린이웃 이웃그룹 이웃순서
별명, 블로그명, ID 검색
그룹이동 새글소식 받기 삭제 열린이웃(RSS) 추가
이웃추가순

그룹전체	이웃전체	이웃	새글소식	최근포스트	이웃추가일
서로이웃	서로이웃		ON		
서로이웃	서로이웃		ON		
서로이웃	서로이웃		ON		
서로이웃	이웃		ON		
서로이웃	서로이웃		ON		
서로이웃	서로이웃		ON		
서로이웃	서로이웃		ON		
서로이웃	서로이웃		ON		
서로이웃	서로이웃		ON		
서로이웃	서로이웃		ON		
서로이웃	서로이웃		ON		
서로이웃	서로이웃		ON		
서로이웃	서로이웃		ON		

▷ 열린이웃 · 그룹 관리

이제 생각보다 많은 이가 생소해하는 열린이웃에 대해서 알아보겠습니다.

이웃이 늘다 보면 너무 정신없이 울려대는 알림 때문에 블로그앱에서 푸시를 꺼두는 경우가 있습니다. 그리고 신규 알림에 묻혀 내가 꼭 받아보고 싶은 블로거의 포스팅을 놓치게 되기도 합니다. '열린이웃'이란 현재 내가 알림을 통해 받아보고 있는 이웃들을 뜻합니다. 최대 500명까지 알림 서비스를 받을 수 있는데, 새글 소식의 ON은 알림을 받는다는 것을 의미하며 OFF는 더 이상 알림을 받지 않음을 뜻합니다. 이런 기능을 통해 꼭 받아야 할 블로거의 알림만을 골라서 받아보

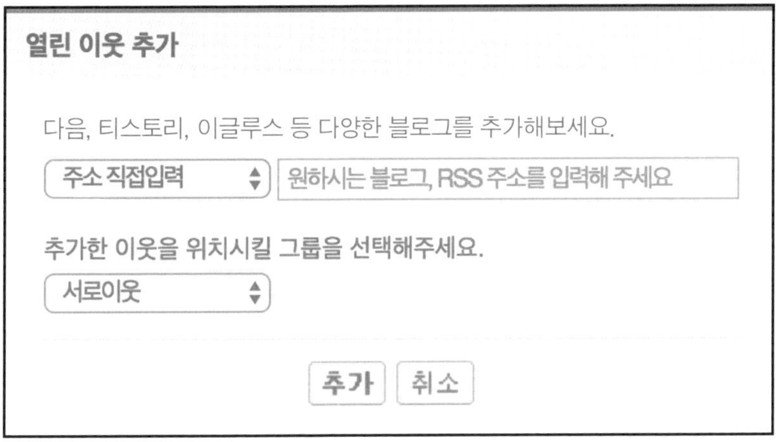

열린 이웃 추가

다음, 티스토리, 이글루스 등 다양한 블로그를 추가해보세요.

주소 직접입력

원하시는 블로그, RSS 주소를 입력해 주세요

추가한 이웃을 위치시킬 그룹을 선택해주세요.

서로이웃

추가 취소

▷ 열린이웃 추가

는 것도 가능합니다.

또한 '열린이웃 추가' 버튼을 통해 꼭 '네이버의 블로그'가 아니어도 다양한 블로그 솔루션(티스토리, 워드프레스 등)에서 알림을 받아볼 수 있으니 활용해보기 바랍니다.

4 조금 더 예쁜 블로그 갖기

다른 블로거들이 운영하는 블로그를 방문해보면 정말 그 디자인이 다양합니다. 요즈음에는 위젯을 투명화하고 '이미지맵'을 통해 링크를 부여하여 홈페이지처럼 꾸민 '홈페이지형 블로그' 역시 심심치 않게 보입니다. 많은 블로거가 블로그를 '부업' 또는 '마케팅 수단'으로 사용하고 있다 보니, 평범한 내 블로그를 보고 있다가 남들의 지극히 세련된 블로그를 보게 되면 왠지 소외감마저 듭니다. 홈페이지형 블로그는 이 책의 막바지 즈음에서 설명할 것이기에 잠깐 제쳐두고 쉽고 빠르게 내 블로그를 예쁘게 만드는 방법부터 알아보겠습니다.

'관리' - '꾸미기 설정' - '디자인 설정' - '스킨 선택'을 클릭하여 들어오면 위와 같은 화면이 나타납니다. 네이버 블로그에서 기본적으로 제공하는 다양한 블로그 스킨 외에도 '아이템 팩토리 스킨'과 '내가 만든 스킨' 등이 존재합니다. 왜인지 공식으로 제공되는 디자인을 선뜻 고르고 싶지는 않습니다. 나만의 개성을 피력하는 공간인 블로그에서 남들과 같은 디자인을 쓰자니 마음이 찝찝합니다. 그래서 화면 상단에 있는 '아이템팩토리 바로가기' 버튼을 클릭해줍니다.

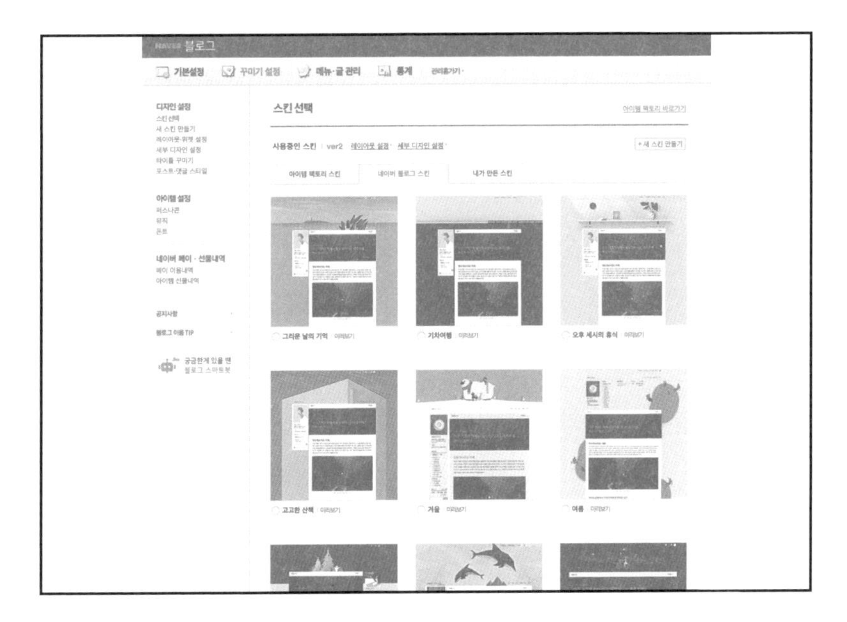

▷ 블로그 스킨 선택 항목

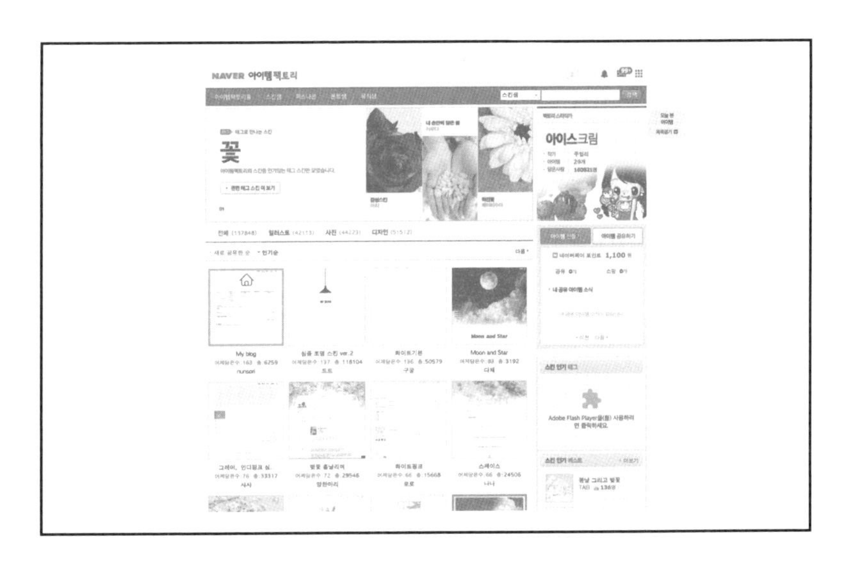

▷ 아이템 팩토리 메인 화면

다행히 네이버는 다양한 디자인을 공유하는 '아이템 팩토리'를 운영하고 있어서 어마어마한 기능이 요구되지 않는 한 손쉽게 디자인을 적용할 수 있습니다. 그리고 많은 블로거가 본인이 직접 커스터마이징한 디자인을 아이템 팩토리 내에 있는 '스킨샘'에 공유해줌으로써 우리는 그러한 디자인을 별도의 비용 지불 없이 사용할 수 있습니다. 그리고 자세히 살펴보면 '퍼스나콘'이라고 불리는 내 닉네임 앞에 붙는 작은 아이콘 및 폰트, 뮤직 등도 구매가 가능합니다. 구매한 뮤직은 뮤직 위젯을 통해 '음악'이 나오는 블로그로 만들 수 있습니다. 이렇게 구매한 뮤직은 내가 운영하는 네이버 카페에서도 이용할 수 있습니다.

하지만 우리가 먼저 공부할 것은 조금 더 예쁜 블로그를 만들기 위한 스킨 변경이니 마음에 드는 스킨을 한번 찾아보겠습니다. 정말 다

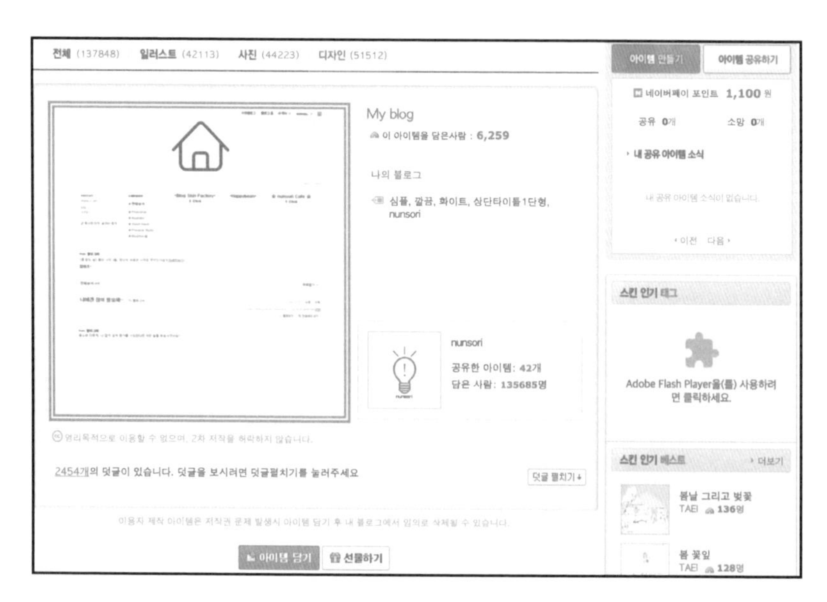

▷ 블로그 스킨 선택하기

양한 블로그 스킨들 중에서 마음에 드는 스킨을 찾아 클릭하면 스킨에 대한 상세한 설명과 공유한 블로거의 정보를 볼 수 있습니다. 아래의 '아이템 담기'라는 버튼을 꼭 눌러주면 앞서 살펴보았던 스킨관리 화면의 '아이템 팩토리 스킨'에 스킨이 담깁니다. 그러면 이제 다양한 스킨을 담아 내 기분에 맞춰 블로그 디자인을 바꿀 수 있습니다.

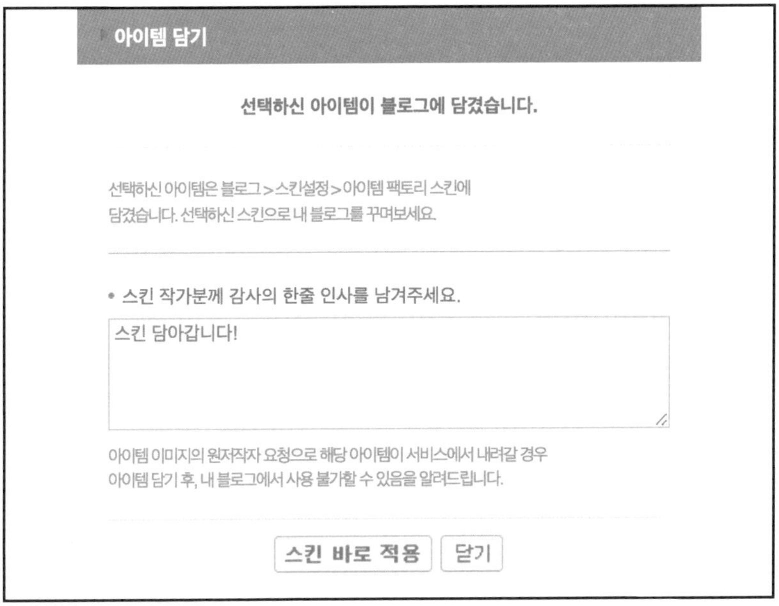

아이템 담기

선택하신 아이템이 블로그에 담겼습니다.

선택하신 아이템은 블로그 > 스킨설정 > 아이템 팩토리 스킨에
담겼습니다. 선택하신 스킨으로 내 블로그를 꾸며보세요.

• 스킨 작가분께 감사의 한줄 인사를 남겨주세요.

스킨 담아갑니다!

아이템 이미지의 원저작자 요청으로 해당 아이템이 서비스에서 내려갈 경우
아이템 담기 후, 내 블로그에서 사용 불가할 수 있음을 알려드립니다.

스킨 바로 적용 | 닫기

▷ 아이템 담기

그리고 해당 스킨을 공유해준 블로거에게 감사 인사를 전할 수 있는 창이 뜨고, 이렇게 담은 스킨을 바로 적용할 수 있는 '스킨 바로 적용' 버튼이 있습니다. 이 버튼을 클릭하면 해당 스킨을 적용하여 내 블로그에서 어떻게 나타나는지 살펴볼 수 있습니다.

5 나만의 폰트 설정하기

다음으로는 나만의 폰트를 설정하는 방법에 대해 알아보겠습니다. 다른 블로거들이 작성한 포스팅을 읽다 보면 범상치 않은 글씨체로 작성된 블로그를 발견하곤 합니다. 예전에 유행했던 '싸이월드'의 미니홈피에서도 이렇게 글씨체를 바꿔줄 수 있었습니다. 그리고 그런 글씨체를 싸이월드는 도토리를 받고 판매했습니다. 그렇다면 이런 폰트는 어디서 바꿀 수 있는 것일까요?

앞서 살펴보았던 아이템 팩토리에 답이 있습니다. 아이템 팩토리의 상단 메뉴에 '폰트샘'이라는 항목이 있습니다. '폰트샘'을 클릭해서 들어가면 수많은 폰트가 펼쳐집니다.

놀라운 점은 이 모든 폰트가 무료로 적용된다는 사실입니다. 이는 대부분 상용폰트를 제작하고 유통하는 회사들이 시중에 판매 중인 폰트를 웹폰트로 제작하여 무료로 배포하고 있기 때문입니다. 정말 바람직한 방침이 아닐 수 없습니다. 물론 이런 폰트는 네이버 블로그 및 카페에서만 적용이 가능합니다. 앞서 다른 블로거들이 제작한 스킨을

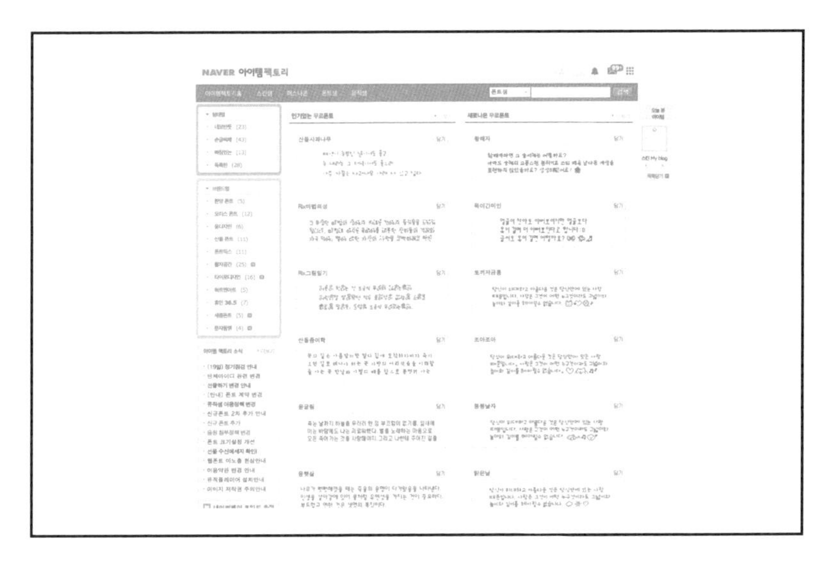

▷ 폰트샘에서 쓸 수 있는 무료 폰트

'아이템 담기' 버튼을 클릭하여 담았던 것처럼 해당 폰트들도 '담기' 버튼을 통해 내 블로그의 관리창에 담을 수 있습니다. 또한 폰트를 담기 전 내 블로그에 어떤 모습으로 적용되는지 확인할 수 있습니다(MAC에서는 불가능).

이렇게 폰트를 담은 후 '관리' - '꾸미기 설정' - '아이템 설정' - '폰트'에 들어가면 내가 가진 폰트를 확인할 수 있으며 폰트를 바꿀 수 있습니다. 요즈음에는 따로 폰트를 잘 적용하지 않지만 이렇게 폰트를 이용해서 내 블로그를 꾸밀 수도 있답니다.

폰트를 적용할 때 주의 사항이 하나 있습니다. 바로 '가독성' 문제입니다. 이렇게 네이버 아이템 팩토리에서 제공되는 폰트들은 특정 사이즈의 폰트만을 지원하고 있기 때문에 글을 쓸 때 폰트 사이즈를 과도하게 키우거나 줄이면 깨짐 현상이 일어납니다. 또한 너무 '귀여운' 폰

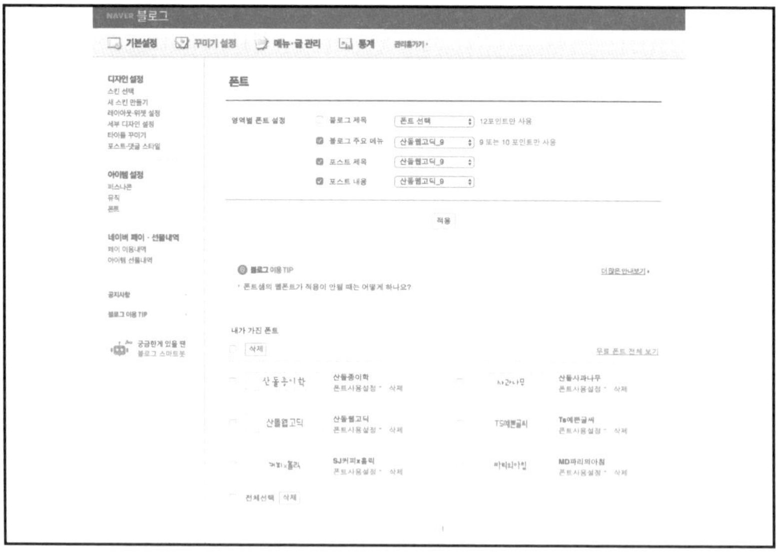

▷ 폰트 설정

트를 고르다 보면 정작 가장 중요한 방문자의 '가독성'을 해치는 경우가 많습니다. 읽기 좋은 서체가 아닌 불편한 서체로 글을 읽는 고통을 느낀 방문자는 빠르게 페이지를 이탈하게 됩니다. 결과적으로 블로그 체류 시간이 줄어 블로그 지수에 좋지 않은 영향을 줄 수도 있습니다. 따라서 '폰트'를 통한 내 블로그의 개성을 살려주는 것은 좋으나 과도하게 디자인된 폰트는 피하기 바랍니다. 글을 작성할 때 보기 좋게 작성하는 것도 내 블로그를 잘 운영하는 하나의 방법이 될 수 있습니다.

Blog

6 잘되는 콘텐츠는 따로 있다

블로그를 운영하다 보면 문득 드는 망상이 있습니다.

'나 이렇게 열심히 하다가 인기스타 되는 거 아냐?'

한편, 열심히 블로그에 글도 쓰고 사진도 붙이고 콘텐츠를 올리고 있는데 방문자 수가 감감 무소식이면 괜한 걱정이 몰려옵니다.

'아, 내 블로그 망한 건가?'

'내 글이 더럽게 재미가 없나?'

나는 자취방에서 혼자 지내던 젊디젊은 20대 초반에 블로그에 초보 요리를 주제로 레시피를 만들어 올리기 시작했습니다. 이제 자취를 시작한 종갓집 장손인 내가 무슨 요리를 할 줄 알았겠습니까? 할머니는 손주의 손에 물도 못 묻히게 했는데 말입니다. 당연히 엉망진창의 요리 사진으로 마무리되는 블로그 글은 점점 개그물이 되어갔습니다. 시커멓게 그을려버린 홍합, 파를 썬 줄 알았는데 손가락을 썰 뻔한 이야기, 집에서 떡튀김을 하려다가 기름 분화구를 폭발시킨 이야기, 불맛 나는 닭볶음탕을 만들려다가 화재경보기가 울린 이야기 등등…….

나에게는 서스펜스, 재난영화였고 웃지 못할 재앙 같은 이야기였지만 이상하게 블로그는 흥하기 시작했습니다. 오지랖이 넓은 방문자는 '이럴 때는 이렇게 해야 한다'와 같은 금쪽같은 팁을 댓글로 던지기도 했고, 누군가는 미친놈 아니냐며 댓글을 달아놓기도 했습니다. 여하튼 대다수의 반응은 '웃기다'였습니다. 점점 블로그 이웃이 늘어났고 방문자도 우상향 곡선을 그렸습니다. 군입대 전까지 많은 이가 댓글을 통해 내가 사람 구실을 할 수 있게 만들어준 사건이었습니다.

이런 경험을 통해 블로그에 대해서 엄청난 자신감이 생겼으므로 나는 멈출 수 없었습니다. 군대에서 장교로 복무하던 나는 그 누구보다 '색드립'에 자신이 있었습니다. 그 자신감을 토대로 성인용품을 수입하는 업체를 찾아가 OEM계약을 하고 제품을 납품받아 쇼핑몰을 만들었습니다. 야한 듯 야하지 않으면서 광고인 듯 광고 같지 않은 콘텐츠들을 만들어 블로그에 올리고 쇼핑몰과 연결시켜서 돈을 벌겠다는 나의 계획은 요리 블로그의 기억처럼 달콤할 것만 같았습니다. 많은 이웃을 가진 블로그까지 이미 갖춘 상태이니 이미 마음속은 페라리를 타고 포르쉐를 타고 있는 내 모습을 그리고 있었습니다.

지금 생각해보면 참 당연한 이야기지만 결국 나의 '색드립' 작전은 '폭망'하고 맙니다. 우선은 지금도 엄격하지만 당시에는 더더욱 엄격했던 시대적 분위기가 문제였습니다. 그리고 '불법'은 아니나 '불법' 취급을 받는 콘텐츠, 미성년자에게 노출할 수 없다는 약점 등 다양한 이유로 블로그는 내리막길을 걷다가 어뷰징을 당하는 결말을 맞이합니다. 그때의 충격 탓인지 나는 여전히 개그감을 찾지 못하고 있으며, 쓰는 글마다 '노잼' 평가를 받으며 살고 있습니다.

이러한 나의 슬픈 이야기를 꺼낸 이유는 하나입니다. 글을 잘 쓰고 못 쓰고를 떠나 무리수의 콘텐츠를 올린 것만으로도 진즉 실패가 예고된다는 사실입니다. 몇몇 콘텐츠는 치열한 경쟁이 기다리고 있는 만큼 많은 수요가 존재하며 이런 콘텐츠는 나름대로의 콘셉트와 전략만 잘 갖추어도 블로그를 빠르게 키울 수 있는 키포인트가 되기도 합니다.

예를 들자면 절대 무패의 콘텐츠인 '먹방', '맛집' 등을 들 수 있습니다. 수많은 마케터가 점령한 키워드이면서 정말 많은 블로거가 약속이나 한 듯 하루에도 수백만 개를 토해내는 콘텐츠임에도 조금만 전략을 잘 세워도 성공하는 콘텐츠가 되는 이유는 사람이 살아가는 데에서 필수적인 '의식주' 중 하나이기 때문입니다.

얼리어답터들이 신제품을 사용해보고 작성하는 신제품 리뷰와 같은 것도 순간적으로는 관심을 얻을 콘텐츠가 될 수도 있으나 3년 전 최신폰이던 아이폰 6가 지금은 구형폰인 것처럼 그 수명은 명확히 정해져 있습니다. 아이폰이 없다고 해서 사람이 죽는 것은 아니기 때문에 매번 흥행을 장담할 수는 없습니다. 하지만 우리가 살아가면서 필수적으로 접하고 행하는 일들에 대한 글들은 수요가 갖춰져 있고, 나만의 콘셉트만 명확하다면 빠르게 블로그를 성장시키는 것이 가능해집니다.

돌이켜볼 때 나의 '요리 체험' 블로그가 흥행할 수 있었던 이유는 나의 잃어버린 '개그감'이 폭발했던 블로그였기 때문일 수도 있지만 사실 거기에 '요리'라는 살면서 필연적으로 마주하게 되는 누구나 공감할 콘텐츠였기 때문입니다.

비슷한 예로 '역전! 야매요리'라는 웹툰으로 정말 유명해진 정다정 작가님의 블로그가 있습니다. 이 작가님은 요리라는 주제에 개그스러운 그림과 '누구나 공감할 드립력'을 함께 엮어 글을 포스팅했습니다. 포스팅 수가 많지 않은데도 입소문을 타고 폭발적인 이웃 증가세를 통해 블로그를 성장시킬 수 있었습니다. 나중에는 웹툰 작가로 데뷔까지 하고 당시 네이버 웹툰의 토요일 웹툰에서 최상위 포식자로 군림하기까지 했습니다.

즉, 단순히 포스팅 개수만 많다고 해서 '영향력 있는 블로거'가 되는 것은 아님을 알 수 있습니다. 현재는 웹툰도 블로그 활동도 쉬고 있지만 여전히 블로그를 방문해보면 그의 숭고한 '드립력'은 살아 있음을 느낍니다. 그렇기에 나는 블로그 포스팅 하나하나에 크게 애쓰지 않았으면 좋겠습니다. 가벼운 마음에서 툭툭 던지는 말이 더 재미있고 더 와닿는 경우가 많기 때문입니다. 결국 흥행하는 콘텐츠는 모두가 우리 일상에서 겪는 사소한 것들이기 때문입니다.

물론 이런 질문을 받을지도 모르겠습니다. '나는 마케팅을 해야 하는데 매일 먹고 입고 자는 것만 올릴 수는 없지 않느냐?'라고 말입니다. 역시나 마케팅하고자 하는 상품을 올리고 광고 성향을 짙게 띠는 콘텐츠를 올려야 하는 상황 속에서도 우리가 일상에서 겪는 다양한 스토리를 같이 곁들이면 되는 것입니다. 마치 돈가스 옆에 따라 나오는 양배추 샐러드처럼 말이죠. 돈가스만 먹기에는 느끼하지만 여기에 일상이라는 양배추 샐러드가 곁들여져서 더욱 맛깔나고 흥행할 콘텐츠로 탈바꿈할 수도 있으니, '블로그 글쓰기'는 생각보다 어렵지 않을지도 모르겠습니다.

TIP

작심삼일로 끝나는 블로그 마케팅, 어떻게 지속할 수 있을까?

초등학교 시절, 나의 장래 희망을 기록할 때 '특기'와 '취미'를 따로 나누어 적었던 기억이 있을 것입니다. '특기'가 직업이 되기도 하고 '취미'가 직업이 되기도 합니다. 때로는 어렸을 적의 장래 희망, 취미, 특기와 동떨어진 일이 직업이 되기도 합니다.

나는 축구, 야구 등 스포츠 경기를 즐겨 보는 편입니다. 그런데 직접 축구를 하거나 야구를 할 때면 '인간의 몸뚱이'가 아닌 플레이를 펼치게 됩니다. 그럼에도 나보다 훨씬 잘하는 프로 선수들의 플레이를 보며 간접적인 기쁨을 얻습니다. 이렇듯 내가 잘한다고 해서 '좋아하는 일'이 되는 것도 아니고 못한다고 해서 '싫어하는 일'이 되는 것도 아닙니다. 갑자기 웬 취미, 특기 타령이냐 할지 모르겠습니다만 블로거의 90% 이상이 필연적으로 겪는 위기, 즉 '블로그 작심삼일'을 이겨내기 위해서는 한 번쯤 생각해볼 문제입니다.

블로그를 더 잘하기 위해서, 또는 블로그를 마케팅 수단으로 활용하기 위해서 이 책을 보는 여러분일 것입니다. 정말 강한 의지를 가지고 블로그를 시작했음에도 대부분이 중도 포기하는 이유는 그만큼 '숙제'로 받아들여지고 정신적인 스트레스로 작용하고 부담이 되기 때문입니다. 그러니 조금만 바빠져도 일정에서 제외하는 1순위 업무가 됩니다. 블로그는 심지어 초반에는 극적 효과를 기대하기 어려운 부분이 있기에 초반에 대부분 블로그를 포기합니다.

그렇게 아까운 시간만 날리고 "블로그는 별로였어"라고 말하는 주변 사업가들을 보며 나는 가슴이 아팠습니다. 또 한편으로는 너무 이해되기도 했습니다. 왜냐하면 블로그 쓰는 게 부담되는 것은 나도 마찬가지였으니까요.

남자들의 평생 술안주는 '군대 얘기'라고 합니다. 나도 군대를 다녀오기 전에는 잘 이해되지 않았습니다. 이미 군대를 다녀온 형들은 군대 이야기만 나오면 한 시간이고 두 시간이고 부어라, 마셔라 하며 이야기를 끊지 못했습니다. 그리고 세월이 흘러 군필자가 된 나 역시 술자리에서 군대 이야기가 시작되면 이야기를 멈출 수가 없었습니다. 많은 여성이 그래서 군대 이야기하는 남자를 좋아하지 않습니다. 그래서인지 군대 이야기하다가 여자 친구한테 차인 이도 여럿 보게 됩니다. 군대 얘기와 마찬가지로 사람들은 자신이 관심 있어 하고 재미있어 하는 것에 관해서는 시간 가는 줄 모르고 떠듭니다.

나의 집 뒤편에는 산이 있고 그 산 중턱에는 예쁜 카페가 하나 있습니다. 많은 학부모가 아이들을 학교에 보낸 후 집안일을 마치고 카페에 모여 삼삼오오 수다를 떠는 곳이기도 합니다. 한번은 출근하기도 싫고 집에서 일하려니 집중도 잘되지 않을 것 같아서 노트북을 들고 그 카페에 가서 앉아 노트북을 펼쳤습니다. 옆 테이블에는 30대 중반에서 40대 초반으로 보이는 주부 네 명이 앉아 있었는데 모두 근처 초등학교에 다니는 자식을 둔 엄마 같았습니다. 그 네 명은 어찌나 시끄럽던지 처음에는 일에 집중을 할 수 없어 '괜히 나왔다' 싶었던 차에 그중 한 명이 '친구 남편의 바람난 썰'을 풀기 시작하는 것이었습니다.

그 주부의 입담은 만담꾼 못지않았습니다. 함께 있는 나머지 세 명은 물론 그 카페 전체를 조용하게 만들어버렸기 때문입니다. 어찌나 이야기가 재미나던지 나도 약 30분간 그 이야기에 집중했습니다. 이미 다른 테이블의 아주

머니들은 "미쳤네. 미쳤어" 하면서 그 바람난 친구 남편 이야기에 동조하고 있었습니다. 결국 나는 바람난 이야기와 함께 그 외 부록의 이야기만 엿듣다가 집으로 돌아와야 했습니다. 그런데 어찌나 그 이야기가 재미있었던지 나는 집에 오자마자 와이프에게 구전했습니다.

이렇듯, 우리가 즐거워하고 재미있어하는 이야기에는 시간 가는 줄 모르고 말하게 되고 또 듣게 됩니다. 블로그도 마찬가지입니다. 블로그를 운영하다 보면 총 세 번의 위기가 찾아옵니다. 처음에는 너무 방문자도 없고 검색 노출도 안 되는지라 열심히 글은 쓰는데 마치 허공에 대고 외치는 것처럼 '나 혼자 지금 뭐 하고 있는 거지?'와 같은 생각이 위기를 불러옵니다. 그리고 대부분은 이 시기에 겪는 '글쓰기의 부담감'과 함께 블로그 운영이 흐지부지 되고 맙니다.

두 번째 위기는 '매일 글을 쓰다 보니 점점 글감이 없어지는 듯한' 느낌을 받는 가운데 옵니다. 매일 유용하고 가치 있는 정보만 기록하려다 보니 우리가 일상 속에서 접하는 콘텐츠는 한계가 있고 이것을 포스팅하는 건 더더욱 한계가 있기 때문에 점점 적을 것이 없다는 느낌을 받게 됩니다. 또 방문자는 점점 늘어나는데 댓글은 상대적으로 덜 달리는 시기이다 보니 내가 잘하고 있는 게 맞는지도 헷갈립니다.

마지막으로 겪게 되는 위기는 충분한 시간이 흐른 뒤에 블로그에 달리는 댓글 신경 쓰랴, 이웃들 신경 쓰랴, 이웃이 올리는 새 글에 들어가서 댓글 달아주랴 점점 블로그에 뺏기는 시간이 늘게 되니, 여기서 또 정말 블로그를 운영하기 싫어지는 순간이 찾아옵니다.

작심삼일을 극복하는 방법, 블로그를 정말 그만두고 싶다는 마음이 드는 위기의 순간을 뛰어넘을 방법은 사실 그리 특별하지 않습니다. 내가 권하는 최고의 방법은 '나만의 즐거운 것들을 기록하기'입니다. 어떤 콘텐츠는 그 글을 쓰는 것만으로도 재미가 있고 보람이 느껴지는 것들이 있습니다. 그런 포스팅은 다른 포스팅에 비해 힘도 확실히 덜 들고 시간도 덜 소요됩니다.

그리고 이렇게 내가 즐거운 것들을 포스팅하다 보면 어느새 늘어난 이웃과 같은 관심사를 가진 방문자가 늘어남에 따라
'의무적이고 일적인' 블로그 운영에서 벗어나 하나의 취미로 블로그를 할 수 있게 됩니다. 이럴 때 장기적인 블로그 운영 또한 가능해집니다.

Marketing

1 왜 내 블로그는 상위 노출이 안 되는 것일까?

2 최적화 블로그와 C Rank 블로그

3 파워블로그는 없어도 최적화 블로그는 존재한다

4 블로그 최적화를 위한 기본전략

5 블로그 상위 노출을 위한 핵심전략

6 방문자 체류 시간을 늘려야 블로그가 성장한다

7 내 포스팅 성과를 측정하는 방법

TIP_ 블로그 강사들이 전하는 잘못된 블로그 상식

Bl★g

PART

7

최적화 블로그?
C Rank 블로그?

1 왜 내 블로그는 상위 노출이 안 되는 것일까?

지금까지는 네이버를 통한 마케팅의 중요성과 네이버 블로그를 만드는 방법 등 아주 기초적인 내용을 알아봤습니다. 이제 본격적으로 네이버 마케팅의 핵심이라고 할 수 있는 최적화와 마케팅을 위해 꼭 알아야 할 핵심 사항들을 보겠습니다. 우선 이런 내용에 들어가기에 앞서 잠깐 짚고 넘어가야 할 이야기가 있습니다.

애증관계라고 할 네이버와 마케터의 관계, 그리고 이러한 채널을 제공하는 플랫폼 제공자로서의 네이버 입장을 살펴볼 필요가 있습니다. 앞서 설명했듯 네이버는 검색 광고를 주 수입원으로 하는 포털 사이트이면서 검색엔진입니다. 그리고 일반적으로 검색하는 이용자들에게 따로 비용을 부과하지 않습니다. 다만 많이 이용해주기를 바랍니다. 매번 밴드, 톡톡, 폴라 등 새로운 서비스를 만들어내면서도 따로 비용을 청구하거나 어떤 제약을 두는 경우가 없습니다.

1999년도에 서비스 제공을 시작한 네이버는 초기 사용자를 늘리기 위해 유명 연예인을 내세운 지식in 광고를 시작했습니다. '지식 검색은 네이버'라는 슬로건은 다음과 야후에 뒤져 있던 네이버를 독보적인 1인자로 끌어올려줍니다. 이렇게 많은 사용자를 확보한 네이버는 카페, 블로그 서비스 등을 오픈하며 더욱 많은 사용자를 모으는 데 성공합니다.

그 후 꽤 오랜 시간이 지난 지금도 네이버는 부동의 1위를 지켜나가고 있습니다. 그리고 이러한 1위를 지킬 수 있었던 이유로 많은 사람이 네이버 블로그를 손꼽곤 합니다. 전문가, 일반인, 사업가 가릴 것 없이 블로그라는 미디어 채널에 하루에도 수천 개의 콘텐츠를 게시해주고 있습니다. 콘텐츠를 통해 네이버는 풍성한 정보와 읽을거리를 가진 포털사이트로 발전할 수 있었습니다.

네이버는 이러한 블로그가 중요한 사용자 모집책인 것을 누구보다 잘 알고 있습니다. 그 증거로 네이버는 블로그에 오픈캐스트, 아이템팩토리 등 다양한 지원 서비스를 사용자에게 제공하고, 최근에는 블로그를 통해 영리 활동이 증가하는 만큼 사업자번호를 등록하는 위젯도 제공하고 있습니다. 또한 사용자가 블로그에서 카카오톡으로 빠져나가는 것을 막기 위해 네이버 '톡톡'이라는 서비스도 출시하여 블로그에서 발생한 사용자가 네이버라는 플랫폼 생태계 안에서 움직일 수 있도록 정말 많은 신경을 쏟고 있습니다. 이렇게 개개인의 주관적 견해와 이야기들이 담긴 블로그 속성이 네이버를 찾는 인터넷 사용자들에게는 굉장히 매력적인 '정보'로 작용하게 됩니다.

특히나 광고의 바다에 살고 있다는 요즈음 대부분의 사람에게 광고는 광고 피로를 넘어 지옥과도 같은 일상이 되었고, 그만큼 광고에 대해서 무감각하거나 부정적인 견해를 갖게 된 것 또한 사실입니다. 더

불어 광고비가 눈덩이처럼 불어나면서 사업자 및 광고업자는 살아남기 위해 새로운 광고를 물색해야만 했습니다. 이러한 사업자나 마케터들이 블로그를 하나의 광고 수단으로 삼아 광고 글을 블로그에 업로드하기 시작했습니다. 당연히 네이버를 찾는 인터넷 사용자들의 '믿을 만한 정보의 창인 블로그'가 주는 정보는 점차 흐려지기 시작했습니다.

'홍대 맛집'을 검색하여 최상위에 노출된 맛집 포스팅이 진짜 개인 의견이 담긴 정보인지 혹은 의도된 광고인지 더는 분간할 수 없게 되었습니다. 이런 환경의 변화는 네이버가 절대로 원하지 않는 사용자의 이동을 불러오게 되었습니다.

예컨대 요즘 10~20대의 젊은 세대들은 인스타그램의 해시태그(#) 검색을 통해 맛집이나 분위기 좋은 카페를 찾는다고 하니 사용자가 많아야 수입을 얻는 네이버의 입장에서는 블로그에 광고글을 올려 정보의 신뢰도를 떨어뜨리는 사업자나 마케터가 결코 예뻐 보이지만은 않았을 것입니다. 이렇게 사용자가 이동한다는 것은 네이버가 가진 가장 강력한 점유율이 줄어든다는 의미이기도 하고, 이는 곧 광고로 얻는 네이버의 수익이 줄어든다는 뜻이기 때문입니다.

그러한 이유로 네이버는 자사의 내규처럼 그 누구도 알 수 없는 알고리즘을 만들기 시작합니다. 당연히 마케터나 사업자들은 살기 위해서 알고리즘을 분석하고 그 알고리즘을 뚫기 위해 다양한 시도를 하게 됩니다. 네이버는 이러한 로직에 따라 올바른 블로그와 그렇지 않은 블로그를 나눠 노출의 정도를 나눴습니다. 네이버가 생각하기에 최대한 개인 입장에서 정확한 정보를 제공하는 블로그에 대해서만 상위 노출을 시켜준다는 소리입니다. 그렇게 수년간 네이버와 마케터의 전쟁은 지속되었습니다.

1) 상위 노출은 불가능할까?

앞서 네이버는 광고 수익을 위해 많은 사용자를 무료로 모은 업체라는 것을 설명했습니다. 결국 네이버는 아주 거대한 광고 회사인 것입니다.

그럼 광고 수익을 얻어야 하는데 광고를 의뢰받아야 할 고객이 네이버 자신에게 광고비를 내지 않고, 나와 같은 마케팅 컨설팅 업체나 광고 대행사에 광고비를 지출하게 된다면 네이버는 어떨까요? 절대 네이버 입장에서는 좋을 리 없습니다. 마케터나 광고 대행사가 네이버에게 사용료를 따로 내는 것도 아니니 네이버라는 거대 플랫폼에 무임승차하여 네이버가 받아가야 할 권리수익을 갈취하는 꼴입니다.

그리고 일부 마케터는 네이버의 상위 노출 알고리즘을 파악하여 광고를 정보처럼 보이게 만들어 네이버 상위에 노출시키고 네이버 사용자들로 하여금 검색 결과에 실망까지 안겨주게 되니, 네이버 입장에서 마케터들은 암세포처럼 느껴질 수 있습니다. 네이버 검색 품질에 만족하지 못한 네이버 검색 이용자는 1차적으로 제대로 된 검색 결과를 얻지 못해 손해를 보겠지만 나아가 네이버를 떠나 경쟁사로 흘러 들어가면서 2차적으로는 네이버에게 손해를 입히게 됩니다.

그렇기 때문에 네이버는 1년에도 수차례씩 대대적인 알고리즘 개편 작업을 은밀히 진행합니다. 어떤 방법으로 작성하면 상위 노출이 되던 블로그 포스팅이 어느 날 갑자기 상위 노출이 되지 않는다든지, 갑자기 저품질 블로그(불량 블로그)로 판정받아 더는 상위 노출이 어려워진다든지 등의 일이 일어나게 됩니다.

이것은 결국 광고 회사인 네이버가 수익을 보존하기 위해 알고리즘을 개편하고 거짓 정보(광고)를 흘리는 광고 대행사나 마케터와 기 싸움을 벌이는 과정이라고 봅니다. 나도 그렇고 이 책을 읽는 여러분도 이런 고래 싸움에 새우등이 터져서는 안 될 것입니다. 따라서 뒤에 설명할 블로그 운영 및 블로그 작성 노하우들은 기초에 기반하여 오직 정공법으로만 구성하여 간접적인 광고 효과를 볼 수 있도록 할 것입니다.

광고를 업으로 먹고 살아가는 광고 대행사나 마케터들은 순간순간이 중요합니다. 꼭 노출되어야 할 게시물이 며칠에 걸려서 노출된다면 그만큼 손해를 보게 되고 먹고사는 데 지장이 생깁니다. 다행히 우리는 그러한 마케터나 광고 대행사가 아닙니다. 즉, 100% 알고리즘에 맞춰 100% 확률로 상위 노출을 시키지 못하더라도 30% 이상만 상위 노출을 시킬 수 있어도 큰 광고 효과를 누릴 '마음의 여유'가 있습니다.

분명 과거에 비해 내 블로그의 글을 상위 노출시키는 것은 어려워졌습니다. 하지만 우리는 이러한 여유와 정공법을 바탕으로 경쟁 업체나 경쟁자보다 조금이라도 더 높은 광고 효과를 얻을 수 있다는 점을 알아두면 좋겠습니다.

2) 도대체 네이버가 얻는 광고 수익은 얼마나 될까?

네이버는 1999년 서비스 제공을 시작하면서 초기 사용자를 늘리기 위해 많은 힘을 써왔습니다. 유명 연예인을 내세운 지식iN 광고를 했었고 '쥬니어네이버' 등 타 포털사이트가 갖지 못한 독특한 서비스들을 앞세워 지금의 1등 위치로까지 성장할 수 있었습니다. 특히 네이버는 블로그와 카페 등 네이버라는 포털사이트 내에서 통제할 콘텐츠를 공급해줄 CP 역할의 채널을 키우는 데 많은 공을 들여왔습니다. 블로그와 카페 등 서버 내에 많은 트래픽을 유발할 서비스를 무료로 내어주며 사람들이 알아서 또 다른 사람을 모을 수 있도록 하는 사용자 모집의 선순환 구조를 만들기 위해 힘써왔습니다. 심지어 열심히 운영하는 카페의 운영자에게 현금으로 지원해주기도 했습니다.

물론 카페나 블로그를 운영하는 개개인은 이렇게 미디어 채널을 운영함으로써 얻게 되는 이득이 있을 것입니다. 예컨대 나의 경우 타 업체의 리뷰 포스팅을 해주고 블로그를 관리해줌으로써 얻은 이득 등이 있을 것이고, 나아가 강연장에서 받는 강의 수익 등이 있을 것입니다. 카페를 운영하는 사람들은 회원 수에 따른 카페 배너 광고비와 공동 구매 수수료, 실제 물건의 직접 판매로 생기는 수익 등이 있을 것입니다.

실제 2010년 초반을 떠들썩하게 만들었던 파워블로거 사건을 보면, 당시 파워블로거였던 M씨의 경우 1년간 150억의 매출을 기록한 공동구매를 진행함으로써 받은 수수료만 8억이 넘고 강의 등으로 얻은 수익도 어마어마했습니다. 회원 수가 많고 이름이 널리 알려진 일명 '네임드' 카페의 경우, 메인에 부착하는 작은 배너 광고 하나가 일주일에 수백만 원을 호가하는데도 자리가 없어 못 들어갈 지경이었습니다. 그리고 회원 전체 쪽지 발송이 1회 1천만 원이 넘는 카페도 있으니 네이버가 키운 카페나 블로그들은 개인의 이익을 위한 공간으로 발전하면서 점점 기업화되었습니다.

그럼에도 네이버가 가만히 놔두는 이유는 블로그나 카페 운영자가 자기만의 공간을 키우고 이로 인해 이익을 얻고 기업화되더라도 이들의 활동으로 인해 네이버 사용자 수가 늘어나면 큰 이익이 되기 때문입니다. 오늘날 네이버는 모바일 메신저 '라인' 등으로 새로운 수익모델을 점차 늘리고 키워나가는 중이지만 실제 네이버의 매출 대부분은 광고 수익에서 나옵니다. 그리고 이러한 광고 비용은 우리가 상상하는 것 그 이상입니다.

본래 온라인 마케팅의 원래 의미는 배너라 할 정도로 기본인 광고이며 시각적으로 소비자에게 다가가기 굉장히 쉬운 광고방식입니다. 우리는 하루에도 수십 번씩 네이버 등의 포털사이트를 들락거리며 무심결에 수많은 광고 배너를 마주합니다. 이 중 일부는 클릭하여 배너가 주는 광고 정보를 보기도 하고, 그저 한 번 바라보고 지나치기도 합니다. 이렇게 마주하는 네이버 메인의 배너 광고 비용은 얼마일까요?

▷ 네이버 메인 광고 배너

이용자가 몰리는 시간대에 따라 광고 비용은 차이가 있지만 사람이 가장 많이 몰리는 시간대인 정오 12시부터 18시까지는 시간당 3천만 원 이상입니다. 그리고 사람이 거의 활동하지 않는 시간대에는 위의 이미지처럼 아동복지 등 예산이 비교적 적은 업체나 NGO 등에서 광고를 전개합니다.

▷ 좋은 자리에 배치된 배너 광고

위 이미지는 쇼핑몰 운영자들의 로망이자 초기 사업자들에게 꿈의 자리로 인식되는 배너 광고입니다. 한 페이지에 총 9개의 광고를 배치할 수 있고 아래에 텍스트를 통한 광고도 같은 쇼핑몰 광고입니다. 좋은 자리는 '비딩'이라는 경매방식을 통해 위치나 단가 등을 입찰하게 되며 한 페이지 9개의 배너 자리 중 1개의 자리 광고 단가가 일주일에 2천만 원 이상입니다. 나는 처음 이런 광고 단가를 알았을 때 그 단가에 놀라기보다 '온라인 쇼핑몰 시장이 얼마나 크기에 그 광고 비용이 상쇄 가능하다는 거지?' 하고 충격을 받았습니다.

네이버가 그토록 공을 들여 사용자를 모은 이유는 바로 광고 수익 때문입니다. 광고를 맡기는 광고주의 입장에서는 되도록 적은 비용으로 많은 인터넷 이용자가 나의 광고를 바라봐주길 바랄 것입니다. 그렇기 때문에 많은 사용자를 가졌다는 것은 그만큼 더 높은 광고 단가를 받을 수 있음을 의미합니다. 실제로 이용자가 네이버 이용자의 1/7 수준인 다음의 광고 비용은 키워드를 비롯하여 각종 배너 광고 비용이 네이버에 비해 월등히 저렴한 가격대를 형성하고 있습니다(물론 미리 충전해둔 광고 비용의 소진 역시 네이버에 비해 아주 느립니다).

오늘날에는 오프라인의 경쟁만큼이나 치열하고 오히려 더 잔인한 공간이 온라인입니다. 나의 경험으로는 500만 원을 충전해둔 광고 비용이 2주가 되지 않아 다 소진돼버리기도 하니, 얼마나 이 시장이 치열한지 알 수 있을 것입니다. 그리고 나의 피 같은 광고 비용은 네이버에는 곧 수익이 됩니다. 이렇게 어마어마한 광고 수익을 지켜내고자 네이버는 앞서 이야기한 것처럼 무료로 마케팅하려는 블로거들을 상위 노출 여부, 어뷰징 등으로 제어하는 것입니다.

3) 저품질의 칼을 조심하라

네이버의 어마어마한 광고 비용에 놀란 나 같은 사업가들은 차선책을 모색해야만 했습니다. 아무리 돈을 벌어본들 네이버의 광고 비용은 배보다 배꼽이 더 커지는 경우가 많았고, 인지도의 관리 측면에서 점차 광고 비용 비중을 줄여가는 것이 오늘날의 광고 트렌드입니다.

따라서 그간 노출되던 키워드 광고의 비중을 줄이게 되면서 대안으로 떠오른 것이 바로 우리가 공부하고자 하는 '네이버 블로그', 그리고 '네이버 카페'입니다.

마케터는 비용을 받고 어느 자영업자에게 광고 대행을 하기로 합니다. 마케터는 인스타그램을 비롯하여 네이버 블로그, 네이버 카페, 몇 개의 신문사 등에 배너 광고를 송출하기로 합니다. 이는 보통 일반적인 마케팅 과정입니다.

마케터들은 일반인에 비해서는 상위 노출을 시키는 원리나 조금이라도 노출되는 양을 더 늘릴 방법을 잘 아는 전문가들이지만 이들도 사람입니다. 한 명의 클라이언트에게 큰 만족을 주어 입소문이 난 마케터는 점점 클라이언트가 늘어납니다. 이전에는 하나의 포스팅에도 큰 정성을 들여 누가 봐도 멋진 글을 작성했으나 클라이언트가 늘어난 만큼 포스팅 하나에 쏟을 시간이 줄어들게 마련입니다.

이때 마케터에게는 두 가지 선택지가 있습니다. 마케터를 더 늘리고 다른 마케터의 손을 빌리는 방법과 기존에 정성을 들여 포스팅하는 방법을 조금 더 쉬운 방법으로 바꾸는 방법입니다. 바람직한 사례는 전자가 되겠지만 후자의 경우는 복사 & 붙여넣기를 통해 한 가지의 콘텐츠를 조금씩 수정하면서 여러 클라이언트의 블로그와 카페 등에 올리게 되는 경우입니다.

결국 한 가지 콘텐츠가 여러 채널에 비슷하게 올라가는 상황이 되는데, 이런 글은 어딘지 모르게 홍보하고 있다는 느낌을 방문자한테 줍니다. 자신의 진솔한 이야기나 의견 등을 담아서 작성된 리뷰가 아닌 아무리 봐도 대행사가 만들어낸 스토리처럼 느껴지는 후자의 경우, 진정성 없는 홍보 글로 인식되고 방문자는 점점 네이버라는 채널에 불신을 품습니다.

네이버는 이런 마케터들을 걸러내어 올바른 콘텐츠가 상위 노출되어 사용자로 하여금 믿을 수 있는 검색 결과를 제공해야겠다고 생각합니다. 그래서 광고 글(홍보 글)들을 분석하고 특정 패턴을 파악하여 이런 패턴으로 작성된 글들을 걸러내는 알고리즘을 개발합니다.

일반적으로 알려진 네이버가 필터링하여 어뷰징하는 패턴은 다음과 같습니다.

① 한 개의 블로그에서 지나치게 많고 잦은 블로그 포스팅이 발생하는 경우.
② 한 개의 포스팅에서 지나친 키워드가 반복되는 경우(제목과 본문에서 자연스럽게 문장의 연결이 되지 않은 키워드만 반복되는 형태의 이상한 글).
③ 이미지 및 동영상의 파일명 변환(이미지의 지나친 포토샵 작업 같은 사진 · 채도 등의 변화를 주는 것 포함, 아는 사진을 무한정 찍을 수 없는 한계로 인해 한 장의 사진으로 여러 블로그에 돌려 사용하기 위함으로 하던 일련의 행위).
④ 잦은 수정.
⑤ 포스팅한 글이 상위 노출이 되지 않는 경우 다른 키워드로 변경하여 수정하면서 상위 노출을 시도하는 행위.
⑥ 포스팅 시 직접 타이핑을 치지 않고 복사해서 붙여넣기를 하는 행위.
⑦ 댓글과 공감, 스크랩이 일정 아이디랑 아이피에서 지속적으로 진행되

는 것(프로그램을 활용하여 이웃을 모으거나 방문을 유도하는 행위).

⑧ 지나치게 많은 링크가 걸려 있는 낚시성 글.

⑨ 포스팅을 조회한 방문자가 비정상적으로 빠르게 이탈하게 되는 글.

이런 알고리즘들은 시간이 지남에 따라 점차 발전 개선되었으며, 2016년에는 수많은 블로그 마케터를 붕괴시키기에 이르렀습니다.

알고리즘이 발전한 형태를 보면 다음과 같습니다.

2012년, 리브라 알고리즘으로 불리며 위의 예시와 같은 가장 기본적인 알고리즘의 첫 형태를 만든 알고리즘을 시작으로 2013년, 원본 문서를 중시하겠다는 소나 알고리즘의 출현이 있었습니다. 그리고 2014년 신뢰할 수 있는 웹문서 결과값의 노출을 중시한다고 발표한 후 웹문서 검색 결과가 뒤집히는 사건, 일명 '웹문서 대란'이 벌어졌습니다. 2015년부터 대가성 리뷰를 노출에서 제외시키기도 하며 많은 논란을 일으키기도 했습니다. 현재는 꾸준한 양질의 콘텐츠 공급을 위해 마케터들과 네이버는 어느 정도 교통정리를 하고 상생하는 관계로 가고 있다는 게 일반적인 시선입니다. 마지막으로 2016년 'C Rank'라 불리는 알고리즘이 등장하고 파워블로그가 사라지는 등 몇 가지 변화를 통해 결국 '사용자에게 도움이 될 친절한 글'만 살아남을 수 있는 오늘날에 이르렀습니다.

2 최적화 블로그와 C Rank 블로그

개인적으로 나에게는 참 말도 많고 탈도 많은 네이버 블로그입니다. 수많은 마케터가 네이버 블로그를 통해 생계를 유지하고 있기 때문이기도 하지만, 그만큼 이용자가 많고 파급력이 강력한 미디어 채널이기 때문에 네이버 검색의 알고리즘이 바뀌면 그날부터 몇 달간은 마케터들의 커뮤니티는 떠들썩해집니다.

▷ 블로그팀 공식블로그

▷ 네이버 검색 기술팀 공식블로그

위 이미지는 네이버 블로그팀의 공식블로그와 네이버 검색 기술팀의 공식블로그입니다.

네이버 블로그와 네이버 검색에 대한 이야기는 항상 큰 이슈를 몰고 다닙니다. 그런 만큼 이상한 루머를 많이 낳기도 하며 나아가 이상한 강연장에서 이상한 마케팅 강사들이 말도 안 되는 돈을 받아가며 스킬을 가르쳐준답시고 고액 사설 강의를 열기도 합니다. 그만큼 네이버 블로그와 네이버 검색은 항상 뜨거운 감자였고 앞으로도 계속 그럴 것입니다.

그래서 네이버는 공식블로그를 통해 항상 주요 이슈에 대해 힌트를 주거나 블로그 이용자들이 궁금해할 부분들에 대해 명확한 답변을 내놓음으로써 조금이나마 떠들썩한 이슈를 잠재웠습니다.

이렇게 네이버가 공식블로그를 운영하며 주요한 이슈에 대한 답변을 내놓는 중요한 사건이 있습니다. 바로 '최적화 블로그'라는 것 때문이었는데요. 한때는 이 '최적화 블로그'를 만드는 비교적 명확한 알고리즘이 존재해서 수많은 '블로그 공장'들이 존재했습니다. 네이버가 만들어둔 알고리즘에 맞춰 몇 개월만 게시글을 꾸준히 올려도 최적화 블로그를 만들 수 있었던 그 시절에는 '블로그 공장'이라고 불리는 마케팅 업체들이 최적화 블로그를 정해진 룰에 따라 찍어댔습니다.

이렇게 탄생한 최적화 블로그는 네이버 검색엔진에 최적화되어 어떤 키워드든 해당 키워드 검색에 대해 블로그 포스팅을 상위 노출시킬 수 있었습니다. 당연히 최적화 블로그를 많이 가지고 있으면 다양한 키워드에 대해 상위 노출을 많이 시킬 수 있다는 이야기입니다. 이런 알고리즘이 존재했던 시절에는 수많은 마케팅 업체가 득세했습니다. 블로그야 어뷰징당하면 다시 만들면 그만이었고, 경쟁 마케팅 회사끼리는 서로 더 상위에 노출시키기 위해 '유사문서 공격'이라는 형태로 상대의 글을 끌어내리면서 경쟁이 과열된 시기였습니다.

결국 이렇게 과열된 블로그 마케팅 시장에 네이버가 쌍칼을 빼 들게 되고 과거보다는 훨씬 진정된 형태로 블로그 마케팅이 이뤄집니다. 그리고 그에 대한 산물로 공식블로그 등에 비교적 명확한 정보 등을 공지했습니다. 그렇다면 최적화 블로그라는 게 얼마나 대단한 것이었기에 네이버가 칼을 빼 들고 나서야만 했던 것일까요?

네이버 IT 백과사전과 용어사전은 블로그 최적화를 '블로그를 위한 검색엔진 최적화'라고 정의하고 있습니다. 그렇습니다. 블로그 최적화란 검색 엔진에 최적화시킴으로써 검색에 잘 노출되게 만드는 것이라고 생각하면 됩니다.

우리가 이렇게 블로그를 공부하고 블로그를 운영하는 이유는 마케팅을 위한 툴로서 나의 상품과 서비스 혹은 브랜드를 알리기 위한 것입니다. 즉, 꼭 상위에 올리기만 한다고 '오케이'가 되는 게 아니라는 것입니다. 결국 '사람들이 나의 글을 보면서 나의 상품과 브랜드, 서비스를 알게 되고 그에 동조해서 자발적으로 주변 지인들에게 바이럴을 이끌어내기 위해'가 궁극의 목표입니다.

그럼에도 이 당시의 '최적화 블로그'는 그저 상위 노출을 시키는 것에만 혈안이 되어 마케팅이 이뤄졌습니다. 자발적 바이럴이 이뤄지든 말든 그저 상위 노출만 되면 최고의 마케팅이던 시절이었습니다. 그렇게 서로 상위 노출만을 위한 경쟁만 이뤄지다 보니 검색 이용자에게 상위 노출된 블로그 글은 곧 '광고'였습니다. 당연히 검색 이용자에게 검색 결과에 대한 만족도는 떨어질 수밖에 없었을 것입니다.

앞서 네이버는 광고 회사라고 이야기했는데, 이런 네이버에게 네이버라는 검색엔진 이용자가 검색 결과에 실망을 느끼고 다른 경쟁 업체로 이탈한다는 건 결코 달갑지 않았을 것입니다. 결국 네이버는 큰 비용과 시간을 들여 최적화 블로그를 위한 알고리즘을 새로이 만듭니다. 이러한 대대적인 알고리즘 변경 작업으로 인해 마케팅 업계는 어마어마한 지각 변동을 경험합니다. 수많은 마케팅 업체가 망하거나 쪼개져 1인 기업 형태의 마케터들이 시장으로 쏟아져 나왔고, 결과적으로는 많은 마케터가 먹고살기 힘들어졌습니다.

그뿐만 아니라 네이버는 여기서 한 발 더 움직여 'C Rank'라는 새로운 알고리즘을 만들어냅니다. C Rank란 특정 카테고리에서 랭킹을 부여하여 전문성이 높은 블로그에 대해 해당 키워드의 상위 노출이 가능하게끔 만드는 블로그 알고리즘이라고 이해해두면 되겠습니다.

과거 블로그 공장들이 존재했던 시절에는 특정 주제에 관계없이 충분히 최적화만 이뤄지면 어떤 글이든 상위 노출이 가능했습니다. 하지만 이렇게 알고리즘이 변화함에 따라 무작정 블로그만 키운다고 상위 노출이 되는 게 아니기에 수많은 마케터는 업종을 변경하거나 새롭게 바뀐 알고리즘에 맞춰 틈새시장을 공략해야만 했습니다.

그렇다면 지금은 최적화 블로그를 만들 수 없는 것일까요? 나는 '아니다'라고 답하고 싶습니다. 많은 마케터가 이제는 최적화 블로그를 만들 수 없다는 견해를 보입니다. 더불어 이제는 C Rank 블로그를 만들어야만 생계유지가 가능하다고 말합니다. 하지만 이는 업계에서 일하는 마케터의 입장일 뿐입니다. 나의 가게를 알리고 나의 서비스와 브랜드를 알리고자 하는 이 책을 읽는 여러분에게는 지금이 더 기회라고 생각합니다.

앞서 이야기한 최적화 블로그로 경쟁이 과열됐던 시기에는 블로그로 큰 성과를 낸다는 것이 결코 쉽지 않았습니다. 지금도 최적화 블로그는 존재하고 있으며 조금 더 단가가 비싼, 네이버 입장에서 수익이 더 발생하는 키워드에 대해서는 C Rank라는 개념이 필요할 뿐입니다. '꾸준함' 앞에 장사 없습니다. 즉, 비교적 정확한 방법으로 꾸준히 블로그를 운영만 해도 충분히 높은 지수의 '상위 노출이 가능한' 블로그를 만들 수 있는 것입니다.

Bl★g

3 파워블로그는 없어도 최적화 블로그는 존재한다

2016년 봄, 네이버 공지 사항에 파워블로그 제도를 폐지한다는 글이 올라왔습니다. 네이버는 파워블로그 제도를 통해 매년 우수한 활동을 한 블로그를 선정해 상을 주고 페이지에 메달을 달아 해당 블로거의 적극적인 활동을 독려해왔습니다. 따라서 파워블로거가 된다는 것은 굉장히 영광된 일이기도 했으며 강력한 공신력을 가진 블로그의 주인이라는 의미이기도 했습니다. 파워블로거가 본인의 블로그에 언급한 제품들이 완판되기도 하고 이름 없던 음식점이 유명세를 타는 등 숨은 정보 제공의 측면도 있었습니다.

하지만 '파워블로그'라는 제도가 조금씩 변질되면서 '파워블로거지'라는 신조어를 탄생시키기도 하였습니다. 본인이 파워블로거라는 이유로 음식점의 식대를 지불하지 않는가 하면 식대를 내라는 음식점의 리뷰를 나쁘게 적어 음식점에 치명적인 데미지를 주어 망하게 만드는 사건이 일어나는 등 말도 안 되는 부작용들이 발생한 것입니다. 파워블로거에 대한 이미지는 점점 나빠져 9시 뉴스에서도 그 부작용을 조명할 정도였습니다.

결국 파워블로그라는 타이틀을 이용해 대가를 받고 리뷰를 하거나 허위 소문을 내는 등 만만치 않은 부작용에 부담을 느낀 네이버는 파워블로그라는 제도를 폐지하기에 이릅니다. 대신 '이달의 블로그'라는 타이틀이 태어났죠. 나름의 멋진 타이틀이긴 하나 파워블로그의 막강한 파워에 비할 바는 아니었습니다.

당시 네이버 블로그팀은 다음과 같은 공지 사항을 내놓았습니다.

안녕하세요.

네이버 블로그 서비스팀입니다.

오늘은 마음이 무거운 이야기를 전해드리려고 합니다 . 네이버 블로그 서비스가 시작된 지 어느덧 13년이라는 시간이 흘렀습니다. 2003년 10월 첫 포스팅을 올렸던 블로그는 2008년 11월, 처음으로 파워블로그를 발표하며, 지난 7년간 좋은 블로그들을 소개하며 함께 커왔습니다. 파워블로그 제도는 열심히 활동해주시는 분들이 더욱 인정받고 명예를 얻을 수 있게 해드리려는 의도로 시작되었고, 이를 통해 새로운 기회를 만나거나, 각자의 꿈을 이루신 분들도 생겨났습니다.

2008년 처음 파워블로그를 시작하던 당시와 비교해보면 2016년의 블로그는 150% 이상 성장해왔고, 지금은 2,300만 명의 블로거들이 활동하고 있는 커다란 서비스로 자리 잡았습니다.

저희는 지난해 파워블로그를 발표하면서부터 파워블로그 제도에 대해 고민에 빠져 있었습니다. 이렇게 넓고 깊은 서비스 안에서 소수의 블로그를 가려내어 선정한다는 것이 정말 의미 있는 일인 것일까? 블로그 생태계는 이미 자생력이 활발하고 변화도 빠른데, 수많은 블로거의 한 해 활동을 평가하는 것이 블로그 문화의 다양성을 대변할 수 있는 것일까? 지금의 파워블로그 제도가 본래의 취지대로 블로그 정신을 실천하는 분들의 명예로움을 충분히 대변하고 있는 것일까?

내부적으로 많은 고민을 거듭해본 결과, 지금의 변화된 블로그 문화에 걸맞은 새로운 방식이 필요하고, 새로운 방식은 하나의 제도가 아닌 블로그 서비스 곳곳에 녹아 들어 블로거들끼리 상호 긍정적인 자극과 교류를 주고받고, 그 과정에서 명예로움을 얻을 수 있는 구조로 이어져야 한다고 생각했습니다.

쉽지 않은 말씀을 드리려다 보니 이야기가 길어졌네요.

이런 고민 끝에, 지난해 발표했던 2014년 파워블로그를 마지막으로, 네이버 블로그는 새로운 파워블로그 선정을 마무리하려고 합니다.

오랫동안 파워블로그를 사랑해주시고, 새로운 파워블로그 탄생을 함께 기다리며, 기대하고 계셨을 많은 분께 서운한 소식을 전해드리게 되어 너무나 죄송스러운 마음입니다. 하지만 저희는 이것이 끝이 아닌 새로운 시작이라 생각하고 있습니다. 처음 파워블로그를 열었던 그 마음으로, 새로운 방식을 준비하고 있습니다.

아시죠? 저희가 준비하고 있는 그놈! 파워블로그 종료로 헛헛한 마음 느끼시지 않도록 더욱 다양한 방법으로 개성 있고 창의적인 블로그들을 찾아내어 한아름 안고 찾아뵙겠습니다.

마지막으로, 기존 파워블로그로 선정되셨던 여러분들께 고개 숙여 감사의 인사를 전합니다. 그동안 너무나 좋은 콘텐츠로 네이버 블로그를 빛내주셔서 감사드립니다. 파워블로그에 대한 명예로움은 그대로 지키면서,

더 의미 있는 서비스를 만들기 위해 한 템포 쉬어간다 생각해 주시고, 응원해주세요.

지금까지 파워블로그를 지켜봐 주시고, 응원해주시고, 참여해주시면서 함께 기뻐하고, 소통해주셨던 모든 분께 다시 한 번 너무나 감사한 마음을 전합니다.

더 좋은 서비스로 찾아뵙겠습니다!

고맙습니다.

○○○년 ○월 ○일

네이버 블로그팀 드림

갑자기 파워블로그라는 개념이 사라졌다는 이야기를 하는 이유는 상위 노출이 잘되는 블로그를 '파워블로그'라고 착각하는 이가 많아서입니다. 나에게는 가끔 지인들이 "내 지인이 식당을 하는데 블로그로 상위 노출시켜줄 수 있냐?"는 식의 요청을 하곤 합니다. "당연히 가능하죠"라고 대답하면 "파워블로그야?"라고 물어보는 이가 간혹 있습니다. 워낙 파워블로그라는 타이틀이 뉴스 등 미디어를 통해 많이 노출되기도 했고, '블로그는 파워블로그가 짱'이라는 인식이 강해서일수도 있습니다.

이렇듯 '파워블로그'라는 타이틀은 모든 블로거에게 꿈이었고, 꼭 달고 싶은 훈장과도 같은 것이었고, 블로그를 모르는 사람들도 아는 어마어마한 타이틀이었습니다. 하지만 파워블로그가 사라졌다 해서 전혀 섭섭해할 필요가 없습니다. 파워블로그를 운영한다고 해서 상위 노출이 가능한 것도 아니며, 파워블로그가 아니라 해서 상위 노출을 못하는 것도 아니기 때문입니다.

4 블로그 최적화를 위한 기본전략

앞서 상위 노출이 이뤄지는 블로그와 몇 가지 용어에 대해서 알아보았습니다. 하지만 용어만 알면 뭐 하겠습니까? 진짜 목적인 상위 노출을 시켜야 비로소 블로그를 제대로 활용하기 시작하는 것인데 말입니다. 따라서 이번에는 본격적인 블로그 포스팅 기술을 알아보기에 앞서 블로그의 기본을 간단히 다루고 갈 예정입니다.

많은 이가 블로그에 대해 여기저기서 소문으로 들은 다양한 팁과 기본을 알고 있는 경우도 있지만 블로그 초보자도 있기 때문에 가장 기본이 되는 부분들을 설명해두고자 합니다. 블로그를 잘 아는 독자들이라도 다시 한 번 읽어보면서 혹시 놓친 부분이 있는지 확인해보는 시간을 가져보면 좋겠습니다.

1) 블로그는 '꾸준함'에서부터

국내 최강의 온라인 공룡, 네이버의 주요 CP답게 블로그의 알고리즘을 100% 분석해낸다는 것은 사실 불가능에 가까우며, 이마저도 수시로 변화하고 있으니 우리는 기본을 탄탄히 다지고 이 기본을 중심으로 블로그를 운영해갈 필요가 있습니다. 블로그의 흥망성쇠를 결정하는 요소는 정말 다양합니다.

예를 들면 '블로그의 전반적인 주제'가 너무 재미없어서 방문자들로부터 외면받는 지극히 주관적인 요소에서부터 '블로거의 글을 쓰는 스타일', '글을 올리는 정도', '블로그의 디자인', '포스팅의 구성도', '사진의 퀄리티' 등 다양한 요소가 블로그가 흥하고 망하고를 결정짓게 됩니다.

하지만 그중에서도 가장 기본이 되고 가장 중요한 요소가 있다면 바로 '꾸준함'입니다. 대부분의 블로그를 시작하는 이들을 보면 처음에는 마치 옆집에 불이라도 붙일 만큼 뜨거운 열정을 불태우면서 모든 관심을 블로그에 쏟습니다. 하지만 포스팅을 하나둘 써내고 글감이 떨어져 좋은 글을 쓰는 게 생각만큼 쉬운 일이 아니라는 생각이 들 즈음 점점 흥미를 잃어갑니다. 그리고 90% 정도의 블로거들이 중도에 포기합니다.

이렇듯 좋은 콘텐츠를 만들고 재미있는 글을 써서 방문자를 모으고 홍보에 블로그를 활용한다는 것은 결코 쉬운 일이 아닙니다. 하지만 좋은 글을 쓰는 것보다도 어떤 습관을 들여 블로그를 운영해나가는지, 어떻게 하면 자연스럽게 블로그를 쓸 수 있는지 등 몇 가지 실천 사항을 꾸준히 실천하다 보면 자연스럽게 '좋은 블로그'를 운영하는 '좋은 블로거'가 될 수 있습니다.

우선 가장 쉽게 '꾸준함'을 기르는 팁을 하나 제시하자면 하루 중에 나만의 블로그 타임을 갖는 것입니다. 글 쓰는 것을 부담스러워하거나 어려워하는 이도 많지만 블로그를 운영하는 사람이면, 더군다나 수많은 방문자와 이웃을 거느리는 것을 목표로 두는 블로거라면 되도록 습관을 들여 규칙적으로 블로그 포스팅을 하는 것이 좋습니다. 마치 연재하듯 블로그에 새로운 글을 작성해야 방문하는 사람들이 다음번 글을 기대하며 재방문하게 됩니다.

규칙적으로 글을 쓰기 위해서는 구체적인 계획을 세워 실행으로 옮기는 것이 좋습니다. 이러한 이유로 하루 중 글을 쓰는 데 집중할 수 있는 나만의 블로그 타임을 정하는 것이 매우 중요합니다. 블로그 타임 때만큼은 그 누구의 방해도 받지 않고 하루를 되돌아보며 글을 쓰고 내 콘텐츠를 어떻게 구성할지, 내 포스팅에 달린 댓글에 어떤 반응을 보여야 다음번에 재방문을 할지 등을 고민하면서 블로그를 관리하는 것입니다.

이런 꾸준함이 바탕 될 때 주제가 확실해지고 글의 질이 높아지면서 시너지를 일으켜 블로그의 폭발적 성장이 가능해집니다. 일단 우리의 목표는 상위 노출이 잘되는 '건강한 블로그'를 만드는 것이기 때문에 꾸준한 블로그 업데이트는 내 블로그의 지수를 올려주는 좋은 방법이 됩니다.

2) 포스팅하는 시간은 어떻게 정할까?

'포스팅'이란 블로그에서 어떤 글이나 사진, 영상 등에 이름이나 번호를 붙여 게시하는 행위를 뜻합니다. 자신의 하루 일과를 생각하면서 블로그 게시글을 작성했다면 블로그에 포스팅할 수 있는 시간을 정해봅시다. 가장 좋은 글쓰기 시점은 기록하고 싶은 내용이 떠올랐을 때입니다. 목욕을 한 후 정갈한 마음으로 이른 새벽 동트기 전 세상의 기운을 모두 끌어들인 뒤 키보드를 벗 삼아 마우스와 혼연일체가 되어 글을 쓴다면 정말 잘 써질까요? 절대 그렇지 않습니다!

블로그에 글을 쓰는 것은 나의 생활을 기록하는 것이므로 퇴근 이후 하루 일과를 정리할 때, 또는 일하면서 터득한 기술적 노하우를 정리할 때가 글쓰기에 가장 좋습니다. 혹시 상사에게 혼이 났거나 고무신을 거꾸로 신은 애인 때문에 속상하다면 그때가 블로그 포스팅에 가장 좋은 시간일 수 있습니다. 왜냐면 내 감정을 솔직히 드러내면서 나의 색을 가진 글을 쓰기 가장 좋은 적기일 수 있기 때문입니다.

3) 하루에 포스팅은 몇 개나 써야 할까?

내가 가장 많이 듣는 질문 중 하나입니다. 게다가 마케터 커뮤니티에서 여전히 의견이 분분한 부분이기도 하면서 많은 이가 가장 궁금해하는 부분이기도 합니다. 글을 쓰는 것을 사랑하지 않는 이상 아무리 좋은 마음을 가져도 블로그 포스팅이 결코 쉬운 일은 아닙니다. 그래서일까요? 최대한 적게 쓰고 싶은데 그 최저의 마지노선이 얼마인지 궁금해하는 이가 너무나 많습니다.

한때 나의 웨딩 업체에 하루 방문자 10,000명에 육박하는 블로그를 운영하는 직원이 있었습니다. 어느 날 과연 이 정도 블로그라면 한 달에 블로그로 얼마나 소득을 올리는지 궁금해서 결례를 무릅쓰고 물어본 적이 있습니다. 현금성 지원과 그 외 제휴 및 협찬 등 모두 합쳐 한 달에 500~1,000만 원의 부가가치를 올린다는 이야기를 들으면서 '저 정도 부가소득을 올리려면 대체 얼마나 많은 글을 써야 하나?' 하는 생각이 들었습니다. 한편으로는 저렇게 소득이 나는데 '왜 박봉을 주는 우리 회사에서 일하지?' 하는 의문과 박탈감이 동시에 들었습니다. 그 직원 말로는 하루에 포스팅을 무려 2~3개씩 한다고 했습니다. 대답과 동시에 나는 저렇게 글을 많이 쓰는 게 과연 정상적인 범주인가와 네이버도 그런 행태를 정상적인 범주로 봐주는 것일까 하는 의문이 찾아왔습니다.

하지만 나중에 많은 파워블로거를 만나면서 하루에 2~3개가 아닌 그 이상의 포스팅도 올린다는 사실을 알고 결국 포스팅의 개수는 정상적으로 사람이 쓸 수 있는 범위 내에서는 네이버가 허용한다고 결론 내렸습니다. 물론 하루에 24개와 같이 사람이 도저히 행할 수 없는 수준의 포스팅은 네이버에게 필터링을 당할 수도 있습니다.

그렇다면 실제로 블로그 운영 시 가장 적당하고 필터링은 피하면서 네이버 블로그 지수를 좋게 가져갈 블로그 포스팅 개수는 몇 개일까요? 명확한 정답은 없지만 3개 정도입니다. 이 정도라면 큰 부담도 없고, 소재 고갈의 위험도 없기 때문에 충분히 도전 가능합니다.

그러나 우리가 지향하고 있는 방향은 짧은 시간에 '최적의 블로그'를 만들어가는 것이기 때문에 이러한 기준에서는 블로그 포스팅 기준이 달라집니다. 물론, 천천히 키워도 무방한 이들은 일주일에 2~3개 정도만 올려주어도 괜찮습니다.

일각에서는 하루에 3개의 글은 작성해야 상위 노출이 가능한 최적화 블로그가 된다고 합니다만 '최적화 블로그'라는 개념이 거의 사라진 지금 하루에 1개만 작성해도 두세 달이면 충분히 세부 키워드에 대해 상위 노출이 가능해집니다. 사실 '하루에 몇 개' 식으로 룰을 정해본들 글 자체의 질이 낮으면 아무런 소용이 없습니다. 따라서 하루에 1개 또는 일주일에 몇 개처럼 적당히 룰을 정하고 꾸준히 포스팅을 하면 충분히 높은 지수를 가진 블로그를 탄생시킬 수 있습니다.

4) 글을 쓰는 룰만 알아도 반은 간다

네이버에는 하루에도 수천 개의 블로그 포스팅이 발생합니다. 이렇게 수많은 것을 인간의 손으로 다 필터링할 수 없기 때문에 네이버는 나름대로 똑똑한 시스템과 알고리즘을 만들어 좋은 문서와 나쁜 문서를 나눕니다. 하지만 검색에도 잡히지 않는다면 이마저도 불가능하니 그저 수를 헤아릴 수 없는 수많은 블로그 글 중 하나인 우주의 미아가 된다고 생각하면 됩니다. 따라서 최소한의 검색이 가능한 글 작성 요령을 알아두고 블로그 포스팅을 할 때 기본적인 룰을 꼼꼼히 그리고 꾸준히 지켜줘야 합니다.

블로그에 글을 쓸 때는 크게 3개의 폼 양식이 보입니다. 바로 제목(title), 본문(content), 태그(tag)입니다. 이 중 가장 중요한 부분인 제목과 본문만 검색엔진이 좋아하는 스타일로 작성해도 어느 정도 검색 노출을 보장받을 수 있기 때문에 해당 부분은 필히 체크해둬야 합니다.

5) 가장 중요한 것은 제목!

우선 검색엔진에서 특정 검색어를 입력하였을 때 가장 먼저 노출되는 제목은 상위 노출을 만드는 공식과도 굉장히 관련이 깊습니다. 어떤 형태로 제목을 작성하느냐에 따라 노출이 되기도, 아예 안 되기도 합니다. 우선 여기서 가볍게 포인트를 짚어보자면 '띄어쓰기를 통한 키워드의 구분'과 '메인 키워드를 가장 앞으로'입니다.

결국 검색엔진은 네이버 직원들이 일일이 직접 눈으로 들여다보고 손을 댈 수 있는 것이 아니기 때문에 네이버의 개발자들이 만들어둔 특정 알고리즘에 따른 검색 로봇이 통제합니다. 이는 곧 규칙이 존재한다는 이야기입니다. 검색 로봇이 사람처럼 인지 능력이 있어 띄어쓰기 없이도 단어를 구분할 수 있다면 이런 룰도 없겠지만 검색 로봇은 그저 프로그램 언어일 뿐입니다.

따라서 제목에서의 띄어쓰기는 키워드를 구분하는 굉장히 중요한 활동입니다. 띄어쓰기로 내가 나타내고자 하는 키워드를 명확하게 나타낸 제목이 가장 좋은 타이틀이 됩니다. 또한 제목이 길수록 많은 단어가 포함되는데, 검색 로봇은 앞에 있는 단어를 더 중요한 단어로 인식하려는 경향이 있습니다. 그러므로 화려한 수식 어구를 넣어서 꾸민 제목보다 차라리 담백하면서도 전달 의도가 명확한 키워드 위주의 제목이 더 좋은 결과를 불러옵니다.

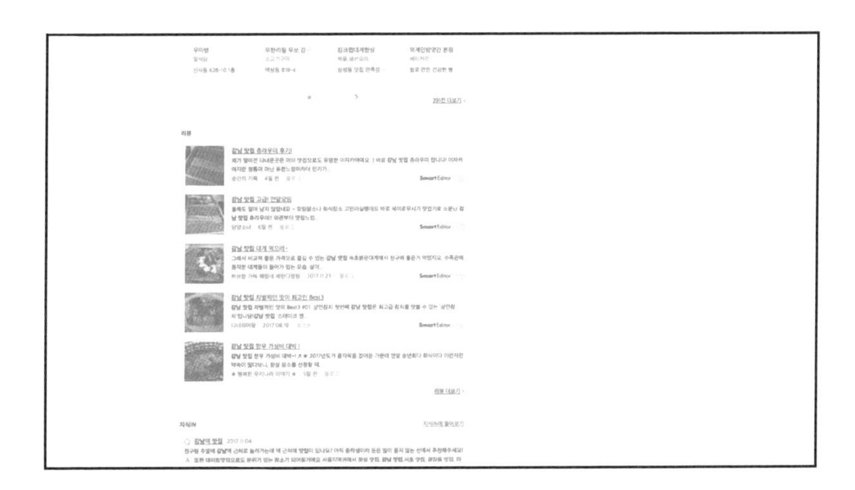

▷ 키워드에 따른 노출 양상

위 이미지를 보아도 '강남맛집'이라는 키워드를 검색하였을 때 제목의 가장 앞에 '강남맛집'이라는 키워드가 들어가는 모습을 볼 수 있습니다.

6) 블로그의 내용, 본문

다음은 본문입니다. 여기서는 가장 핵심적인 내용만을 다루겠습니다. 블로그 포스팅에서 몸통이라고 할 수 있는 부분이 바로 본문입니다. 제목이 아무리 완벽한들 내용이 좋지 않다면 몇 초 지나지 않아 방문자들이 X를 누르거나 뒤로 가기를 눌러 페이지를 이탈할 것입니다. 이는 페이지 체류 시간에 좋지 않은 영향을 주어 네이버 지수에 도움이 되지 않습니다.

보통 블로그 마케팅을 통해 수입을 벌어들이면서 마케터로 현업에 종사하는 사람들의 이야기를 들어보면 본문에 이미지를 최소 5개 이상, 글자 수는 1천 자 내외로 작성해야 한다고 말합니다(물론 이는 명확히 정해진 룰이 아니며 일반적인 마케터의 견해가 그렇다는 것입니다). 이미지가 많고, 글자 수가 많다고 해서 무조건 최적화 블로그가 되고 내 포스팅이 상위 노출이 된다는 소리는 아닙니다. 다만 이미지 최소 5개 이상, 글자 수 1천 자 내외라고 하는 이야기는 '광고 유저가 아닌 정말 순수하게 블로그를 운영하는 일반 유저가 시간과 정성을 들여 작성한 퀄리티가 좋은 포스팅'을 의미하는 정도로 보면 되겠습니다.

네이버 블로그에는 하루에도 수천 개에서 만 개 이상의 포스팅이 작성됩니다. 이러한 포스팅을 매일 사람이 읽으면서 질적 수준을 판단할 수는 없기 때문에 자동으로 검색 엔진이 포스팅의 수준을 판단합니다. 상식적으로 생각했을 때 내용도 알차고 정성스럽게 작성한 질 좋은 포스팅을 상위 검색 결과로 노출하려는 것은 당연한 이치입니다. 그렇다면 검색 로봇이 판단하는 좋은 본문이란 어떤 것일까요?

우선 제목과 본문과의 연관성입니다. 제목은 맛집에 관한 제목이거나 훨씬 자극적인 제목인데 본문 내용은 건축 인테리어에 관한 글이거나 전혀 연관성이 없는 내용이라면 얼마나 어처구니가 없을까요?

즉, 제목에서 메인 키워드로 잡은 키워드가 본문에서 노출이 되어줘야만 좋은 본문이 됩니다. 다만 특정 단어나 어구가 계속 반복되는 것은 특정 키워드를 노출시키기 위한 광고성 글로 의심될 수 있기 때문에 똑같은 단어가 되도록 본문에서 10회를 초과하여 나오지 않도록 제어해주는 것이 가장 이상적입니다. 또한 간혹 글만 가득 채운 포스팅을 하는 이가 있는데, 이러한 글은 사용자가 창을 열자마자 닫아버리거나 뒤로 가기로 페이지를 이탈하는 경우가 발생합니다. 이는 네이버라는 검색엔진이 유용하지 않은 글이거나 좋지 않은 글로 판단하므로 블로그 지수에 좋지 않은 영향을 주게 됩니다. 물론 유명인들이 블로그에 갈겨놓은 글들은 방문자들이 신뢰를 갖고 글을 읽으면서 충분히 페이지 체류 시간을 만들어주기 때문에 간혹 글만 올려둔 포스팅임에도 상위 노출이 되는 경우가 있습니다.

아무래도 보기 좋은 떡이 먹기도 좋듯 보기 좋은 포스팅이 읽기도 좋은 포스팅이 됩니다. 따라서 그림, 사진, 영상 등 방문자가 충분히 흥미를 가질 만한 관련 콘텐츠와 텍스트를 적절히 혼합 배치해야 합니다. 그렇게 할 때 블로그 이탈자가 적어지고 결과적으로 블로그 지수가 높아져 상위 노출에 유리한 결과를 가져올 수 있습니다.

마지막으로 검색 로봇이 싫어하는 행위를 조심해야 합니다.

첫째, 초보 블로거들이 가장 많이 하는 실수가 충분히 안정적인 블로그(최적화)로 자리 잡기도 전에 네이버 블로그에 URL을 수시로 노출하는 경우입니다. 요즘은 각종 미디어 채널이 늘어남에 따라 일반인들도 URL을 적을 경우가 많아졌지만 아무래도 블로그 지수가 충분히 높아지지 않은 단계에서 이렇게 URL을 노출한다는 것은 '나 지금 광고하고 있다'라고 검색 로봇에게 통보하는 격입니다.

둘째, 앞서 네이버는 광고 회사이며 네이버의 수익을 침해하는 것을 아주 싫어한다고 했습니다. 예를 들면 '자동차 리스, 성형, 뷰티, 임플란트, 대출, 담보' 등과 같은 아주 높은 키워드 광고 단가를 형성하고 있는 키워드의 콘텐츠들은 네이버가 수익을 침해당한다고 생각할 수 있는 키워드입니다. 이러한 키워드는 비싸게는 클릭당 3만 원을 호가하는 만큼 많은 이가 무료인 네이버 블로그에 콘텐츠를 만들어 노출하곤 합니다. 광고로 돈을 벌어야 하는 네이버의 입장에서는 결코 이들이 달갑지 않죠. 결국 그 블로그는 얼마 지나지 않아 어뷰징을 당해 검색 노출이 되지 않는 경우가 대다수입니다.

셋째, 빨리 방문자를 높이고 싶은 마음에 실시간 검색어 등에 올라와 있는 키워드를 사용하여 포스팅하는 경우입니다. 운 좋게 상위 노출에 걸려 하루 수천 명에서 만 명 이상 유입이 될 수도 있습니다만, 실시간 검색어를 이용하여 포스팅할 경우 유입만을 노리는 블로그로 찍혀 저품질 블로그가 될 수도 있습니다.

그 외에도 네이버 검색 로봇이 싫어하는 행위는 정말 많습니다만, 이 부분에 대해서는 다음 장에서 좀 더 다뤄보고자 합니다.

이것저것 신경 쓰면서 블로그 포스팅을 한다는 게 결코 쉬운 일이 아닐 수 있습니다. 하지만 그래도 노력을 배신하지 않는 미디어 채널이 블로그라는 점과 오늘날처럼 광고 비용이 미친 세상에서 블로그만 한 착한 녀석도 없다는 것을 알아주었으면 좋겠습니다.

7) 이웃, 우리는 이웃

네이버의 블로그에는 이웃이라는 제도가 있습니다. 한 시대를 풍미했던 싸이월드의 미니홈피에서 만나볼 수 있던 일촌과 같고, 페이스북의 친구와도 같으며, 트위터의 팔로워 같은 존재입니다. 이웃에는 일반이웃 그리고 서로이웃이 있으며 블로그에서 이웃이 된다는 것은 '이 블로거의 글이 마음에 드니 이 블로거가 글을 쓸 때마다 내가 받아보고 싶습니다'라는 의미입니다.

이러한 이웃은 상대방의 닉네임을 클릭하여 '이웃맺기' 버튼을 클릭해서 신청할 수 있습니다. 일반이웃은 단순히 팔로워적인 위치를 지니지만 서로이웃의 경우는 서로가 서로의 소식을 받아볼 수 있는 좀 더 가까운 페이스북의 친구 같은 위치를 지닙니다. 이웃이 늘어나면 내가 쓴 글에 좀 더 쉽고 빠르게 접근할 수 있는 방문자가 늘어난다는 의미입니다. 따라서 자연스럽게 블로그에 작성되는 글의 조회수는 늘어나고 블로그 지수에 좋은 영향을 주게 됩니다.

8) 저작권 알고 쓰자

상위 노출이 잘되는 검색엔진에 최적화가 잘된 블로그로 달려가는 길이 순탄하기만 하다면 얼마나 좋을까요? 하지만 우리가 사는 인생만큼이나 블로그에도 많은 우여곡절이 존재하고 결코 쉽게 풀리진 않습니다. 이제 블로그를 키우면서 많이 겪는 일, 실제로 겪으면 정말 아픈 '저작권'에 관한 이야기를 할까 합니다.

우리나라 사람들은 다른 나라에 비해서 압도적으로 발달한 IT와 인터넷 환경 때문인지는 몰라도 공유 문화가 굉장히 발달해 있습니다. 그런 이유로 지적재산권에 대해서 굉장히 둔감한 편이기도 합니다. 그래서 그동안은 지적재산권에 대한 본인의 재산권을 주장하는 사례가 그리 많지 않았습니다. 하지만 요 몇 년 사이 지적재산권에 대한 많은 사상의 전환이 있었고, 오늘날에 들어서는 저작권 문제로 많은 블로그 또는 홈페이지가 큰 철퇴를 맞기도 하고 상상 이상의 큰돈을 물어주기도 합니다. 특히 블로그의 경우는 홈페이지보다 훨씬 많은 사람에게 노출되는 채널인 만큼 정말 내 일상을 공유하고 취미로 삼았던 블로그가 개인에게 큰 상처를 남기는 경우도 있습니다.

그렇다면 어떤 경우에 큰돈을 물어주게 되는 걸까요? 최근 블로거들 사이에서 저작권에 관련하여 가장 빈번하게 사고가 발생하는 요소로는 '폰트'를 꼽을 수 있습니다. 한동안 기사 자료를 퍼온 블로거들이 신문사들로부터 고소를 당하더니 요즘은 특정 폰트를 사용하면 상업적 사용이라 주장하며 약 100~200만 원 정도의 돈을 뜯어내는 것이 트렌드가 되었습니다. 여기서 '뜯어낸다'라는 다소 과격한 표현을 한 이유는 다음과 같습니다.

네이버의 소프트웨어 다운로드에 들어가면 굉장히 쉽게 무료 폰트를 내려받을 수 있습니다. 하지만 여기서 조심해야 할 것이 폰트 라이선스의 사용 범위입니다. 개인에게는 무료이더라도 상업적 사용에 대해 유료라고 적혀 있는 폰트는 무조건 피해야 할 폰트입니다. '개인에게 무료'라는 말이 상당히 애매한 부분이 있는데, 이는 인터넷에 게시 등을 하지 않고 본인의 문서 작성 등에 사용하라는 소리입니다. 하지만 저작권에 대해서 잘 모르는 대부분은 이를 내려받아 블로그를 꾸미고 블로그에 올릴 이미지를 꾸미는 데 폰트를 사용합니다. 그리고 이를 노리고 있는 하이에나와 같은 '듣보잡(듣도 보도 못한 잡놈)' 법무법인들은 폰트 패키지를 사지 않으면 고소하겠다고 합니다. 폰트를 하나만 썼는데도 패키지를 사야 하는 아주 억울한 상황이 발생하는 것입니다. 법무법인을 끼고 고소를 통해 수익을 내는 폰트 회사들의 경우 낱개로 폰트를 판매하지 않으며 결국 패키지를 사야만 해당 라이선스를 획득하는 것으로 취급함으로써 이익을 창출하는 것이라고 보면 됩니다.

우리는 소소한 수익을 내고 마케팅 비용을 절감하여 내 가게에, 내 비즈니스에 보탬이 되고자 블로그를 운영하려 합니다. 하지만 이런 사건에 휘말리고 돈을 날리게 된다면 블로그에 과연 애정을 쏟을 수 있을까요? 이러한 이유로 내가 저작권을 소유하지 않은 폰트나 사진, 프로그램 등에 대해서는 무조건 조심해야 합니다. 아무리 인기 없는 블로그도 몇 페이지가 되었든 노출되게 마련입니다. 이 책을 통해 제대로 된 블로그 운영법을 따라 하다 보면 점점 상위에 노출될 것이고 저작권 이슈에도 더욱 쉽게 노출됩니다. 그렇기 때문에 처음부터 저작권 관련한 사고를 조심하는 습관을 들이는 것이 정말 중요합니다.

5 블로그 상위 노출을 위한 핵심전략

자, 드디어 이 책이 여러분에게 전달하고자 하는 내용의 꽃이라고 할 블로그 상위 노출을 위한 꿀팁을 알아보겠습니다.

블로그 최적화에 대해서 위에서 잠깐 언급했습니다만, 블로그 최적화에도 종류가 있습니다. 블로그 최적화는 말 그대로 블로그에 들어가는 각 요소마다 최적화된 용어를 붙여줌으로써 네이버라는 검색엔진이 가장 선호하고 건전한 콘텐츠로 인정해주도록 유도하는 것입니다. 예를 들어 키워드 최적화, 이미지 최적화, 지도 최적화 등이 되겠습니다. 하지만 보편적으로 블로그 최적화는 키워드와 이미지, 동영상 최적화 등으로 나뉩니다. 이번 장에서는 본격적으로 네이버에서 지켜야 할 블로그를 운영하는 룰을 알아보면서 마케터들이 사용하는 용어와 그 의미도 같이 알아보겠습니다. 사실, 이것만 알아도 마케터는 필요 없습니다.

1) 로마에 가면 로마법을 따르라

블로그는 개인의 의견, 생각, 느낌 등을 표현하는 일기 또는 개인 홈페이지라는 성향을 강하게 띠고 있기 때문에 많은 이가 착각하는 부분이 있습니다. '내 스타일대로 운영해도 내 개성을 좋아해주는 이들로 방문자가 늘고 내가 쓰는 포스팅이 노출되지 않을까' 하고 생각하는 것입니다. 하지만 네이버라는 검색엔진은 아주 체계적이고 기계적인 알고리즘을 통해 노출을 결정합니다. 따라서 우리는 네이버가 정한 룰에 따라 블로그를 만들고 포스팅을 작성해갈 필요가 있습니다.

우선 네이버는 광고성 콘텐츠에 대해서 그리 후한 점수를 주지 않습니다. 품질 좋은 검색 결과물이 나와야 사용자는 검색 만족도가 높아지고, 경쟁사로 유출되지 않으며, 꾸준히 네이버를 이용하게 되어 네이버가 높은 광고 수익을 유지할 수 있습니다. 특히 네이버의 엄격한 알고리즘은 최근 접속량의 대부분을 차지하는 모바일 최적화에서 더욱 두드러지게 나타나고 있습니다. 최적화가 되었다 하더라도 광고 성향이 짙은 블로그를 한 방에 한없이 추락시키는 네이버입니다. 따라서 이 책을 읽은 후에도 '트렌드헌터'나 '아이보스'와 같은 마케터 커뮤니티에 방문해 네이버의 정책 변화를 주시하고 그에 따라 블로그를 관리해주는 습관을 갖기 바랍니다.

2) 블로그의 품질이란?

마케터들은 '블로그 지수'라는 말을 쓰곤 합니다. 사실 어디에서도 내 '블로그 지수'가 얼마인지, 좋은지, 나쁜지 나타나지는 않습니다. 하지만 마케터들은 편의상 블로그의 지수가 높으면 상위 노출이 된다는 것을 통념으로 삼고 있습니다. 물론 C Rank의 등장으로 단순히 블로그의 지수만 따지기엔 조금 어려워진 오늘날입니다.

일반적으로 블로그 지수가 높으면 고품질 블로그라고 하며, 블로그 지수가 낮으면 저품질 블로그라고 부릅니다. 블로그 지수를 올리기 위해서는 단순히 열심히 블로그를 운영하는 것 외에도 네이버가 어떤 알고리즘을 가지고 어뷰징을 하고 또 높은 점수를 쳐주는지를 알아야 합니다. 그리고 수시로 네이버에 로그인하고 블로그에 접속하며 포스팅도 열심히 해주어야 합니다. 그러나 이런 노력들에 비해 블로그 지수를 떨어뜨리는 일은 어렵지 않습니다(앞서 언급한 네이버가 어뷰징을 하는 조건 '저품질의 칼을 조심하라' 참조).

3) 키워드를 최적화하라

키워드 최적화란 노출시키고 싶은 키워드와 잠재고객이 검색할 키워드를 제목과 본문 여기저기에 특정 조건대로 배치하는 것을 의미합니다. 몇 가지 룰이 존재하고 있는데, 작게는 내가 쓰는 포스팅의 제목에서부터 넓게는 본문의 내용 어디에 어떤 키워드를 배치하느냐까지의 내용을 포괄합니다. 물론 구글 같은 검색엔진의 경우 제목에 키워드가 배치되어 있지 않더라도 본문 내용을 토대로 상위에 노출되기도 합니다만, 네이버의 경우는 일반적으로 특정 키워드를 상위에 노출시키기 위해서는 제목에 반드시 키워드가 등장해야 합니다.

특히 이러한 룰 중에서도 가장 중요하게 작용하는 것은 '반드시 노출시키고자 하는 키워드는 맨 앞에 배치해야 한다'는 것입니다. 국내 포털의 검색엔진의 방식은 일반적으로 제일 처음에 읽히는 값을 중시하

▷ 키워드 상위 노출 양상

▷ 키워드 상위 노출 양상

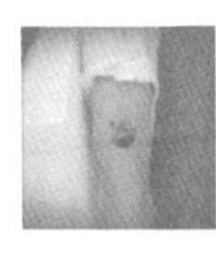

홍대타투 웨일 100%만족 12시간 전
패션블로그_갱투균 홍대타투 웨일 100% 만족 지금부터 홍대타투 웨일의 아기자기한 타투작업물 소개 들어갑니다 ~.~ 작고 귀여운 그림을 받은 친구들이 많은데...
패션을공부하자_... blog.naver.com/cjfrbschlrh2?Redirect=... SmartEditor 3.0

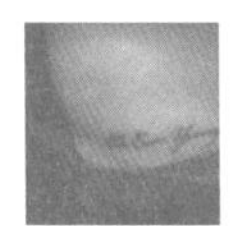

홍대타투 충성고객이 많은 이유 4일 전
아닌 홍대타투 잘하는곳이 있다고 해서 한번 소개해 드릴까 하는데요. 바로 그곳은 국내최대규모의 tattoo샵 ym이랍니다. 앞서 소개해 드린것처럼 홍대타투...
율리아의 La Dol... yuri-n.com/221154590125 SmartEditor 3.0

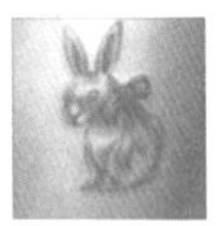

홍대타투 50%할인 눈길가는 포인트! 2017.11.27.
TATTOO 이벤트 보니 혹하는 홍대타투 올해가 가기 전에 해볼까~ 안녕하세요 이웃님들. 블로거 셔니비비 인사드립니다. 벌써 12월이 코 앞이에요. 거리에 가면 크리스마스...
셔니비비 패션 뷰티 홀릭 syunibibi.com/221... 약도 SmartEditor 3.0

블로그 더보기 >

▷ 키워드 상위 노출 양상

는 경향이 있습니다. 따라서 대놓고 키워드를 노출하면 너무 속 보일까 걱정되어 제목에서 주요 키워드를 입력하지 않는다는 것은 노출되지 않겠다는 것입니다. 대부분의 주요 키워드를 검색해보면 제목 처음 부분에 키워드가 입력된 포스팅이 주로 노출되는 것을 볼 수 있습니다.

이상의 이미지를 살펴보면 '양평맛집', '홍대남자머리잘하는곳', '홍대타투' 순으로 비싼 키워드에서부터 비교적 단가가 낮은 키워드까지 거의 모든 블로그 포스팅의 제목 처음에 키워드가 배치되는 포스팅이 상위 노출되고 있음을 알 수 있습니다.

따라서 블로그 최적화에는 여러 요소가 있다 해도 기본적으로 제목에 키워드를 배치하지 않고서는 노출되지 않음을 알 수 있습니다. 다만, 구글이 발전해가는 방향을 볼 때 네이버 역시 변화의 가능성은 있다고 하겠습니다.

4) 키워드 최적화의 노하우

키워드 최적화에서 가장 중요한 제목 첫 번째에 키워드를 노출시키는 것 외에도 몇 가지 중요한 노하우가 있습니다. 검색엔진이 빠르게 발전하는 IT 기술과 AI 기술을 등에 업고서 똑똑해져가는 요즘입니다.

나는 간혹 너무 강한 홍보 의지를 가지고 작성된 포스팅을 종종 발견합니다. 사진과 단순히 키워드만의 조합으로 버무려 포스팅을 하는 경우입니다. 검색엔진이 오늘날보다는 다소 둔했던 과거에는 이러한 포스팅이 상위에 노출되는 경우가 있었습니다. 하지만 지금은 검색엔진이 어느 정도 자연스러운 문장인지 아닌지를 판별할 정도로 똑똑해짐에 따라 이렇게 사진과 단순 키워드만으로 대충 쓴 포스팅은 상위노출이 안 됩니다. 광고성 콘텐츠로 판별되거나 사용자로 하여금 무익한 콘텐츠로 인식되는 것입니다.

또한 제목을 지나치게 길게(의미 없이 길게 사용된 경우) 사용하는 것도 자제해야 합니다. 나는 가장 좋은 제목의 형태로 연관검색어를 서브키워드로 잡아 다중검색이 이뤄질 수 있도록 제목과 본문을 잡는 것을 추천합니다. 그렇게 하면 의미 없게 작성되는 포스팅을 줄일 수 있고 다양한 연관키워드가 촘촘히 그물처럼 짜여 좀 더 많은 잠재고객을 마주할 수 있는 장점이 있기 때문입니다. 하지만 이런 점에 잘못 사용하여 제목이라 하기에도 민망한 키워드 나열 수준의 긴 제목으로 포스팅을 작성하는 경우가 있습니다. 당연히 이런 포스팅은 검색하면 상위에서 발견할 수가 없습니다. 본문의 내용이 자연스럽게 진행되는지도 판별할 수준으로 발전한 검색엔진인데, 이런 제목은 당연히 1순위로 걸러진다고 보면 됩니다. 그리고 본문과 전혀 상관없는 키워드를 제목에 노출하는 것도 절대로 해서는 안 될 일입니다.

5) 연관검색어를 활용하는 방법

제목을 작성하고 키워드 최적화를 이루는 또 다른 측면의 포인트를 알아보겠습니다. 바로 키워드 간의 관계를 아는 것입니다. 어떤 키워드는 검색하였을 경우, 최상단에 노출되는 파워링크 위에 연관검색어가 등장하는 모습을 볼 수 있습니다.

▷ 키워드 연관검색어 노출 양상

위 부경테크라는 업체는 부산과 경남에서 전기온돌판넬과 전기온수기를 공급하는 나의 과거 거래처입니다. 부경테크라는 키워드를 검색하니 연관검색어로 전기난방필름, 전기컨벡터, 온돌판넬, 난방용품, 온수기 등의 연관검색어가 나타나는 것을 확인할 수 있습니다. 이는 '부경테크'라는 검색어를 입력하는 검색엔진을 이용하는 검색 사용자들이 함께 검색하는 키워드가 전기난방필름, 온돌판넬 등임을 나타내 줍니다. 따라서 블로그를 포스팅할 때 이렇게 사용자들이 함께 검색하는 키워드 등을 적절히 배치하면 다중검색 효과로 더욱 많은 방문자를 만나는 효과를 볼 수 있습니다.

6) 이미지 & 동영상 최적화

검색엔진은 컴퓨터 프로그래밍으로 이뤄진 코딩 덩어리이기 때문에 이미지를 읽지 못합니다. 물론 오늘날에는 기술 발달로 이미지 검색 등이 등장하기는 하였습니다. 하지만 이 역시도 비슷한 이미지의 값들을 미리 정해진 알고리즘에 의해 대조하여 검색하는 방식이지, 검색엔진이 그 이미지가 주는 의미를 파악한다고 보기는 어렵습니다. 그저 검색엔진은 텍스트가 아닌 이미지 그 자체라는 것과 어떤 용량을 가지고 있고 어떤 컴퓨터에서 작업되었는지 확장자는 무엇인지 알 뿐입니다.

동영상 또한 그 안에 무슨 내용이 들어가 있는지 다 알 수 없습니다. 그래서 이 이미지가 어느 키워드를 나타내고자 하는 것을 알리기 위해 각 이미지와 동영상의 이름을 키워드를 입혀 '키워드_001.jpg' 같은 형태로 바꾸어 저장하여 블로그에 올리던 시절이 있었습니다. 이러한 일련의 행위는 이미지를 읽지 못하는 검색엔진에 어느 특정 키워드를 나타내는 이미지라는 것을 알리기 위함이었으며, 해당 키워드가 상위 노출이 좀 더 잘될 수 있기를 바라는 행위였습니다. 하지만 이는 네이버가 어뷰징 패턴으로 필터링해둔 행위입니다. 따라서 이런 방법을 쓰는 것은 아무리 사진을 잘 찍어본들 최적화와는 거리가 먼 행위입니다.

지금은 검색엔진이 충분히 발전하여 이미지에 파일명을 입력하지 않아도 그 이미지가 가지고 있는 속성을 검색엔진이 파악합니다. 고로, 제목과 내용의 상관관계에 따라 해당 키워드 검색에서 이미지와 동영상 영역 등에 노출하게 된 지금은 따로 이미지명에 신경 쓰지 않아도 됩니다. 다만 이런 상황에도 고액의 강의료를 받으면서 하는 강의에서는 간혹 이미지명이나 동영상명에 키워드를 넣어야 상위 노출이 된다는 말도 안 되는 이야기를 대단한 노하우인 양 떠벌리는데 유의하여야 합니다.

포스팅할 때 유의해야 할 또 하나의 사항은 이미지 장수를 잘 조절해야 한다는 것입니다. 이미지의 장수가 많고 적음은 사실 최적화와 크게 관계가 없는 내용입니다. 하지만 이미지의 장수가 너무 적으면 글이 성의 없어 보일 수 있으며, 장수가 너무 많으면 그만큼 해당 글을 로딩하는 시간이 길어짐은 물론 스크롤이 너무 길어져 글을 읽는 방문자로 하여금 피로감을 줄 수 있습니다.

특히 검색엔진은 이미지의 개수보다는 이미지가 가진 퀄리티를 중시합니다. 좋은 카메라로 찍은 용량이 크고 화질이 좋은 이미지는 퀄리티가 높은 이미지로 인식되어 상위 노출에 유리하게 작용합니다(검색엔진은 해당 사진이 어떤 장비를 통해 찍었는지도 이미지의 속성을 분석하여 파악합니다). 실제로 고용량 고해상도의 질 좋은 사진은 우연히 검색을 통해 블로그에 방문한 방문자의 눈을 잡기 좋고, 이렇게 좋은 사진으로 인해 페이지 체류 시간이 길어지는 효과까지 얻을 수 있습니다. 그만큼 이미지는 대단히 중요한 부분입니다.

이런 측면에서 맛집을 콘텐츠로 블로그를 만드는 이들은 더욱 이미지에 신경을 써야 합니다. 간혹 누가 봐도 지저분하고 맛없어 보이게 사진을 찍어 올리면서 왜 방문자가 안 늘어나는지 모르겠다고 하는 이들이 있습니다. 사진의 구도나 색감 등에 재능이 없다고 생각된다면, 비슷한 콘텐츠로 활동하는 다른 블로거들의 사진을 살펴보며 '필승 구도', '필승 색감' 등을 기계적으로라도 학습하는 게 중요합니다.

네이버 블로그에는 한 장에 10MB를 초과할 수 없고 한 번에 50MB를 초과해서 사진을 올릴 수가 없습니다. 동영상 업로드는 15분으로 제한되며 이러한 제한에 맞춰서 현명하게 콘텐츠를 준비해야 합니다. 간혹 초고가의 DSLR로 초고화질로 사진을 찍어 몇 장 올릴 수 없다고 불평하는 이가 있습니다. 이런 경우에는 카메라의 해상도를 낮추거나 포토샵으로 사진 사이즈를 조절해주는 요령이 있습니다. 또한 동영상의 경우는 이미지와는 조금 다른 검색 노출 알고리즘을 가지고 있는데, 주로 동영상 재생 시간이나 조회 수 등을 통해 콘텐츠의 퀄리티를 판단합니다. 좋은 콘텐츠는 사용자의 선택을 받을 것이며 오랫동안 재생될 것이기 때문입니다. 별로인 콘텐츠는 우리가 평상시에 하는 것처럼 페이지를 이탈하거나 동영상을 끄거나 아니면 아예 재생 버튼을 누르지도 않죠.

이렇게 검색엔진은 생각보다 디테일하게 프로그래밍되어 있습니다. 검색엔진은 사용자의 선택과 수용에 따라 콘텐츠의 퀄리티를 판단하며 이미 충분히 누적된 네이버 내의 콘텐츠가 중복되지 않도록 나름대로 알고리즘을 가지고 있습니다. 즉, 검색 유저에게 선택받는 이미지나 동영상이 좋은 콘텐츠가 되며 좋은 정보가 있는 곳에 방문자 체류 시간이 길어지니 좋은 블로그로 인식합니다. 또한 이미 네이버 서버에 등록된 이미지가 아닌 전혀 새로운 이미지를 등록할 때 새로운 콘텐츠로 인식하면서 블로그 지수에 더 좋은 영향을 주게 됩니다.

7) 키워드 검색량과 트렌드

거듭 말하지만 아무리 본문의 내용이 좋아도 제목이 허술하면 상위노출이 어렵습니다. 그렇다면 '좋은 키워드'란 무엇일까요? 어떤 키워드는 월간 조회 수는 높을지 몰라도 경쟁이 치열할 수도 있고, 또 어떤 키워드는 경쟁은 없지만 조회 수나 클릭 수가 현저히 낮을 수도 있습니다. 이러한 키워드의 검색량과 클릭 수를 파악할 수 있다면 포스팅을 하는 데 분명 도움 될 것입니다.

아래의 이미지는 네이버 광고 내 키워드 도구입니다. 우리는 이 도구를 활용해 검색량과 연관 검색어의 검색량 등을 비교할 수 있습니

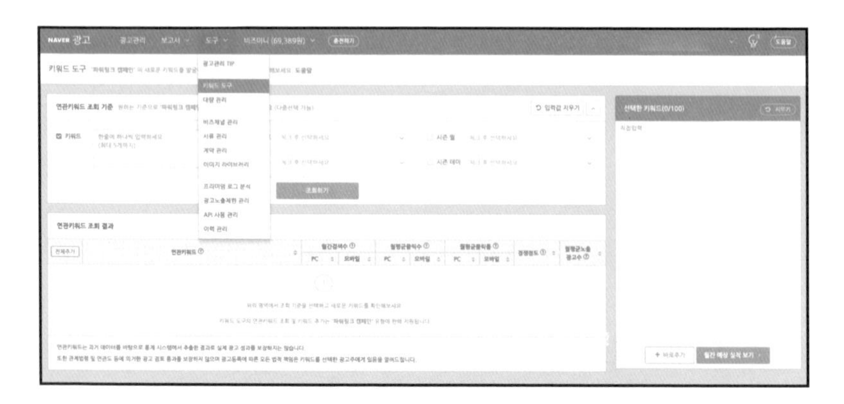

▷ 네이버 키워드 도구

다. 네이버 검색 광고 서비스는 네이버의 가장 중요한 수입 수단인 만큼 굉장히 체계적이고 유용한 형태로 설계되어 있습니다. 꼭 광고주가 아니더라도 내가 사용하고자 하는 키워드가 검색량이 얼마인지, 인기 키워드인지 비인기 키워드인지 확인할 수 있습니다.

네이버 검색 광고 서비스 내의 키워드 도구에서 내가 포스팅하고자 하는 키워드를 검색하면 연관도, 월간 조회 수, 월 노출 현황, 월 평균 하루 클릭 수, 월 평균 클릭률(노출 대비 클릭), 월 평균 클릭 비용 등을 PC와 모바일 접속량으로 구분하여 확인할 수 있습니다. 당연히 검색량이 많고 비용이 비쌀수록 경쟁률이 높기 때문에 무조건 검색량이 많은 키워드가 정답은 아닙니다. 블로그 지수 상태나 포스팅 목적 등에 따라 키워드 사용의 강도를 결정하는 것이 좋습니다.

내 블로그가 상위 노출되고 있다면 블로그 지수가 충분히 높아진 것으로 판단하고 조금 더 높은 단계의 키워드로 포스팅을 해보면서 내

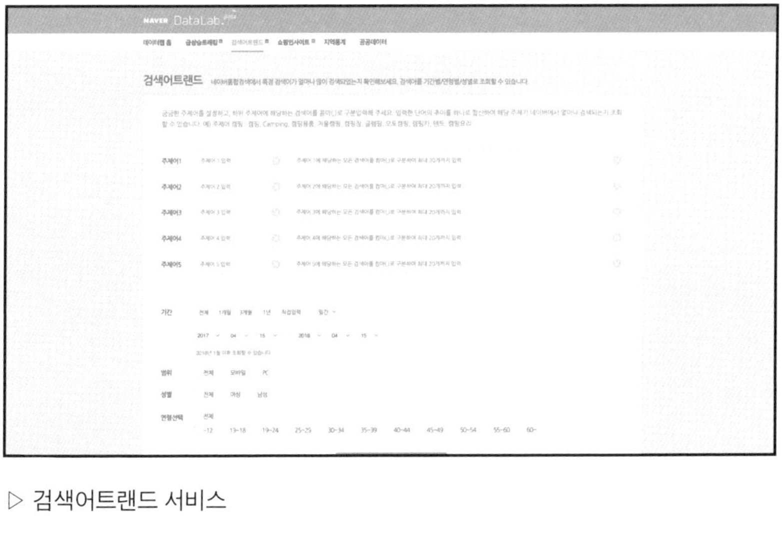

NAVER DataLab.

데이터랩 홈 급상승트래킹 검색어트랜드 쇼핑인사이트 지역통계 공공데이터

검색어트랜드 네이버통합검색에서 특정 검색어가 얼마나 많이 검색되었는지 확인해보세요. 검색어를 기간별/연령별/성별로 조회할 수 있습니다

궁금한 주제어를 설정하고, 하위 주제어에 해당하는 검색어를 콤마(,)로 구분입력해 주세요. 입력한 단어의 추이를 하나로 합산하여 해당 주제가 네이버에서 얼마나 검색되는지 조회할 수 있습니다. 예) 주제어 캠핑 : 캠핑, Camping, 캠핑용품, 겨울캠핑, 캠핑장, 글램핑, 오토캠핑, 캠핑카, 텐트, 캠핑요리

주제어1 주제어 1 입력 주제어 1에 해당하는 모든 검색어를 컴마(,)로 구분하여 최대 20개까지 입력

주제어2 주제어 2 입력 주제어 2에 해당하는 모든 검색어를 컴마(,)로 구분하여 최대 20개까지 입력

주제어3 주제어 3 입력 주제어 3에 해당하는 모든 검색어를 컴마(,)로 구분하여 최대 20개까지 입력

주제어4 주제어 4 입력 주제어 4에 해당하는 모든 검색어를 컴마(,)로 구분하여 최대 20개까지 입력

주제어5 주제어 5 입력 주제어 5에 해당하는 모든 검색어를 컴마(,)로 구분하여 최대 20개까지 입력

기간 전체 1개월 3개월 1년 직접입력 일간

2017 04 15 2018 04 15

2016년 1월 이후 조회할 수 있습니다.

범위 전체 모바일 PC

성별 전체 여성 남성

연령선택 전체

-12 13-18 19-24 25-29 30-34 35-39 40-44 45-49 50-54 55-60 60-

▷ 검색어트랜드 서비스

블로그의 잠재고객 및 방문자와 접촉할 확률을 높여가는 게 좋습니다.

또한 1년 365일 내내 이슈가 되는 키워드가 있는 반면(맛집, 데이트코스), 계절이나 시즌에 따라 검색량 차이를 보이는 키워드가 있습니다. 이 역시도 네이버 광고 서비스 내에서 조회가 가능합니다.

위와 같이 네이버의 트렌드 검색 서비스를 활용하면 기간별 검색 추이를 확인할 수 있습니다. 예컨대 연말 포스팅을 위해 '크리스마스', '성탄절', '선물' 등과 같은 키워드를 분석하고 포스팅을 하면 클릭률이 굉장히 높다는 것을 전년도 데이터 등을 통해 확인할 수 있습니다. 이렇게 키워드별 트렌드나 시즌별 이슈 등을 참고하여 포스팅하면 좀 더 효과적인 검색 노출 및 유입이 가능해집니다. 그리고 구분값에서 PC와 모바일의 노출량을 비교할 수 있는데 모바일의 점유율이 압도적으로 높아지고 있는 현 상황을 꼭 인지하여 모바일에 최적화된 콘텐츠를 구성하는 것도 중요하다 하겠습니다.

Bl★g

6 방문자 체류 시간을 늘려야 블로그가 성장한다

앞서 블로그를 검색 최적화하는 방법에 대해 알아보았습니다. 사실 이 정도의 팁만으로도 블로그를 상위 노출시키고, 그 블로그를 통해 마케팅 성과를 올리고, 자신을 알리는 브랜딩 활동을 충분히 행할 수 있습니다. 대부분 블로그 운영에 실패하는 이유는 '꾸준히 오랫동안 블로그를 운영하지 못해서'와 '기본적인 검색엔진의 룰을 모른 채 블로그를 마구잡이식으로 운영하기' 때문입니다.

이제 어느 정도 최적화를 위한 룰도 파악하였으니 꾸준하게, 또 부지런하게 블로그를 운영한다면 충분히 블로그 활동의 성과를 올릴 수 있을 것입니다. 그럼 앞서 설명한 블로그 최적화 방법 외에 우리가 신경 써야 하는 것은 또 무엇이 있을까요?

바로 내가 쓴 포스팅에 방문자가 방문하여 체류하는 시간과 페이지뷰입니다. 정말 당연한 것임에도 블로그에 도전하는 많은 이가 생각보다 놓치기 쉬운 요소입니다. 어떤 정보가 필요해 검색을 통해 남들이 쓴 포스팅을 읽는 경우를 생각해보면 답은 쉽게 나옵니다.

A 블로그는 사진도 예쁘게 찍고 상세한 정보와 성의 있는 의견을 달아 읽을거리가 풍부한 블로그 글을 작성했습니다. B 블로그는 반대로 사진도 다른 곳에서 퍼 와서 해상도가 좋지 않고 글도 성의 없게 기록한 게 눈에 보일 정도입니다. 이런 극단적 차이를 보이는 블로그를 우리가 마주한다면 어떤 행동을 취할까요?

B 블로그는 '빨리빨리'의 문화를 가진 한국인의 특성상 몇 초 지나지 않아 눈으로 글과 사진들을 쓱 훑은 뒤에 '뒤로 가기' 혹은 'X'를 눌러 창을 꺼버릴 것입니다. 스마트폰으로 접속한 경우라면 더 빠른 속도로 그 블로그를 이탈할 것입니다.

반대로 A 블로그처럼 블로거가 성의 있는 글과 정성 들여 찍은 사진들로 작성한 포스팅은 읽는 이가 진정성 있는 정보로 받아들이며, 그 글에 좀 더 많은 시간을 할애할 것입니다. 자연히 블로그에 접속해 있는 체류 시간이 길어질 것입니다.

과거에는 이런 글의 질적 수준을 컴퓨터인 검색엔진이 파악하기 어렵기 때문에 그저 핵심 키워드와 기본 룰에 충실한 사진으로 대충 버무린 '저질 포스팅'도 상위 노출이 가능했습니다. 하지만 시대가 흐르고 기술이 끊임없이 발전함에 따라 검색엔진은 어느 정도 반인공지능과도 같아졌습니다. 프로그래머는 수없이 검색해보고 검색 결과를 확인하며 축적된 경험치를 쏟아부어 검색엔진이 검색 이용자에게 나타내는 정보의 퀄리티를 '일정 수준' 이상이 되도록 만들었습니다.

이러한 '일정 수준'을 가진 글을 작성하는 방법을 앎을 통해 우리는 블로그를 상위 노출시키고, 나아가 블로그를 통해 블로그마켓을 만들기도 하고, 블로그에 홍보성 짙은 글을 올려 마케팅 성과를 올리기도 하는 등 간접적인 다양한 성과를 얻을 수 있습니다. 앞서 '일정 수준'을 결정 짓는 네이버 검색엔진이 가진 기본적인 룰에 대해서 소개했습니다. 그리고 이러한 '일정 수준'의 퀄리티를 가진 포스팅으로 인식되는 또 한 가지 중요한 요소 하나가 바로 체류 시간과 페이지뷰인 것입니다.

네이버라는 검색엔진은 과거에 비해 겉모습만 달라진 것이 아니라 내부적으로도 많은 것이 바뀌었습니다. 명실상부한 대한민국의 1등 포털사이트인 만큼 최고의 프로그래머들이 임직원으로 근무하고 있습니다. 블로그 최적화는 유저의 선택과 수용이 결정 짓게 됩니다. 이러한 기술적 환경을 만들 수 있었던 이유도 높은 점유율을 바탕으로 한 다양한 사용자모델 구축 및 높은 수준의 프로그램 환경이 갖춰진 네이버였기 때문일지도 모릅니다.

우리가 앞서 배운 다양한 룰을 적용해 힘들게 글을 쓰고 나면 누군가에 의해 '클릭'이라는 활동의 형태로 선택됩니다. 그 이후에는 방문한 유저가 원하는 정보를 제공함으로써 오랜 기간 유저를 잡아둬야 합니다. 당연히 유저가 원하는 정보가 아니거나 유저가 원하는 수준에 미치지 못하는 정보라면 B 블로그처럼 빠른 속도로 유저가 이탈하고 힘들게 쓴 포스팅은 검색엔진으로 하여금 '일정 수준'에 미치지 못하는 퀄리티 낮은 글로 인식될 것입니다. 자연히 상위 노출과는 거리가 멀어지고 페이지뷰가 줄어들면서 서서히 쇠락의 길을 갈 것입니다.

블로그는 텍스트 최적화, 이미지 최적화와 더불어 체류 시간을 늘림으로써 성장합니다. 궁극적으로는 상위 노출이 원활히 이뤄짐에 따라 자연스럽게 페이지뷰가 높아지고 방문자가 높아지는 형태를 갖게 됩니다. 이제 체류 시간을 늘리고 페이지뷰를 늘리는 구체적인 방법에 대해서 알아보겠습니다.

1) 체류 시간을 늘리는 방법

그냥 정직하게 포스팅해서 충분히 체류 시간을 확보하고, 블로그 지수가 올라가 방문자가 늘고, 그렇게 블로그가 성장한다면 얼마나 좋을까요? 하지만 하루하루를 바쁘게 사는 현대인들은 우리가 애써서 작성한 포스팅에 그리 많은 시간을 할애하지 않습니다. 그렇다 보니 마케팅을 전문으로 하는 마케터들은 일부러 작성한 글에 들어가 강제적으로 컴퓨터를 켜두는 방식 등의 무식한 방법을 사용하기도 합니다.

하지만 이 책을 읽는 대다수는 그런 마케팅을 주업으로 하는 이가 아니므로 이는 적합하지 않을 것입니다. 블로그에 방문한 방문자들은 평균적으로 30초 내외의 시간을 할애한 후 나갑니다. 그 말인즉은 힘들게 쓴 포스팅을 다 읽지 않고 필요한 정보만을 선택적으로 취한 채 블로그를 이탈한다는 뜻입니다. 생각보다 짧은 시간을 할애하는 만큼 내가 쓴 포스팅에 머물다 간 방문들의 체류 시간 총합은 정말 짧아서 내 블로그가 최적화되는 데 아무런 도움이 안 될지도 모릅니다.

'체류 시간'을 늘리는 가장 올바르고 본질적인 방법은 검색자가 원하는 제대로 된 정보가 담긴 글쓰기를 하여 내 글을 오래도록 읽게 하는 것입니다. 하지만 이런 부분이 어렵기 때문에 마케팅 강사나 마케터들은 아래와 같은 방법을 쓰곤 합니다.

첫째, 동영상을 업로드하는 방법입니다. 많은 사람이 지하철에 앉아 페이스북 등을 보며 지루한 시간을 보내곤 합니다. 나도 가끔 페이스북의 영상들을 들여다보고 있노라면 한 시간이고 두 시간이고 흘러버려서 깜짝 놀라는 경우가 있었습니다. 그만큼 동영상은 사람을 몰입하게 만들고 특히 관심사와 일치하는 영상이라면 더 많은 시간을 할애하기도 합니다. 또한 내가 원하는 영상을 찾았는데 그 영상을 지금 당장 볼 시간이 없다면 팔로우(블로그의 경우 이웃추가)해두고 나중에 찾아보기도 합니다. 그래서 우리는 이런 동영상을 이용해 방문자의 내 블로그 체류 시간을 늘릴 수 있습니다.

하지만 여기서 주의할 것은 저작권 문제가 없으면서 사람들이 충분히 즐겨볼 만한 영상 콘텐츠를 올려야 한다는 것입니다. 불과 몇 년 전과 다르게 저작권법은 굉장히 엄격해졌고 실제로도 저작권법 위반으로 많은 배상금을 무는 경우도 있었습니다. 따라서 아무 생각 없이 유명 가수의 뮤직비디오 등 내게 저작권이 없는 영상을 올렸다가는 피해를 입을 수 있습니다. 그러므로 이런 경우에는 간단한 영상을 제작하거나 나만의 콘텐츠를 만듦으로써 저작권 문제도 해결하고 높은 수준의 체류 시간을 꾀할 수 있습니다. 처음에는 굉장히 어렵게 느껴질 부분이지만 실제로 이런 방법을 통해 많은 이가 높은 수준의 효과를 봤습니다.

둘째, 사진을 많이 올리고 부수적인 설명을 늘리는 방법입니다. 당연한 이야기겠지만 눈에 가는 사진이 많은 글은 그만큼 시간을 더 할애해서 보게 됩니다. 글만 빼곡한 포스팅은 책 읽기를 좋아하는 이가 아닌 이상 대부분 '어지러움'을 호소하며 빠르게 이탈합니다. 반대로 어렸을 적 보던 그림책처럼 볼거리가 많은 블로그는 괜히 더 시간을 할애해서 그 글과 사진들을 보게 됩니다. 이런 이유로 최근에 홈 인테리어나 방송에서 소개된 레시피 등 집에서 직접 만드는 과정을 담은 블로그들이 좋은 성과를 올리고 있습니다. 이는 앞서 설명한 영상보다 조금 더 쉽게 체류 시간을 올리는 방법이겠습니다.

2) 페이지뷰 늘리기

체류 시간과 상당 부분 일치하고 블로그 지수에 큰 영향을 주는 것이 바로 페이지뷰입니다. 페이지뷰는 어느 정도 결과적인 측면의 성향을 가지지만 체류 시간과 서로 영향을 주고받습니다. 콘텐츠가 좋다면 체류 시간은 당연히 길어지고 체류 시간이 길어지면 블로그 자체에 좋은 영향을 주고, 상위 노출 등을 통해 좀 더 많은 유저에게 내 글이 노출될 기회가 생깁니다. 이를 통해 방문자는 자연히 증가하고 페이지뷰 또한 증가합니다. 그렇기에 장기적으로 건강하고 올바른 블로그 운영은 방문자가 원하는 정보를 명확히 제공하는 것에서부터 출발한다고 말할 수 있습니다.

그럼 꼭 체류 시간을 늘리지 않고도 페이지뷰를 늘리는 방법은 무엇일까요?

첫째, 뒤에서 설명할 부분입니다만 외부 채널에서의 유입을 만드는 방법입니다. 네이버 블로그는 오랜 역사만큼이나 약 1,000만 명의 블로거가 존재합니다. 그 속에서 상위 노출을 만들고 높은 수준의 방문자와 체류 시간을 만들기란 참 어렵습니다. 그렇기 때문에 페이지뷰를 늘릴 목적으로 외부 채널에서 내 블로그로 접속하는 방문자를 만드는 방법이 꼽히는 것입니다.

둘째, 어떤 주제에 대해 관해 글을 쓸 때 연재의 형태를 띠는 것입니다. 1편, 2편, 3편 형식의 글은 사람들이 관심을 갖고 나면 꾸준히 블로그를 재방문하게 되고 잠정적인 재방문자 혹은 이웃 등의 구독자를 얻는 효과가 있습니다. 또한 하나의 주제로 몇 개의 추가적인 페이지뷰를 획득하는 효과를 얻을 수 있습니다. 나는 가수 방미의 블로그를 보다가 약 50개의 포스팅을 한 번에 다 본 기억이 있습니다. 가수가 아닌 블로거 방미가 쓰는 일기는 주로 미국에서 생활하고 부동산에 투자하면서 겪은 경험담과 미국의 생활환경에 대해 쓴 글들이 주를 이루고 있었습니다. 당시 인상 깊었던 하와이에서의 신혼여행을 잊지 못했던 내가 방미의 글을 통해 간접적으로 만족을 얻으며 그 많은 일기를 완독했습니다. 무려 한 번의 방문으로 약 50개의 페이지뷰와 어마어마한 체류 시간을 일으킨 것입니다.

아래 이미지는 나의 직원이 운영하는 블로그의 블로그 메뉴입니다.

▷ 블로그 메뉴

해당 페이지는 블로그 관리 - 메뉴·글 관리 - 메뉴관리 - 블로그에 들어와서 확인할 수 있습니다. 보통 처음 블로그의 카테고리를 만들면 위의 사진과 같은 형태로 기본 세팅이 됩니다. 우리는 여기서 간단히 몇 개를 바꾸어줌으로써 더 높은 페이지뷰를 기대할 수 있습니다.

① '1'개를 선택합니다

보통의 '룰을 준수한' 블로그는 꽤 긴 글로 작성되고 강력한 '스크롤의 압박'을 만들어냅니다. 따라서 글을 다 보기도 전에 나가는 사람이 많아지게 되고 3개의 글을 한 화면에 띄우다 보니 로딩 속도마저 느려지게 됩니다. 또한 연재물로 글을 작성했다 하더라도 순식간에 읽었다고 가정했을 때 페이지뷰는 3개를 읽었음에도 페이지의 이동이 없었기 때문에 한 번으로 기록됩니다. 하지만 페이지당 포스트 1개로 설정해주면 로딩 속도의 압박, 스크롤바의 압박을 해소함은 물론 다음 글을 읽기 위해 다음 페이지로 이동하게 됨으로써 페이지뷰를 극대화할 수 있습니다.

② '목록열기'를 선택합니다

목록을 열어두면 PC에서 포스팅을 볼 때 여러 개의 포스팅 목록이 나타남에 따라 추가적인 페이지뷰를 기대할 수 있습니다. 다만, 이 목록은 모바일에서는 나타나지 않으므로 페이지뷰 향상에 큰 영향을 주지 않습니다.

이렇게 페이지뷰와 체류 시간을 조금씩 늘리기 위한 노력을 하다 보면 점점 블로그 지수가 좋아짐에 따라 방문자 수가 늘어나는 나의 블로그를 발견할 수 있을 것입니다.

7 내 포스팅 성과를 측정하는 방법

블로그 최적화에 대해 알아봤으니 이제 내 블로그가 얼마나 최적화되었는지 확인하는 방법을 살펴보겠습니다.

최적화가 이뤄졌는지 확인하기에 앞서 가장 먼저 알아볼 것은 바로 검색엔진이 내 글을 인식하고 있는지 그 여부를 확인하는 것입니다. 우선은 자신이 포스팅한 게시물의 '제목 전체'를 검색엔진으로 검색했을 경우 1페이지 상위에 노출되는지 확인하는 것입니다. 이때 자신의 게시물이 검색에 노출되지 않는다면 검색엔진은 현재 내 글을 제대로 인식하지 못하고 있거나 네이버로부터 어뷰징을 받았음을 의미합니다. 물론 초보자들에게도 아무런 어뷰징 요소가 없었음에도 제목을 통째로 검색했는데 노출이 안 되는 경우가 있습니다. 이는 아직 계정이 만들어진 지 얼마 되지 않았거나 블로그를 운영한 지 얼마 되지 않아 네이버 서버에 내 글이 완전히 전송되지 않은 경우가 대다수이니, 하루 내지 이틀 기다리면 내 글이 노출되는 것을 확인할 수 있습니다.

▷ 검색에 따른 블로그 상단 노출 양상

위의 사진을 보면 제목 전체를 검색하였더니 블로그 가장 상단에 노출되는 모습을 확인할 수 있습니다.

1) 키워드 검색을 통한 최적화 확인하기

블로그에 작성한 내 글이 정상적으로 검색엔진에 인식되는 것을 확인하면 그다음 최적화가 이뤄졌는지 확인하는 과정이 남습니다. 블로그를 운영한 지 약 4주 정도 지난 시점에서 메인 키워드와 서브 키워드를 모두 적어 검색하고 3페이지 이내로 노출된다면 올바르게 블로그 운영이 이뤄진다고 볼 수 있습니다. 약 5주차 이후에도 3페이지 뒤로 노출이 이뤄지고 있는 경우는 저품질 블로그이거나(이전에 네이버로부터 어뷰징을 당한 블로그) 키워드 조합, 본문을 재검토하여야 합니다. 여기서 말하는 키워드란 단일 키워드보단 연관 검색어를 포함한 사람들이 사용할 만한 키워드를 말합니다. 예를 들면 이런 식입니다.

서울역 → 서울역 주변 맛집 / 부산역 → 부산역 중앙동 맛집

만약 내가 검색한 키워드 조합이 블로그 운영을 시작한 지 3주쯤 지났는데 2페이지 이내 노출이 될 경우 최적화 가능성이 높은 상태입니다. 5주차가 지난 시점에도 3페이지~2페이지에서 검색 노출이 된다면 너무 치열한 경쟁이 이뤄지는 키워드가 아닌지 검토해보아야 합니다 (경쟁이 치열한 키워드: 맛집 키워드, 강남 지역의 점포 등 검색 빈도가 높고 관련 게시물이 많은 키워드).

또한 블로그 운영을 시작한 지 3주차에 1페이지에 노출되는 매우 희귀한 경우가 있는데, 이는 현재 내가 운영하는 블로그의 주제가 유저들의 트랜드와 일치하면서 최적화 가능성이 매우 높은 상태인 것입니다. 점점 블로그 지수가 올라가다 보면 주력으로 작성하는 글 외에도 많은 글이 상위에 노출되는데, 이 경우에는 내 블로그가 어느 정도 최적화 작업이 이뤄진 상태라고 할 수 있습니다.

다음 이미지에서처럼 내가 의도한 메인 키워드를 검색했을 때 1페이지 이내 5순위 안에 노출된다면 어느 정도 블로그가 높은 지수를 지니게 됨에 따라 최적화가 이뤄졌다고 볼 수 있습니다. 단, 모바일에서의 순위와 PC에서의 순위는 차이가 있기 때문에 반드시 같이 확인할 필요가 있습니다. 오늘날에는 PC 검색량보다 모바일 검색량이 월등히 많아짐에 따라 모바일에서 상위 노출은 PC에서의 상위 노출에 비해 더 높은 블로그 지수를 요구하고 있습니다. PC에서 상위 노출이 이

▷ 1페이지에 노출된 블로그들

뤄졌다고 해서 반드시 모바일에서도 상위 노출이 되는 것은 아니므로 항상 같이 확인하는 습관을 들이는 게 좋습니다.

2) 저품질 블로그? 저품질 확인하기

저품질 블로그! 과거에는 마케터들이 참 많이 사용했던 단어입니다. 저품질 블로그란 내가 운영하는 블로그가 어뷰징을 당함으로써 작성한 포스팅이 노출이 잘 안 되고 마케팅적으로 이용하기 어려운 상태에 이른 블로그를 뜻합니다. 이런 어뷰징은 네이버에 그치지 않고 최근 인스타그램 등에서도 특정 광고 계정은 인기 게시물이나 태그 검색 상단에 노출되지 않게 하는 등 비슷한 현상들로 저품질을 설명할 수 있습니다.

그렇다면 저품질 블로그로 전락하면 어떻게 되는 것일까요? 오래전 가장 쉽게 보이는 증상이 내가 쓴 포스팅의 대부분이 검색 시 유난히 3페이지에 많이 나타나는 현상이 발생했습니다. 사실 대부분의 사람은 상위 노출에 나타난 글을 보지, '더 보기'를 눌러 다른 페이지를 보는 정성을 들이지 않습니다. 그렇기에 3페이지에 노출되는 저품질 현상이 일어나면 대부분의 마케터는 그 블로그를 버리는 선택을 해왔습니다. 이런 저품질 현상은 당시에는 아주 악질적인 어뷰징으로, 벗어나는 게 사실상 불가능했습니다.

하지만 오늘날에는 이런 저품질이라는 것이 설명은 가능하지만 굳이 걱정할 필요는 없습니다. 이유는 정말 네이버가 치를 떨 정도의 나쁜 글을 쓰지 않는 이상 영원한 저품질이란 없기 때문입니다. '유사문서 공격'이라는 형태의 다른 블로거 또는 마케터의 공격 등으로 내가 쓴 글이 갑자기 상위 노출에서 지워지거나 방문자가 급격히 줄어드는 등의 현상은 여전히 있지만, 이런 현상은 열심히 또 꾸준히 글을 쓰는 행위로 다시 회복할 수 있습니다.

TIP

블로그 강사들이 전하는 잘못된 블로그 상식

앞서 나는 처음부터 마케터가 아닌 그저 생존을 위해 마케팅을 배운 생존형 사업가라고 이야기했습니다. 그러한 이유로 어느 순간 마케팅이 풀리지 않으면 그만큼 다가오는 심리적 압박은 일반 마케터보다 더 심하게 느껴지는 게 사실입니다. 당장 마케팅 대행을 맡기지 않으니 매출이 떨어지고 접속자가 줄어든다는 것은 내가 집행하는 마케팅에 문제가 생겼음을 알리는 신호이기 때문입니다(매출이 안 나오면 마케터 탓이라도 해야겠지만 저는 그러한 핑곗거리조차 존재하지 않습니다).

그래서 이런 순간이 찾아오면 주변에서 수많은 유혹이 나를 덮쳐옵니다.

'아! 대체 뭐가 잘못된 거지?'

스스로 느끼는 의문점은 결국 비싼 비용을 들여 외부 블로그 강사들이나 마케팅 강사들에게 답을 찾게 만듭니다. 물론 강의를 듣고 나면 거의 95% 이상이 후회만 남음에도 마케팅적인 위기가 닥치면 비슷한 일을 반복하기에 이릅니다. 많은 사업가나 세일즈맨처럼 마케팅이 직접적인 소득과 연관된다면 내가 느끼는 심리적 압박을 무조건 겪을 것입니다.

갑자기 이러한 이야기를 서두에 깔고 가는 이유는 나의 의견으로는 굳이 십수만 원에서 수십만 원을 호가하는 마케팅 강의를 들을 필요가 없다는 것을 명확히 하고 싶어서입니다. 비싼 비용을 들인 만큼 정말 정확하고 좋은 기술만을 배워서 나온다면 나 역시 돈을 써서라도 세상의 새로운 지식을 얻기 위해 앞장서겠습니다. 그러나 강사들이 알려주는 많은 내용은 검증되지도 않은 '~카더라' 혹은 빤한 이야기가 대부분입니다.

이들이 그토록 마케팅을 잘하면 마케팅을 대행해주는 회사를 운영하면 될 것인데 그럼에도 마케팅 강의에 나서 굳이 자신의 밥줄을 알려준다는 것부터가 어불성설입니다. 사실, ○○○마케팅 회사의 대표이면서 대표 마케터라고 번지르르하게 소개하지만 실질적인 수익은 강의장에서 더 많이 발생한다는 것을 스스로 증명하는 꼴이기도 합니다.

우리는 네이버의 통합검색을 알아보았고, 상위 노출을 위해서 우리가 노력해야 할 일들에 대해서 알아보았습니다. 앞서 소개한 정공법과는 반대로 강의장에서 일반 마케팅 강사들이 사람들에게 잘못 전하는 세상에 잘못 알려진 '~카더라' 형식의 잘못된 상식을 짚어보면서 이 장을 마무리하겠습니다.

1) 블로그 포스팅은 수정하면 큰일 난다?

앞서 네이버는 자신들에게 들어와야 할 광고 수익을 중간에서 아무런 비용도 지불하지 않고 가로채는 마케터와 전쟁을 하고 있다고 말했습니다. 따라서 2012년 리브라라는 알고리즘을 개발했고, 많은 리뷰 포스팅(리뷰 마케팅)이 자취를 감추었습니다. 그 이후 마케터들은 다시 리뷰를 검색 상단에 올리기 위해 수많은 방법을 시도하였습니다.

마케터들은 어떻게든 리뷰(광고)를 다시 올리기 위해 예전 방식 그대로 사용할 수밖에 없었는데 노출이 안 되자 기존에 상위 노출되어 있는 글의 제목, 본문 내용을 따라 비슷하게 수정하였습니다. 이때 서식값이 입력되어 있었던 알고리즘에 필터링 되어 수많은 블로그가 저품질 블로그화됩니다. 이로 말미암아 네이버의 본문을 수정하고 제목을 수정하는 일은 '저품질'의 지름길이라는 인식이 생겨났고, 벌써 5년 넘게 흐른 지금 이 순간에도 '수정'은 곧 '저품질'이라는 잘못된 상식으로 강의장에서 강조되고 있습니다.

앞서 마케팅 강연장에 나와서 강의를 한다는 것 자체가 본인의 밥줄을 넘겨주는 일이라 그 강연 자체가 어불성설이 된다고 말했습니다. 실제 저품질 블로그가 되는지 실험조차도 해보지도 않고 수년이 흘러버린 이야기를 강연장에서 비싼 돈을 내라며 정말 듣기 힘든 팁을 알려주는 것처럼 생색낸다는 것 자체가 얼마나 우스운 일인가요? 수정해서 내 포스팅에 좋지 않은 영향을 끼칠 것이라면 네이버가 왜 '수정'이라는 버튼을 만들어놓았을까요?

'이건 지뢰인데 한번 밟아봐'도 아니고 말입니다. 전문 글쟁이도 글을 쓸 때 수차례 수정과 검토를 하는데 우리 같은 초보자가 한 번의 수정도 없이 멋진 글과 콘텐츠를 생산한다는 것은, 그 자체가 불가능에 가깝지 않을까요?

즉, 마케터가 아닌 일반 유저들이 블로그라는 매체를 사용하면서 일상적으로 행하는 정상적 범위에서의 수정은 얼마든 용인된다는 의미입니다. 상위 노출된 글을 매일 불필요한 수정을 반복한다면 분명 네이버가 보기에도 '비정상적 활동'으로서 필터링할 수 있겠으나, 일반 유저들이 사용하면서 수정하는 상식적 범위라면 전혀 문제될 게 없습니다. 아직도 많은 사용자가 네이버 블로그의 포스팅을 수정하기를 두려워하며 나에게 하소연하곤 합니다.

"나중에 읽어보니 사진도 마음에 안 들고 오타도 몇 개 발견했는데 수정했다고 블로그에 좋지 않은 영향을 미칠까 봐 두려워요. 그런데 자꾸 오타가 눈에 밟혀서 미치겠어요."

그럴 때마다 나는 말합니다.

"전혀 걱정하실 것 없습니다!"

2) 포스팅 제목에 특수문자를 사용하면 안 된다?

한때 네이버는 수많은 마케터의 상위 노출 진입을 막기 위해 좋은 문서(네이버 사용자에게 도움되는 정보가 가득한 문서, 광고 목적이 없는 문서)와 나쁜 문서(광고 목적이 가득하고 거짓 정보가 가득한 문서)를 가려내기 위해 몇 가지 가이드라인을 밝혔습니다.

우선 좋은 문서의 기준으로 실제 사용자가 사용한 후기, 상위 노출을 염두에 두고 쓴 글이 아닌 읽는 사람을 생각하며 쓴 글이라는 가이드라인과 나쁜 문서로는 복사, 짜깁기, 중복 문서, ()로 하거나 색상을 바탕색으로 기입해 키워드 스터핑(Keyword Stuffing, 웹페이지의 콘텐츠에 같은 키워드를 반복적으로 사용하는 것)을 한 포스팅, 그리고 '[ ]', '/', '( )' 등을 통해 중요 키워드를 분리하여 노출을 용이하게 할 목적을 가진 문서로 가이드라인을 밝혔습니다.

지금 보면 참 단순한 알고리즘이었구나 싶을 정도로 오늘날의 복잡한 알고리즘과 가이드라인에 비하면 아무것도 아닙니다. 일단 과거에 이런 가이드라인을 네이버가 직접 주었기 때문에 아직도 포스팅 제목에 '[ ]', '/', '( )'와 같은 괄호나 키워드 분리를 위한 특수문자 등을 사용해도 되는지 안 되는지에 대해 의견이 분분합니다.

하지만 네이버는 오랜 시간 알고리즘을 변형 및 발전시키면서 검색 로봇의 딥 러닝(Deep Learning)을 통해 나름대로 똑똑한 알고리즘을 갖추었습니다. 과거에는 '[ ]', '/', '( )' 등을 사용한 키워드 분리 및 특정 키워드 강조에 대해 어뷰징하기도 하였으나, 현재는 실제 키워드 분석을 하면 해당 룰은 거의 적용되지 않음을 확인할 수 있습니다. 다만, 명확한 답은 없는 것이 지방일수록 특정 업종 키워드에 대해 '[ ]'를 표시한 게 상위 노출이 많이 된 경향이 있으며 수도권에서 작성된 포스팅은 이러한 구분을 거의 쓰지 않는 특징이 있습니다. 이 말인즉은 특정 로컬과 업종에서는 상위 노출에 더욱 유리하게 작용할 수 있거나 이제는 적용되지 않는 가이드라인이므로 크게 신경 쓸 필요는 없다는 이야기입니다.

다만, 내가 노출하고자 하는 콘텐츠가 현재 어떤 형태로 상위 노출되어 있는지를 알기 위해 글을 올리기 전 내가 상위 노출하고자 하는 키워드를 검색창에 입력 후 검색하여 어떤 형태의 포스팅이 유리한 지수를 부여받는지 확인할 필요가 있습니다. 또한 '/'를 사용하는 대부분의 목적은 두 개 이상의 키워드를 강조해 모든 키워드를 잡겠다는 의도가 깔린 것인데, 이런이유라면 단순히 띄어쓰기만으로도 충분히 키워드를 잡을 수 있음을 알아두면 되겠습니다.

3) 태그, 꼭 써야만 할까?

네이버 블로그에 포스팅을 할 때 하단에 괜히 신경 쓰이는 것이 있습니다. 바로 글의 카테고리와 태그인데요. 생긴 것이 꼭 인스타그램이나 폴라 등에서 사용되는 해시태그와 비슷한 것이 안 쓰자니 신경 쓰이고 쓰자니 마땅히 적을 말이 딱히 없을 때가 많습니다. 사실 이런 태그는 검색에 용이하게 활용하기 위해서인데, 적어야 할 것 같은 형태로 인해 태그를 꼭 사용해야 하는지 많은 이가 질문하곤 합니다.

종종 어떤 이들은 제목과 본문의 내용은 맛집을 다녀온 맛집 기행인데 반해 태그는 홍보하고자 하는 본인의 사업체명이나 전혀 다른 태그를 기입하는 이들이 있습니다. 노출은 되어야겠고 마땅히 쓸 태그는 없으니 이렇게라도 쓰는데 그런 태그라면 그냥 안 쓰는 것이 낫습니다.

네이버에서 태그는 그저 자신이 작성한 글을 쉽게 찾아보기 위한 블로거 자신만을 위한 일종의 서치어입니다. 즉, 내가 쓴 글을 분류하기 위한 분류 키워드로서 후에 많은 포스팅이 쌓이면 쉽게 정리해볼 수 있도록 책갈피를 꽂아둔다, 정도로 생각하면 되겠습니다. 예를 들어 맛집 관련 포스팅만을 모아보고 싶을 때 해당 태그를 클릭하면 같은 태그가 기입된 포스팅만 모아서 볼 수 있습니다.

다시 한 번 정의하면 같은 관심사의 포스트를 태그로 지정하여 쉽게 글을 찾을 수 있는 역할이라 생각하면 쉽습니다. 절대로 태그가 상위 노출 등의 검색에 유리하도록 만들고자 작성하는 게 아닙니다. 따라서 꼭 태그를 쓰지 않아도 그 글은 제목과 본문의 연관성 등 다양한 검색 알고리즘에 의해 상위에 노출되는 것이니, 필요가 없는 경우에는 태그를 과감히 생략해도 좋습니다.

| 1 기승전모바일 |

| 2 모바일 상위 노출이 매출을 좌우한다 |

| 3 아무에게나 허용되지 않는 모바일 상위 노출 |

| 4 스마트에디터 3.0으로 모바일에서 예쁜 포스팅 쓰기 |

| 5 모바일 마케팅에 대한 오해와 진실 |

Bl★g

PART

8

모바일을 잡아야 매출이 오른다

Bl★g

1 기승전모바일

오래전 내가 초등학교 3학년이었을 즈음 스타크래프트 오리지널이 등장했습니다. 그리고 방송인 서세원 씨가 '하나로 통신'의 CF를 찍으며 당시에는 낯선 용어였던 '초고속 통신'이라는 용어도 대중에게 알려졌습니다. 이런 통신 환경의 변화와 강력한 게임들의 등장 때문이었을까요? 당시에는 흔하지 않던 PC가 속속 가정집에 등장했습니다. 어마어마한 가격을 자랑했던 486 컴퓨터를 제치고 훨씬 높은 성능을 가진 윈도우98을 장착한 컴퓨터들이 가성비를 갖추며 가정에 침투했습니다. PC통신(나우누리, 천리안)을 통해 또래보다 비교적 빠르게 IT 세상을 접했던 나에게도 당시의 변화는 가히 지각변동의 충격과도 같았습니다.

그리고 약 2~3년이 더 흘러 윈도우2000, 윈도우Me를 운영체제로 탑재한 팬티엄 PC들이 등장하면서 거의 모든 가정에 PC가 놓이게 되었습니다. 당시 나를 비롯한 또래들은 디아블로 2, 카운터스트라이크 같은 PC 온라인게임을 접하며 먼 거리에 있는 누군가와 게임할 수 있다는 사실에 놀라움을 표하곤 했습니다. 물론 어마어마한 렉이 공존하던 시대이기도 했습니다. 오늘날에 비하면 상대방으로 인한 렉임에도 욕 한마디 안 하고 기다려줄 수 있는 인내의 미덕이 존재했던 시기이기도 합니다.

그 시절 처음으로 학교에서 ICT(IT 기기를 활용한 교육)교육이 강조되기 시작했고, 학교 컴퓨터실에 제법 괜찮은 사양의 컴퓨터가 들어서기 시작했습니다. 처음으로 책이 아닌(PC통신을 이용하고 DOS컴퓨터를 이용하던 얼리어답터를 제외하고) 매체를 통해 정보를 접하였고, 닷컴버블이 불어 닷컴 관련 주식들이 폭등하고 부도나며 어마어마한 돈을 증발시키기도 한 대단한 시대였습니다. 2000년도에는 밀레니엄 바이러스라고 불렸던(실제로는 바이러스가 아닙니다. 1999년에서 2000년으로 바뀌며 전산이 마비되는 사태였습니다) 대규모의 금융 마비 사태가 오기도 했습니다. 세상 사람들은 변화에 적응해야 했고 어르신들은 "요즘 사람들은 너무 빨라 못 따라가겠다"라며 격세지감을 표현하기도 했습니다. 이제는 아련한 추억이 되어버린 당시의 이야기를 꺼내는 이유는 불과 5년 전이 딱 그 시기와 같았기 때문인지도 모르겠습니다.

나는 블로그, 페이스북 및 인스타그램 등 다양한 마케팅 채널을 접하고 마케팅을 집행하는 위치에 있지만 그 시기는 나에게도 위기의 시간이면서 반대로 기회의 시간이기도 했습니다. 처음 접한 SNS는 너무도 어려웠고, 다양한 어플리케이션이 등장하면서 빠른 속도로 생활의 질이 바뀌는 순간들에 정신을 차릴 수 없었습니다.

먼저 오프라인 세상에 존재하던 수많은 것이 스마트폰으로 빨려 들어왔습니다. 책상에 놓여 있던 캘린더에서부터 어머니가 쓰시던 가계부, 다이어리, 스케치북이 스마트폰으로 들어왔고, PC에서나 가능하던 스프레드시트, 프리젠테이션, 워드프로세서와 같은 고급 프로그램도 스마트폰을 이용해 편집할 수 있게 되었습니다. 어도비가 만든 라이트룸 등도 스마트폰으로 들어와 컴퓨터를 거치지 않고도 사진 후가공이 가능해졌습니다.

또한 정보의 생산과 소비가 빨라지며 단 1초라도 먼저 정보를 접하고 이용하는 사람들이 앞서가는 4차혁명이 시작되었습니다. 당시에는 저도 20대 초반의 머리가 확확 돌아가는 젊은 청년이었음에도 세상이 바뀌는 속도는 무서울 정도였습니다. 역시나 많은 선배 그리고 사회에서 만난 대표들이 급변하는 세상 따라가기 버겁다는 말을 하곤 했습니다.

그랬었는데 어느덧 5년이 지나 이제는 당연하게 스마트폰으로 정보를 소비하고 스케줄을 체크합니다. 간단한 문서 수정이나 메일 확인은 스마트폰을 통해 그 모든 것이 '즉시' 이뤄지는 인스턴트한 사회가 되었습니다. 이런 세상의 변화는 점점 정보를 얻는 매개체를 PC에서 모바일로 자연스럽게 넘기기에 이르렀습니다. 이제는 PC방 역시 매출을 걱정해야 하는 판국입니다. 대형 게임 제작사들이 PC 게임보다는 모바일 게임 위주로 생산하고 있기 때문입니다(나의 장인, 장모님이 PC방을 운영하셔서 그 누구보다도 피부에 와 닿는 이야기입니다).

이렇게 세상이 변해가는데 블로그 또한 진화하지 않을 수는 없습니다. 네이버 포스트 등으로 모바일에 특화된 소셜 채널 등이 등장했지만 역시나 네이버에서는 블로그가 생산해내는 콘텐츠를 따라잡을 매체가 등장하기는 어려운 상황입니다. 이런 이유로 마케팅 회사, 마케터 들은 블로그 모바일 상위 노출에 집중하게 되었습니다. 블로그는 PC에서 모바일로 많은 정보 소비자가 넘어왔음에도 여전히 굳건한 CP이자 미디어 채널로서 자리를 잡고 있습니다. 하지만 그런 블로그도 이제는 기승전모바일입니다.

2 모바일 상위 노출이 매출을 좌우한다

오늘날, 길거리에서든 지하철에서든 그 어디에서든지 많은 사람이 스마트폰에 빠져 있는 모습을 어렵지 않게 봅니다. 2010년만 하더라도 스마트폰을 가진 이가 드물었으니 오늘날의 모습을 보면 격세지감이 아닐 수 없습니다. 어느덧 스마트폰은 초등학생들뿐만 아니라 연세 지긋한 어르신들도 쉽게 다룰 정도로 대중화되었습니다.

많은 이가 SMS보다 카카오톡을 이용해 메시지를 주고받고, 스마트폰으로 영화나 드라마를 보고 음악을 듣습니다. 또한 멋진 풍경을 스마트폰 카메라에 담고, 이를 즉석에서 보정하여 개인 SNS에 올리고, 댓글을 받아보며 많은 이와 소통합니다. 내가 고등학생이던 2007년만 하더라도 음악은 mp3 플레이어를 통해 들어야 했고, 영화는 PMP 플레이어에 집에서 PC로 내려받은 영상을 미리 넣어두었다가 영화를 봐야만 했습니다. 버퍼링은 기본 옵션이었습니다. 디지털카메라가 있어야 그나마 사진 같은 사진을 찍을 수 있었습니다(당시에는 휴대전화에 부착되어 나오는 카메라가 30만 화소 내지 100만 화소 정도였으니, 오늘날의 스마트폰

카메라 성능을 생각해보면 카메라라고 말하기에도 부끄러운 성능이었습니다). 또한 2006년경에 문자메시지 무제한 요금제가 사라지면서 통신사는 엄청난 비난을 받기도 했었습니다(당시 학생들은 비싼 통화 요금을 피해 문자 무제한 요금제를 이용해 메시지를 주고받았습니다. 그런데 이런 요금제가 사라지니 사람들이 화를 낼 법도 했죠).

이렇듯 오늘날의 일상이 당시에는 상상조차 하지 못하는 일들이었습니다. 이렇게 바뀌어버린 세상은 단순히 디바이스의 성능을 넘어서서 우리가 살아가는 방식조차도 크게 바꿔버렸습니다. 스마트폰을 통해 주식을 매수·매도하기도 하며, 급한 이메일 용무는 그 자리에서 즉시 확인하고 바로 답변합니다. 그뿐만 아니라 당장 급하게 정보를 찾아봐야 할 때는 네이버와 구글 같은 검색엔진을 활용합니다. 이렇듯 스마트폰은 이미 충분히 사라졌던 '장소의 제약'을 거의 세상에서 없애버리다시피 하였습니다. 이전에만 하더라도 정보 검색은 PC를 통해서 해야 했고, 조금이라도 정보 검색의 휴대성을 갖기 위해서는 와이파이 에그와 노트북이 필요했습니다.

나는 그래서 종종 지인들과 대화할 때 오늘날의 스마트폰이 가진 힘을 '핵폭탄'에 비유하곤 합니다. 스마트폰으로 언제 어디서든 빠르게 정보를 구하고 열람할 수 있으며 내가 직접 정보 생산자가 되어 다른 정보 수요자들에게 큰 영향을 줄 수 있기 때문입니다. 예를 들어 길을 걷다가 유명 연예인의 데이트 현장을 포착했다면 그것을 사진에 담아 바로 신문사에 이메일을 통해 제보할 수도 있겠죠. 스마트폰은 악성댓글로 인한 각종 사회 문제를 야기하기도 하고, 즉석으로 이뤄지는 집회를 알리기도 하는 등 세상의 많은 모습을 바꾸어놓았습니다.

이처럼 대단한 스마트폰은 우리가 현재 공부하고자 하는 검색엔진의 모습도 많이 바꾸어놓았습니다. 네이버라는 공간은 한때 PC 접속자의 점유 공간이었지만 2014년 말을 기준으로 모바일 접속자 및 모바일을 통한 검색엔진 이용자가 앞섰고, 지금은 대부분의 검색이 모바일을 통해 이뤄지고 블로그 포스트 같은 다양한 정보가 모바일을 통해 소비되고 있습니다.

정보를 어느 곳에서나 접할 수 있는 오늘날의 문화는 우리가 약속하고 만나는 일상의 형태도 바꾸어놓았습니다. 예컨대 과거에는 친구와 약속을 잡더라도 어디에 갈지, 어떤 걸 먹을지 등의 일정을 세밀하게 잡는 것이 기본이었습니다만 요즘에는 대부분의 정보 소비가 즉흥적으로 이뤄집니다. 강남역에서 만나 네이버에 '강남맛집'을 검색해보고 어디에 갈지 그 자리에서 정하고 움직이는 것은 이제 우리 모두에게 당연한 문화가 되었습니다.

이렇듯 성공적인 블로그 운영을 위해서는 모바일을 필수적으로 공략해야만 하며, 그래야만 영향력 있는 블로그 채널을 보유한 운영자가 될 수 있습니다. 물론 아직도 마케터들 사이에서는 모바일 상위 노출을 위한 알고리즘 견해가 달라 의견이 분분합니다. 하지만 모바일 상위 노출도 앞서 설명한 블로그 최적화와 마찬가지로 몇 가지를 지켜준다면, 그리고 꾸준함만 더해준다면 충분히 상위 노출을 노려볼 수 있습니다. 마케팅 비용이 기하급수적으로 올라버렸고 단순히 작성된 글로는 상위 노출이 어려워진 오늘날, 많은 이가 마케팅 목적으로 SNS 및 블로그의 이용을 검토하고 또 시도합니다.

현실이 이렇다 보니 모바일 상위 노출 경쟁은 가히 전쟁터를 방불

케 합니다. 당연히 모바일 상위 노출이 가능한 블로거는 다른 블로그 포스팅에 비해 훨씬 높은 원고료를 받고 블로그 포스팅을 해주고 있습니다.

그런 이유로 모바일에서 특정 카테고리군(맛집, 병원, 여행, 문화, 전시, 책 리뷰, 영화)의 모바일 상위 노출이 가능해진다면 내 사업체의 마케팅 목적으로 블로그를 이용하는 것을 넘어 블로그 포스팅으로 꽤 높은 수익을 올리는 아르바이트도 가능해집니다. 이렇게 모바일 상위 노출이 가능한 블로그는 블로그체험단을 통해 다양한 대가를 받고 (실물 상품이나 금전적 대가) 글을 써주는 것도 가능합니다. 그리고 마케팅 업체와 제휴하여 다양한 원고 작성에 대해 의뢰를 받는 것도 가능해집니다.

결국 우리가 만들어가는 블로그 여정도 모바일 노출을 달성할 때에야 비로소 고생의 대장정이 마무리된다고 볼 수 있습니다. 즉, 모바일에서 상위 노출을 이룰 때 내 가게의 매출도 같이 증가한다는 것만 알아두면 좋겠습니다.

Bl★g

3 아무에게나 허용되지 않는 모바일 상위 노출

앞서 모바일 상위 노출이 얼마나 중요하고, 또 얼마나 큰 영향력을 지니는지 살펴보았습니다. 앞에서 각종 미사여구를 사용하며 모바일의 중요성을 강조한 탓에 모바일 상위 노출은 굉장히 어렵고 마치 '불가능'의 영역처럼 느껴지기도 할 것입니다.

물론 모바일 검색엔진 상위 노출은 결코 쉬운 일이 아닙니다. 하지만 네이버의 현 알고리즘에서는 우리 같은 일반인들도 충분히 상위 노출을 노려볼 수 있다는 점에서 희망이 있습니다.

블로그 공장이 존재하던 시절만 하더라도 일반인이 마케팅으로 밥벌어먹고 사는 마케터를 넘어 상위 노출을 이룬다는 것이 쉽지 않았습니다. 열심히 노력해서 상위 노출을 이뤄내더라도 '유사문서 공격'과 같은 악의적인 공격 루트를 이용해 글을 상위 노출 영역에서 끌어내리는 경우가 비일비재했습니다. 유사문서 공격을 계속 당하다 보면 자연스럽게 내 블로그 지수는 악화되고 점점 방문자가 줄면서 블로그에 대한 흥미를 잃게 만들기도 하였습니다.

이런 일이 꽤 오래 지속되었고 문제가 네이버 측에 계속 제기되면서 현재의 블로그 포스트가 노출되는 알고리즘은 상당히 복잡해지고 또 분석하기가 까다로워졌습니다. 그리고 악의적인 목적으로 공격을 가하는 마케터들을 점점 궁지로 내몰았습니다. 네이버는 양질의 콘텐츠를 지속적으로 공급해주는 CP의 소중함을 그 누구보다도 잘 아는 집단입니다. 결국 이렇게 지속적인 알고리즘의 변형 및 개선은 우리 같은 일반인들도 마케터들을 제치고 충분히 상위 노출을 이뤄낼 수 있도록 만들어주었습니다. 즉 '꾸준한' 업로드 습관과 '꾸준한' 양질의 정보 제공, 그리고 앞서 설명했던 최적화 블로그를 만드는 방법들을 통해 상위 노출이 가능하다는 이야기입니다.

그리고 정보를 소비하는 검색엔진 이용자들의 수준이 높아짐에 따라 이들도 어느 정도 정보를 분별해서 소비할 능력이 생겼습니다. 대충 사진과 글만 읽어도 이 포스트가 광고글인지, 개인이 정성들여 경험과 의견을 담아 작성한 포스트인지 구분할 눈이 생긴 것입니다.

나의 장모님만 하더라도 계를 함께하는 계원들과 식사를 하거나 친척들과 외식할 때 네이버 검색을 이용해 맛집을 찾습니다. 물론 처음에는 흔히 '지뢰를 밟는다'는 꼴의 '가짜 맛집'을 찾아가 바가지를 쓰기도 하고, 온갖 미사여구로 포장된 글과 사진에 속아 정말 맛없는 '맛집'에 당하기도 했습니다. 하지만 언제부터인가 "오서방 여기는 아무리 봐도 광고 같은데 맞지?" 하고 나에게 질문하는 장모님의 모습에 나는 깜짝깜짝 놀라곤 합니다. 마케터 역시 마케터가 쓴 티를 내기 않기 위해 부단히 노력해서 포스트를 하게 되지만 그런 류의 글들을 족집게 무당처럼 콕콕 짚어내는 환갑 지난 장모님을 보고 있노라면 가슴속에서 뿌듯한 감정이 뜨겁게 차오릅니다.

장모님의 사례에서 볼 수 있듯, 정보 소비자인 네이버 검색엔진 이용자들 역시 마케터들만큼이나 점점 빠른 속도로 발전하고 있습니다. 이런 점에서 우리 같은 일반인들도 네이버 모바일 상위 노출을 이룰 수 있다는 자신감을 가져도 됩니다.

그렇다면 모바일 상위 노출을 시키는 데서 가장 중요한 것은 무엇일까요?

첫째, 높은 블로그 지수입니다. 블로그의 지수란 앞서 최적화 블로그를 만드는 방법에서 설명했던 '올바른 방법으로 작성된 블로그를 꾸준히 오랜 기간 작성함'을 통해 보이지 않는 점수를 누적할 수 있습니다. 이런 블로그 지수는 같은 검색 키워드 내에서 높은 블로그 점수를 가진 블로거가 쓴 포스트를 더 높은 순위에 노출하는 등 검색엔진이 글에 신뢰도를 부여하는 가장 중요한 지표로 사용됩니다. 당연히 모바일은 더 치열한 경쟁이 일어나는 곳이고 그만큼 PC 검색 상위 노출에 비해 더 높은 블로그 지수를 요구합니다.

둘째, '방문자의 블로그 게시물 체류 시간'입니다. 당연히 검색엔진 이용자는 더 좋은 정보를 마주했을 때 더 오랜 시간 동안 그 정보를 갖기 위해 콘텐츠를 이용합니다. 즉, 광고의 냄새가 나지 않고 블로거가 경험과 의견 등을 담아 작성한 정성이 담긴 글이라면 충분히 방문자로 하여금 오랜 시간 블로그에 머무르게 할 수 있다는 이야기입니다. 따라서 솔직한 감정으로 부지런하게 블로그 포스트를 작성하고 운영하면 두 번째 부분은 대부분 해결됩니다. 하지만 스마트폰 같은 디바이스는 우리가 마주하는 PC나 노트북에 비해 상당히 다른 형태의 '스크린'을 가진다는 점에서 조금 신경을 써줘야 하는 부분이 있습니다.

모바일을 통해 검색엔진을 이용해봤던 이라면 대개 겪었을 법한 부분인 줄바꿈과 사진의 화질에 대한 부분입니다.

집 없이 추운 이여
그 사람도 집이 없었습니다

노동에 지친 이여
그 사람도 괴로운 노동자였습니다

인정받지 못하는 이여
그 사람도 자기 땅에서 배척당했습니다

배신에 떠는 이여
그 사람도 마지막 날 친구 하나 없었습니다

쓰러져 우는 이여
그 사람도 영원한 현실 패배자였습니다

그 사람도 그랬습니다

이는 박노해 시인의 《그러니 그대 사라지지 말아라》에 수록된 시 '그 사람도 그랬습니다'의 일부를 인용한 것입니다. 흔히 충분한 해상도를 갖추고 가로로 넓은 화면을 가진 PC나 노트북에서라면 별 문제없이 소화 가능한 텍스트입니다만, 모바일에서는 가로의 폭이 좁아 이상한 부분에서 줄이 바뀌는 현상을 볼 수 있습니다(시이기 때문에 크게 느끼지 못할 수 있으나 원문과는 줄바꿈에서 큰 차이가 있습니다).

문제는 이렇게 작성된 글은 아무리 잘 쓰인 글이라고 하더라도 정보 수요자(글을 읽는 사람) 입장에서는 굉장히 읽기에 불편한 글로 인식될 수 있다는 것입니다. 즉, 충분한 '방문자 체류 시간'을 달성하지 못하고 빠르게 이전 페이지로 나가게 된다는 점에서 높은 블로그 지수를 만드는 데 장애물로 작용할 수 있습니다.

네이버의 알고리즘은 생각보다 똑똑해서 빠르게 이용자가 이탈하는 콘텐츠에 대해서는 '그다지 좋지 못한 콘텐츠'로 인식합니다. 그렇기 때문에 정성을 담아 쓴 글임에도 내 블로그에 나쁜 영향을 줄 수 있다는 점에서 모바일에서는 가독성도 굉장히 중요하다는 걸 알 수 있습니다. 이에 대한 해결 방안은 뒤에서 자세히 다루겠습니다.

많은 이가 잘 모르는 또 하나의 사실이 있습니다. 이는 바로 스마트폰의 성능이 점점 고도화됨에 따라 작은 화면에도 불구하고 굉장히 높은 해상도를 가진다는 점입니다. 반대로 말하면 해상도가 작은 이미지는 스마트폰에서 깨져 보인다든지 화질이 나쁘게 보일 수 있다는 말입니다.

여러분 역시 SNS를 이용하거나 네이버 검색을 통해 이미지를 찾아볼 때 이미지가 지저분해 보이는 형태로 올라온 것들을 간혹 접해보았을 것입니다. 이는 이미지 자체가 해상도가 작은 것도 문제이지만 스마트폰의 해상도가 굉장히 높기 때문이기도 합니다. 이런 이유로 네이버는 높은 해상도의 사진에 더 좋은 블로그 지수를 부여합니다. 높은 해상도의 이미지가 모바일에서 접속했을 때도 깨짐 현상 없이 선명하게 이용자한테 보여질 수 있기 때문입니다. 이는 모바일 상위 노출을 위해서는 사진 해상도에 어느 정도 신경을 써줘야 함을 뜻합니다. 물론 지금 우리가 사용하는 대다수의 스마트폰이나 디지털카메라의 화소라면 충분히 최적 해상도를 커버하고도 남으니, 본인이 직접 사진을 찍어 블로그 포스팅에 활용하는 경우라면 신경 쓰지 않아도 좋습니다. 하지만 포토샵 등을 통해 사진을 편집하고, 또는 가이드(강의)를 만들 목적으로 이미지를 편집하는 것이라면 충분한 해상도가 나오도록 이미지를 편집하는 게 좋습니다.

4 스마트에디터 3.0으로 모바일에서 예쁜 포스팅 쓰기

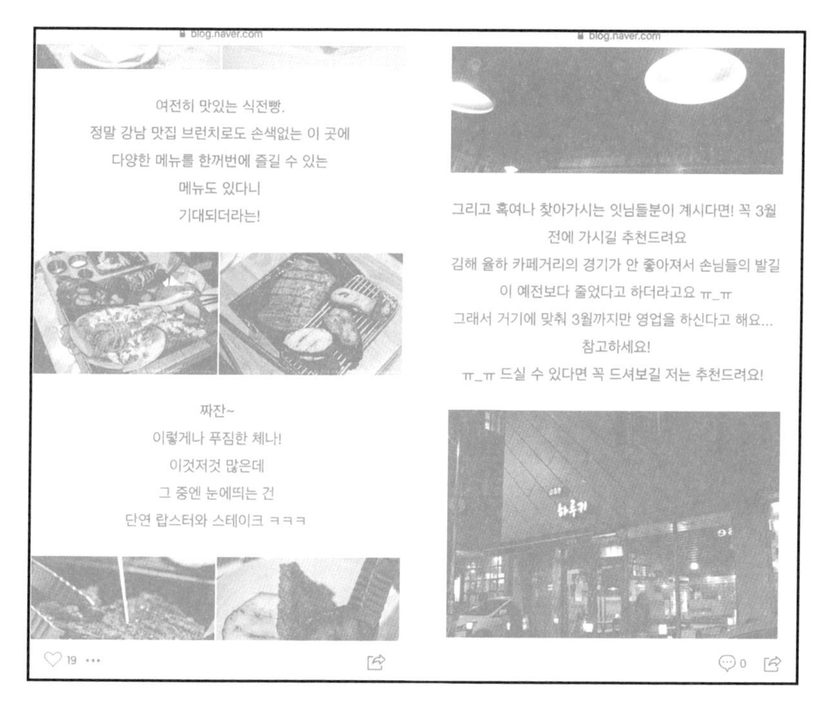

▷ 모바일 비교 스크린샷

앞의 이미지를 보면 비슷한 듯하면서도 뭔가 달라 보입니다. 여러분은 어떤 글이 더 읽기 좋은가요? 아마도 왼쪽일 것입니다. 단순히 사진 퀄리티를 떠나서도 훨씬 가독성이 좋습니다.

위 이미지는 높은 블로그 지수를 가진 전문 블로거와 아직 초보자인 블로거가 운영하는 블로그의 비슷한 글을 비교한 것입니다. 별것 아닌 차이일 수 있지만 앞서 배운 페이지뷰, 체류 시간의 중요성 등을 생각하면 신경 써야 할 부분임을 금방 눈치챌 수 있습니다. 나쁜 가독성은 방문자를 불편하게 하는 것이고, 이는 곧 빠른 시간 내에 페이지를 이탈하게 될 것을 암시합니다.

초보 블로거가 애를 써서 글을 썼음에도 이렇게 가독성이 떨어지는 것은 모바일이기 때문입니다. PC나 노트북에 비해서는 한참 좁은 폭의 화면이 빚어낸 현상이라고 할 수 있습니다. 처음 스마트폰이 등장하고 많은 사람이 SNS에 열광했던 이유도 모바일에 최적화되어 있었

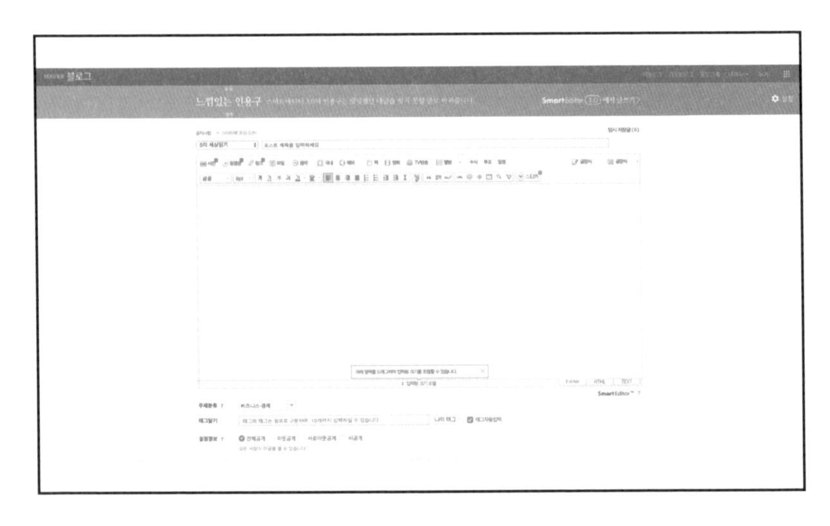

▷ 기존의 에디터

기 때문입니다. 당시의 블로그는 줄바꿈도 엉망이고 높은 스마트폰의 해상도를 쫓아가지 못해 사진 해상도가 떨어져 보이곤 했습니다. 네이버의 입장에서는 모바일 이용자를 SNS에 뺏기는 것이 그리 달갑지 않았을 것입니다. 그래서 등장한 것이 바로 스마트에디터입니다. 우리는 네이버가 제공하는 글쓰기 툴인 스마트에디터 3.0을 통해 어느 화면에서나 가독성이 좋은 글을 쓸 수 있습니다.

앞쪽 이미지는 그동안 네이버가 제공하던 블로그 글쓰기 환경입니다. 여전히 편하고 수정이 쉬워 지금도 사용하는 블로거들이 많습니다. 하지만 기존의 이 에디터는 모바일이나 태블릿 PC 등에서 내 글이 어떻게 노출될지 확인할 수 없는 단점이 있습니다. 그래서 해당 에디터 상단에 스마트에디터 3.0 사용을 권장하는 홍보 배너가 있습니다. 이를 클릭해서 내부를 보겠습니다.

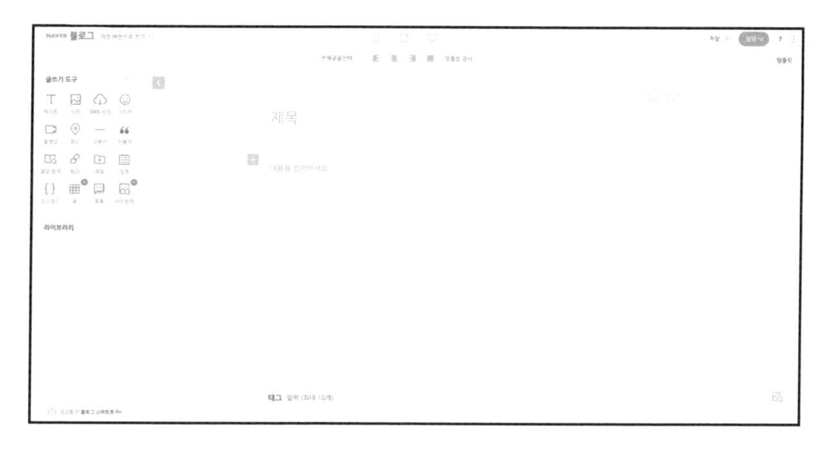

▷ 스마트에디터 3.0

훨씬 깔끔하고 단조로워진 UI를 보여주는 스마트에디터 3.0의 모습입니다. 각종 꾸미기 소스와 제목, 본문 등으로 이뤄진 심플한 화면입니다. 다만 기존의 에디터와 다른 것은 바로 상단 중앙의 아이콘 세 개입니다. 좌측부터 '모바일 - 태블릿PC - PC'를 나타내는데 우리는 이 버튼을 누름으로써 현재 우리가 작성하고 있는 글이 해당 디바이스에서 어떤 식으로 출력되는지 확인할 수 있습니다.

상단의 아이콘은 PC에 연두색으로 불이 들어와 있는 것을 볼 수 있

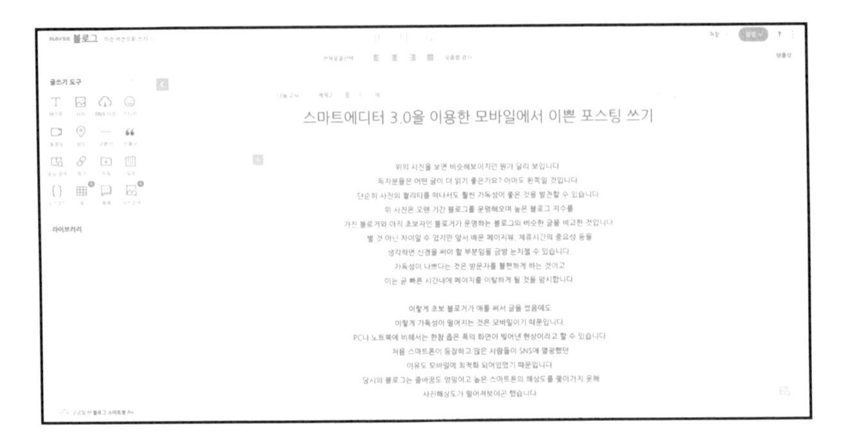

▷ 스마트에디터 3.0의 가독성

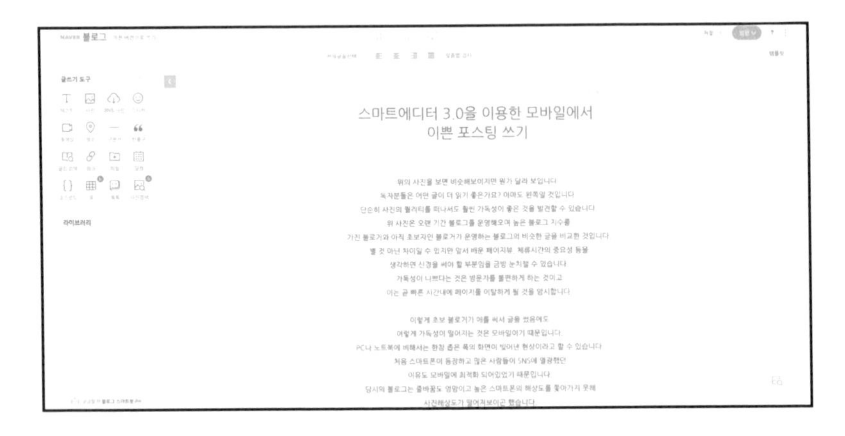

▷ 스마트에디터 3.0을 이용한 글 미리보기(태블릿 PC)

습니다. 따로 손대지 않아도 될 만큼 가독성이 나오는 모습을 볼 수 있으며, 불필요한 줄바꿈이 일어나지 않음을 확인할 수 있습니다.

다음은 태블릿 PC에서 내가 작성한 글이 어떻게 보이는지 확인해보겠습니다. 이번에도 불필요한 줄바꿈은 일어나지 않으며 충분히 글을 읽는 데 방해하는 요소가 없습니다.

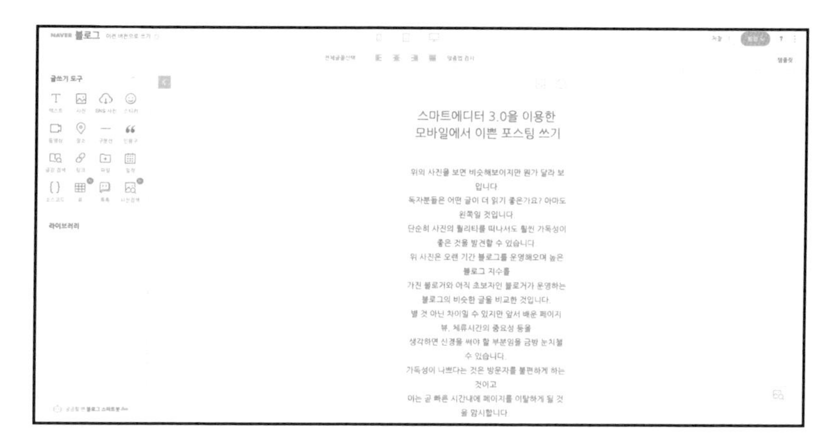

▷ 스마트에디터 3.0을 이용한 글 미리보기(모바일)

이번엔 상단의 아이콘에서 가장 왼쪽에 위치한 모바일 버튼을 눌러 모바일 화면에 글이 어떻게 표시되는지 확인해보았습니다. 불필요한 줄바꿈투성이에 누가 봐도 읽기 싫어서 페이지를 이탈하게 만들 법한 상태의 글입니다. 이렇듯 스마트에디터 3.0은 기존 블로그의 약점으로 지적되었던 모바일에서의 가독성을 제법 훌륭하게 해결해주는 모습을 보여줍니다. 물론 '가운데 정렬'을 이용하지 않고 '양쪽 정렬'을 이용하는 방법도 있지만 PC에서는 글의 한 줄 한 줄 크기가 커지는 만큼 읽기에 무거운 느낌을 주기도 해서 대부분의 블로거는 '가운데 정렬'을 이용하고 있습니다. 그로 인해 엉망이 되었던 가독성을 스마트에디터 3.0의 등장으로 대부분 해결했습니다.

또한 스마트에디터 3.0은 예쁜 글쓰기 외에도 올바른 글쓰기가 가능하게끔 다양한 기능을 제공하고 있습니다.

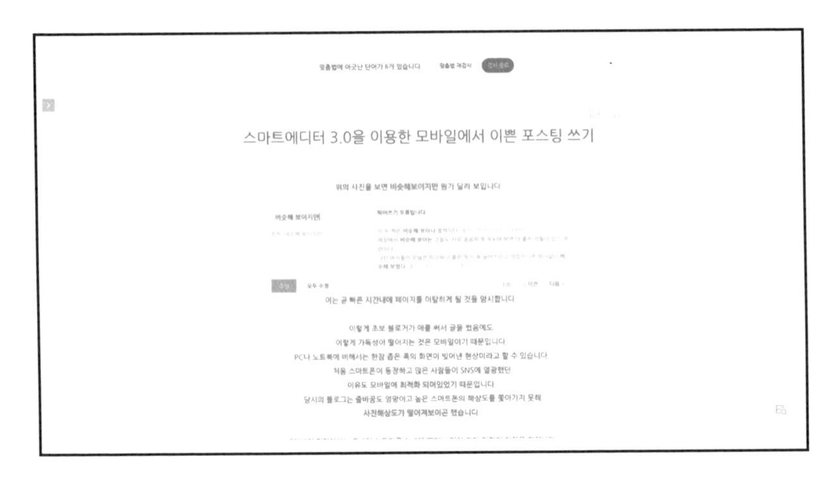

▷ 스마트에디터 3.0 맞춤법 검사 기능

위 이미지는 스마트에디터 3.0이 제공하는 맞춤법 검사 기능을 사용한 모습입니다. 어디서 띄어쓰기 혹은 맞춤법이 틀렸는지 노란색으로 마킹하여 알려주는 이 편리한 기능은 한국인들이 가장 흔히 사용하는 워드프로세서 한글보다도 더 정확한 맞춤법 검사 기능을 자랑합니다. 또한 왜 틀렸는지 설명해주는 친절함까지 곁들였습니다. 물론 온라인에서는 의도적으로 맞춤법에 맞지 않게 쓰는 경우도 있고 해서 잘 사용하지 않는 기능 취급을 받기도 하지만, 내가 보기에는 점점 맞춤법에 맞게 글을 쓰는 사람이 줄어드는 오늘날 참으로 유용한 기능이라고 생각합니다.

▷ 스마트에디터 3.0의 다양한 기능

스마트에디터 3.0의 왼편에는 기존 에디터가 제공하던 기능보다 더 다양한 글을 꾸며줄 기능들이 있습니다. 특히 구분선, 인용구 등 기존 에디터가 제공하지 않던 기능들을 제공함으로써 훨씬 보기 좋은 글을 쓸 수 있게 바뀌었습니다.

이로써 스마트에디터 3.0에 대한 간단한 설명이 끝났습니다. 물론 아무리 좋은 도구가 등장해도 사용하지 않으면 말짱 꽝입니다. 시대가 점점 발전함에 따라 올바른 글쓰기를 지향하고 가독성이 높은 글을 만들고자 하는 네이버의 노력이 보이는 부분이라, 나는 참 흐뭇하게 생각하고 이를 적극 활용하는 것을 추천하는 바입니다.

5 모바일 마케팅에 대한 오해와 진실

나는 가끔 돌아봅니다. 인공지능이 등장하고, 어마어마한 성능을 가진 가전 제품들이 등장하고, 무서울 만큼 다양한 기능을 가진 스마트폰이 등장하는 오늘날을 살면서 '불과 십 년 전에는 어땠지?' 하고 말이죠. 그때만 해도 PMP를 들고 다니면 부러워하곤 했는데, 지금 생각하면 그 무거운 것을 어떻게 들고 다녔나 싶습니다. 심지어 저장 용량도 작았죠. 정말로 상상 이상으로 시대가 급변했습니다.

특히 오늘날의 풍경을 가장 많이 바꾼 것이 있다면 스마트폰, 바로 이놈이지 싶습니다. 많은 이가 스마트폰을 통해 정보를 접하고 시간을 때우고 저 멀리 사는 친구 얼굴을 실시간으로 마주하기도 합니다.

이렇게 편리한 스마트폰의 등장은 산업 곳곳에 지각 변동을 일으켰는데 그 대표적인 분야가 게임 산업입니다. 불과 10년 전만 하더라도 하루가 멀다 하고 블록버스터급의 게임들이 온라인을 통해 공개되고 많은 사람이 PC방에 삼삼오오 모여 친구들과 게임을 즐기곤 했습니다. 그런데 오늘날에는 PC게임 자체가 많이 나오지 않는 게 현실입니다. 넷마블, 넥슨 같은 게임 개발사들은 모바일 게임에 치중해서 게임을 출시하고 있습니다.

그렇습니다. 여전히 PC는 우리에게 유용한 도구인 것은 틀림없으나 이전보다 일상에서 많이 멀어졌습니다. 이 자리를 비집고 들어온 것이 바로 스마트폰입니다. 사람들은 일상에서의 시간 대부분을 스마트폰과 보냅니다. 어쩌면 애인보다, 거울에서 마주하는 내 얼굴보다 더 많이 볼지도 모르겠습니다. 세상이 이렇게 변하다 보니 당장 네이버 검색 환경부터가 많이 바뀌었습니다. 불과 몇 년 전만 하더라도 PC 검색량은 모바일 검색량 대비 압도적이었지만, 지금은 그 반대입니다. 이렇다 보니 모바일 검색에서의 상위 노출은 마케터들에게는 필수가 되었습니다. 이런 상황에서 많은 오해와 진실들이 존재하는데 이에 대해 잠깐 짚어볼까 합니다.

1) 모바일에서는 블로그를 통한 마케팅이 효과가 없다?

나는 전문적인 마케터가 아니지만 웨딩 사업을 하며 다양한 방면에서 마케팅을 접했습니다. 그리고 현재 하는 사업이 디자인 및 브랜드 컨설팅이다 보니 아무래도 온라인에 관심이 많은 사업자들을 자주 만나곤 합니다.

대부분의 사업자가 적은 비용으로 극적인 성과를 거두고 싶어 합니다. 그렇기 때문에 나는 주로 블로그를 키우라 권하곤 합니다. 저비용으로 좋은 성과를 낼 방법들이 있지만 대부분 전문적인 마케팅 지식이나 프로그램들을 이용한 편법을 활용해야 하는 것이 많습니다. 당연히 일반인이 접하고 활용하기 어려우므로 그나마 가장 쉽게 접할 수 있고 가장 쉽게 좋은 성과를 낼 수 있는 블로그를 권하는 것입니다.

블로그를 권하면 많은 사업자가 의아한 표정으로 반문합니다. 요즘 같은 시대에 SNS를 안 쓰고 왜 블로그를 해야 하냐고 말이죠. 물론 SNS도 활용 방법에 따라서는 블로그보다 훨씬 더 강력한 성과를 만들어냅니다. 예쁜 외모를 가진 인플루언서가 되어 마케팅을 할 수도 있고, 픽셀을 활용해 맞춤 타깃을 만들고, 저렴한 비용으로 내가 원하는 타깃만 쏙쏙 골라 마케팅하는 방법도 있습니다. 하지만 이는 일부에게만 허용되는 특수한 방법들이다 보니 권하지 않게 됩니다.

사실, 많은 이가 블로그를 PC에서만 유효한 마케팅으로 인식합니다. 이유는 그만큼 오래된 역사를 지녔기 때문입니다. '아 나도 이제는 좀 더 최신의 마케팅을 하고 싶다' 하는 생각과 '블로그는 더 이상 최선의 것이 아니다' 하는 생각에서 불거진 인식인데, 여전히 네이버의 블로그는 강력한 마케팅 채널입니다. 물론 '모바일에서 상위 노출이 이뤄졌을 때'라는 전제가 깔려 있지만 말이죠.

2) 모바일에서 글을 쓰면 모바일 상위 노출이 잘된다?

한번은 카페에서 블루투스 키보드를 스마트폰과 연동하여 미친 듯이 블로그에 글을 쓰는 지인을 봤습니다.

"뭐 하는 거야?"

나의 물음에 지인이 대답했습니다.

"아는 마케터가 모바일 노출은 모바일로 써야지 더 잘된다고 하더라. 그래서 이 끔찍한 짓을 하고 있는 거야."

분명 말하는데, 모바일로 쓴다고 해서 모바일 노출이 잘되고 모바일 마케팅이 잘된다는 것은 누군가가 악의적으로 만든 루머에 불과합니다. 심지어 특정 강의에서는 강사들이 직접 나서서 모바일로 글을 쓰면 더 노출이 잘된다고 하니 미칠 노릇입니다. 기본적으로 블로그의 상위 노출은 작성 기기에 관련 없이 블로그 자체의 점수라고 할 수 있는 '블로그 지수'에 의해 이뤄집니다. 결론적으로 검색엔진은 모바일 작성과 PC 작성을 가리지 않습니다. 단, 모바일의 검색량이 월등히 높으니 모바일에서 상위 노출을 만들기 위해서는 조금 더 높은 블로그 지수가 필요할 뿐입니다.

1 브랜드 저널리즘이란?

2 브랜드 저널리즘을 위한 페이스북 가입하기

TIP_ 페이스북 계정을 만드는 순서

3 페이스북 친구를 늘리는 노하우

4 내 게시물을 페이스북에 노출시키기

Bl★g

PART

9

더 넓은 세상을 위한 브랜드 저널리즘

Bl★g

1 브랜드 저널리즘이란?

이제 블로그를 더 넓게 활용하기 위한 전략에 대해 설명할까 합니다. 블로그는 우리에게 홍보 및 광고는 물론이고 퍼스널브랜딩과 같은 다양한 혜택을 줍니다. 사실, 많은 SNS가 등장했고 높은 점유율을 기록하고 있음에도 블로그만이 가진 독특한 문화와 기능들을 대체할 수 없다는 게 통설입니다. 그런 이유로 많은 마케터가 블로그에 집중하고 상위 노출에 목숨을 겁니다. 즉, 블로그에서 가장 기본은 블로그를 잘 키우고 블로그 지수를 높여 내가 쓰는 글이 상위 노출되게끔 하는 것입니다.

그럼에도 무언가 부족함을 느끼는 이들을 위해 블로그를 조금 더 다채롭게 활용하는 방법을 설명하고자 합니다. 바로 '브랜드 저널리즘' 입니다. 물론 이 '브랜드 저널리즘'이라는 전략은 조금 더 심오한 뜻을 가지고 있고, 블로그를 위한 기술은 아닙니다. 하지만 본 책에서는 편의상 브랜드 저널리즘을 블로그에서 펼칠 수 있는 한 가지 전략으로 설명하고자 합니다.

'브랜드 저널리즘(Brand Journalism)은 브랜드(Brand)와 저널리즘(Journalism)의 합성어로 광고와 뉴스의 중간에 위치하며, 소비자에게 유용하고 맞춤화된 기사식 콘텐츠로 다가가는 새로운 형태의 광고 유형이다. 기사식 광고인 애드버토리얼(Advertorial)의 발전된 형태로 보기도 한다. 때로는 광고와 콘텐츠의 융합으로 표현되기도 하는데, 광고와 콘텐츠가 점점 더 서로 구분하기 힘들 정도로 긴밀하게 융합하는 최근의 현상을 반영한다. 고객 콘텐츠(Customer Contents)나 고객 출판(Customer Publishing)이라고도 불린다(Cole & Greer, 2013).

브랜드 저널리즘은 브랜드 발전이라는 장기적 관점에서 시장 환경이나 트렌드, 소비자의 변화에 따라 적절하고도 강력한 스토리를 제공함으로써 안정적이고 효과적인 마케팅을 가능하게 한다.'(네이버 지식백과, 브랜드 저널리즘 전략[이성 설득 전략, 2016. 11. 10., 커뮤니케이션북스])

네이버 지식백과에서 찾아본 브랜드 저널리즘의 의미입니다. 아마도 잘 이해되지 않을 겁니다. 다만 브랜드 저널리즘의 정의에서 나타난 '브랜드 저널리즘은 브랜드 발전이라는 장기적 관점에서 시장 환경이나 트렌드, 소비자의 변화에 따라 적절하고도 강력한 스토리를 제공함으로써 안정적이고 효과적인 마케팅을 가능하게 한다'는 이 문장에서 내가 설명하고자 하는 브랜드 저널리즘에 대한 힌트를 얻을 수 있습니다.

앞으로 블로그를 키우면서 블로그 방문자는 생각보다 잘 늘지 않고, 늘어난다 하더라도 하루 방문자 1,000명을 넘긴다는 것이 얼마나 어려운 일인지를 알게 될 것입니다. 네이버 키워드 광고를 살펴보면 알 수 있듯 CPC방식의 광고(클릭당 비용)는 어마어마한 가격을 형성하고 있어 외부의 광고 유입으로 소비자들에게 광고성 정보를 주기에는 터무니없이 비싼 비용을 지불해야 합니다. 블로그나 홈페이지는 이런 뚜렷한 약점을 지니고 있었습니다. 그럼에도 긴 글과 사진 등으로 높은 가독성과 더불어 디테일한 정보를 소비자에게 준다는 점에서 지금도 블로그와 홈페이지는 여전히 막강한 포지션을 유지하고 있습니다.

반대로 페이스북이나 인스타그램은 휘발성이 강한 매체로 일시적인 스토리텔링은 가능하나, 디테일한 스토리텔링이 어렵고 그마저도 하루 내에 대부분 사라진다는 것입니다. 페이스북이나 인스타그램의 피드를 보면 단 몇 분 사이에 게시글이 수십 개에서 수백 개가 올라옵니다. 재미있는 정보도 많고 유익한 정보도 많지만 이런 콘텐츠를 이용하는 이용자의 마음은 즉흥적이거나 단순한 킬링타임용으로 여깁니다. 이런 점에서 비교적 저렴한 비용으로 광고를 할 수 있다는 장점을 지녔음에도 기업들은 비싼 돈을 들여 키워드 광고를 합니다. 이렇듯 홈페이지나 블로그가 가진 장단점이 분명하고, 페이스북과 인스타그램 같은 SNS가 지닌 장단점 역시 반대의 형태로 분명하게 존재합니다.

브랜드 저널리즘은 일시적이지만 폭발적인 SNS의 장점과 디테일한 스토리텔링이 가능한 블로그나 홈페이지의 장점을 잘 혼합한 마케팅 기술입니다. 기사와도 같은 정보성 콘텐츠를 제공하되, 여기서 광고적 성과를 얻고자 하는 의도를 담고 있습니다. 조금 더 쉬운 이야기로 브랜드 저널리즘을 풀어보자면 다음의 행동양식을 통해 알아볼 수 있겠습니다.

예를 들어 현대자동차에서 출시된 그랜저를 구입하고자 한다고 해보겠습니다. 바로 매장에 가서 딜러를 통해 정보를 얻는 사람도 있겠지만 많은 사람이 사전에 정보를 취합하는 과정을 갖습니다. 보통 이런 경우에 우리는 어떤 행동을 취해서 정보를 얻을까요? 당연히 '검색'입니다. 검색을 통해 현대자동차 홈페이지에 들어가 자동차의 자세한 스펙을 살피기도 하고, 블로거가 작성한 자동차 시승 후기나 구입 후기 등을 읽으며 타인의 경험을 정보로 받아들이기도 할 것입니다. 하지만 이런 정보를 얻는 행동을 SNS에 들어가서 하지는 않을 것입니다. 물론 페이스북에는 '페이지'가 있고 자동차 관련 페이지에 접속하여 이를 통해 어느 정도 정보를 얻을 수도 있지만 '검색'에 비해 훨씬 까다롭고, 신뢰성을 가진 구체적 '정보'를 얻기란 힘듭니다.

2010년대 초반 SNS 광풍이 불던 시절, 기업들은 SNS의 폭발적인 접속량을 통해 광고 효과를 얻고자 어마어마한 돈을 투입했습니다. 당시 페이스북의 광고는 돈만 줬다 하면 네이버의 클릭당 단가 1/100도 안 되는 비용으로 수많은 접속자를 유도할 수 있었습니다. 당연히 저렴한 비용으로 어마어마한 접속자를 만들어냈으니 매출 또한 크게 날 줄 알았는데 그 반대였던 것입니다. 사이트를 들어온 지 몇 초도 지나지 않아 이탈하는 접속자가 대부분이었고, 광고는 그들의 머리에서 빠르게 잊혔습니다. 바로 이것이 기업들이 간과했던 SNS의 '휘발성'이었습니다. 반대로 키워드 검색 광고는 비용은 비싸지만 접속하는 사람 대부분이 구입 의사를 가지고 있는 '실고객'인 경우가 많았습니다. 이렇게 온라인 광고는 키워드 광고가 승리하는 것으로 끝맺는 듯 보였습니다만, 기업들은 묘수를 생각해냈습니다. 광고는 페이스북처럼 접속자가 넘치는 곳에서 집행하되, 정보의 소비는 홈페이지나 블로그에서 하게

끔 하자! 바로 이것이 '브랜드 저널리즘전략'입니다.

우리는 이런 어려운 용어의 전략을 통해 병아리 눈물만큼 늘어나는 블로그 방문자를 좀 더 체계적인 방법으로 늘려갈 수 있습니다. 비교적 도달률이 높은 SNS에 블로그의 콘텐츠를 올려둠으로써 자연스럽게 링크로 연결시키는 방법입니다. 오늘날 기업들이 이러한 마케팅을 아주 많이 활용하고 있기 때문에 일상에서 흔히 접하게 되는 방법임에도 많은 이가 용어나 정확한 의도를 모르고 클릭하는 경우가 부지기수였습니다.

이처럼 브랜드 저널리즘은 블로그에 유입되는 매체를 단순히 검색에서만 가져오는 것이 아닌, 좀 더 많은 접속자가 존재하는 SNS와 기타 매체에서도 끌어옵니다. 그럼으로써 더 탄탄한 방문자 구성을 갖출 수 있다는 장점이 있고, 대다수의 접속자가 광고보다는 유익한 정보로 인식하는 경우가 많아 높은 신뢰를 준다는 장점 또한 있습니다. 내가 이토록 브랜드 저널리즘을 강조하는 이유는 아주 많은 성공 사례가 존재하기 때문입니다. '브랜드 저널리즘전략'을 실행하기 위한 방법을 설명하기에 앞서 그 성공 사례를 네이버 지식백과(브랜드 저널리즘 전략, 2016. 11. 10., 커뮤니케이션북스) 일부를 참조하여 몇 가지 짚어보겠습니다.

1) 사례 1: 코카콜라 저니

이는 브랜드 저널리즘전략의 대표적인 사례라고 할 수 있습니다. 2012년부터 '브랜드 저널리즘전략'을 적극 도입하여 활용해 오고 있는 코카콜라는 '콘텐츠 엑설런스(Content Excellence)'라는 개념 아래 차별적이고 독특한 브랜드 콘텐츠를 다량으로 생산하고 소셜 미디어를 비롯한 다변화된 매체를 통해 유통시키고 있습니다.

이러한 발판이 되는 곳이 코카콜라 홈페이지(coca-colacompany.com)의 '코카콜라 저니(Coca-Cola Journey)'입니다(우리에게는 바로 이런 역할을 할 미디어 채널이 블로그가 될 것입니다). 1980년대 후반 발행했던 코카콜라 사보에서 이름을 따온 코카콜라 저니는 코카콜라에 관한 모든 것이 뉴스가 되는 공간입니다. 기업 홈페이지를 '디지털 매거진 형식'으로 전환해 일반 신문사 사이트와 유사하게, 소비자가 흥미를 가질 수 있는 다양한 스토리로 구성하여 발행하고 있습니다(블로그와 아주 유사하죠). 이는 자사 미디어 채널을 통해 소비자와 적극적으로 소통하는 전략을 실현하고 있는 경우입니다.

사이트는 다양한 내용의 섹션으로 구성되어 있습니다. 코카콜라의 기업 공고, 즉 인사이동이나 회사 소식부터 회사와 브랜드의 역사, 신제품 소개와 캠페인, 직원들의 이야기 그리고 코카콜라 팬들의 흥미를 끌 다양한 콘텐츠까지 다채롭게 구성되어 있습니다. 코카콜라 저니는 전 세계 코카콜라 직원들과 편집국에 모여 매일 회의하는 40여 명의 전문 프리랜서 작가들, 그리고 '오프너(The Opener)'라는 파워블로거 등으로 구성된 350명의 외부 집필진이 만들고 있습니다. 특히 경영진 귀에 거슬릴 정도의 이야기까지 콘텐츠로 만드는 편집권의 독립성으로 유명합니다.

코카콜라 저니는 이토록 훌륭한 콘텐츠를 만들고 매번 새로운 콘텐츠로 정보 소비자로 하여금 흥미를 느낄 만한 여러 스토리를 담고 있습니다만, 이대로 사이트만 운영했다면 분명 실패했을 것이라고 나는 생각합니다. 그 이유는 오프라인 공간과 다르게 온라인 공간은 지속적으로 알려지지 않으면 결코 찾을 수 없는 '시공의 미로' 속에 존재하는 가상의 공간이기 때문입니다. 코카콜라는 이러한 부분을 앞서 설명한 페이스북과 같은 소셜 미디어를 통해 코카콜라 저니의 이야기를 유통했습니다. 강력한 휘발성을 가진 SNS이지만 흥미롭고 가독성 높은 코카콜라의 저니 사이트로 접속되게끔 하여 그 사람들을 묶어둘 수 있었습니다.

2) 사례 2: 시스코의 더 네트워크

시스코는 세계 제일의 엔터프라이즈 테크놀로지 브랜드이자 기업간 거래(B2B) 업계 내 최고의 콘텐츠 제공자로 꼽힙니다. 시스코가 2011년 구축한 테크놀로지 뉴스 플랫폼 '더 네트워크(The Network)'는 브랜드 저널리즘전략의 좋은 사례로 주목받고 있습니다. 기업 커뮤니케이션 차원에서 시스코의 보도 자료, 블로그 포스트 등 브랜드 콘텐츠를 담고 있으며, 시스코와 직접적 연관성이 없더라도 테크놀로지 업계의 중요한 이슈들도 다루고 있습니다. 또한 AP, 〈월스트리트저널(Wall Street Journal)〉, 〈포브스(Forbes)〉 등 주요 언론 매체 소속 기자들의 기고를 받아 동종 업계 종사자들 또한 정기적으로 방문하고 있습니다.

특히 업계 트렌드 및 대규모 이벤트 시점에 맞춰 해당 주제를 다각도로 조명하는 콘텐츠가 담긴 〈포커스(FOCUS)〉를 발간하고 있습니다. 일례로, 2013년 10월 말 스페인 바르셀로나에서 개최된 '2013 사물인터넷월드포럼(Internet of ThingsWorld Forum 2013)' 개최 시점에 맞춰 포커스 2013년 10월호는 '사물인터넷(IoT · IoE)'에 대한 다양한 콘텐츠를 제공했습니다. 이와 같이 <포커스>는 매월 특정 주제에 대해 8가지 콘텐츠 아이템으로 구성되고 텍스트 · 이미지 · 인포그래픽 · 동영상 인터뷰 등 다양한 멀티미디어 콘텐츠 생산방식으로 운영되고 있습니다. <포커스>는 논픽션 중심의 다큐멘터리 스타일의 브랜드 스토리텔링 활동이 한 단계 강화된 의미로 여겨지고 있습니다.

3) 사례 3: 채널 현대카드

현대카드는 2016년 3월부터 '채널 현대카드'라는 자사 미디어를 통해 브랜드 저널리즘전략을 시행하고 있습니다. 주소는 channel.hyundaicard.com으로, 디지털 시대의 콘텐츠 소비 행태를 반영해 다양한 영상 프로그램을 제공하는 커뮤니케이션 플랫폼입니다. 현대카드 브랜드의 철학과 관점을 담은 '브랜드 에세이(Brand Essay)', 음악을 주제로 하는 보이는 라디오방송 '라디오 인 뮤직 라이브러리(Radio in Music Library)', 전문가와 함께하는 책 관련 대담 '북 토크(Book Talk)' 등 문화 전반을 아우르고 있습니다. 장르 역시 예능, 다큐멘터리, 드라마, 애니메이션 등 다양합니다. 시간 · 공간 · 매체 · 비용의 한계를 넘어 온라인과 모바일에서 메인 콘텐츠를 보기 위해 강제로 떠안겨지는 광고가 아닌, 시청자들의 선택을 기다리는 완성된 프로그램을 제공하고 있는 것입니다. 그 결과 자발적인 팬을 구축할 브랜드 저널리즘전략을 구축할 수 있었고 최초에 현대카드가 보여주었던 신선함을 아직까지도 소비자들에게 보여주며 당당하고 혁신적인 카드브랜딩을 완벽히 수행할 수 있었습니다.

2 브랜드 저널리즘을 위한 페이스북 가입하기

본 책은 블로그를 키우고 블로그를 통해 매출 신장 및 방문자 증가, 최적화 등을 위한 것을 목적으로 하기에 페이스북 가입 방법은 자세히 다루지 않겠습니다. 다만 내가 설명하고자 하는 '브랜드 저널리즘 전략'에는 페이스북이 필수적이기 때문에 반드시 페이스북 계정이 필요합니다.

나는 평소 많은 소상공인 및 자영업자들과 컨설팅 시간을 가지며 다양한 마케팅전략 외에 브랜드전략 등을 설명해주곤 합니다. 하지만 생각 외로 많은 사업자가 "에이, 내 나이에 무슨 페이스북이냐?"라고 말합니다. 이미 '페이스북'이라는 단어를 안다는 것 자체가 많은 연령대들을 아우를 수 있는 소셜 미디어로 성장했다는 소리인데 말입니다.

나의 페이스북 계정은 총 2개가 있으며 각각 페이스북 친구가 5,000명씩 있습니다. 대부분 나보다 연령대가 높은 이들로 이뤄져 있습니다. 그 말인즉, 30대의 나보다 나이 많은 이들도 이용하기에 큰 어려움이 없는 소셜 미디어 채널이라는 이야기입니다. 따라서 겁먹을 필요는 없습니다. 그저 어떻게 친구를 늘릴지, 어떻게 내 페이스북이 진정성을 가지고 미래의 고객들에게 내가 주는 정보가 꽤 '신뢰도'가 높다는 것을 잘 어필할지만 생각하면 됩니다.

다만, 페이스북은 생각보다 굉장히 예민한 어뷰징 알고리즘을 가지고 있어 처음 가입할 때 자칫 잘못하면 시작도 하기 전에 이용 정지를 먹는 경우가 부지기수이기 때문에 TIP을 충분히 읽고 잘 따라 해야 합니다. 친구가 많은(친구 5000명 + 팔로워 + α) 개인 계정의 도달률이 어마어마하다 보니 많은 사람이 남의 사진을 도용하거나 정보를 도용해 계정을 생성하고 페이스북 이용자들에게 피해를 주는 경우가 많아 이렇게 까다로워졌지 않나 싶습니다.

TIP

페이스북 계정을 만드는 순서

1. PC보다는 모바일로 가입하는 것을 추천합니다.
2. 스마트폰에서 페이스북을 설치합니다(IOS는 앱스토어, 안드로이드는 플레이스토어에서 다운로드 및 설치).
3. 페이스북을 실행하고 계정 생성(가입하기)을 합니다.
4. 스마트폰으로 날아온 인증번호를 입력합니다(폰 번호가 제대로 인증되지 않은 계정은 무조건 어뷰징이니 본인의 메인폰을 등록하는 것이 좋습니다. 서브폰을 활용하는 경우 미리 메인폰에서 내 거래처나 여러 인맥의 번호를 등록해둡니다).
5. 페이스북에서 요구하는 정보들을 입력합니다.
6. 본인의 사진을 등록해주세요(간혹 본인의 사진을 등록하지 않는 이가 있는데 이는 신뢰도 있는 개인 계정을 만들지도 못할뿐더러 초반 어뷰징 확률이 높아지는 계기가 됩니다).
7. 친구 신청하기 화면이 나타납니다.
8. 미리 저장해둔 번호와 일치하는 회원들이 나타나는데 딱 3명 정도만 친구 신청을 해줍니다. 초반에 과도하게 친구 신청을 걸면 아이디가 정지됩니다.
9. 가입이 끝났습니다.
10. 출신 학교 및 직업(과거 직장, 현 직장을 모두 기재하는 것이 좋습니다)을 프로필에서 기입해줍니다.

Bl★g

3 페이스북 친구를 늘리는 노하우

블로그를 배우기 위한 책에서 페이스북을 공부하고 있자니 다소 이상하기는 합니다. 하지만 이 과정마저도 '토털 마케팅'을 실현하기 위함이며 더 높은 수준의 블로그 방문자를 유지하고 블로그가 주는 가치를 극대화하기 위한 부분이라는 것을 다시금 강조합니다. 물론 페이스북 계정을 만든다고 다 되는 것은 아닙니다. 내게 필요한 적절한 타깃을 친구로 모으고 그 친구들이 내가 쓰는 글에, 내가 올리는 사진에 좋은 반응을 보여줄 때 비로소 높은 수준의 마케팅에 근접할 수 있습니다.

당연히 친구 100명짜리 계정이랑 친구 5,000명짜리 계정이 가지는 위력이 다름은 물론, 내 고객이 될 가능성이 높은 타깃만을 모은 계정이랑 아무나 친구로 모은 계정이 가지는 가치 차이는 비교가 안 됩니다. 그렇습니다. 우리는 페이스북의 친구를 모아야 합니다. 되도록 내 블로그에 올리고 페이스북으로 연결시킬 게시물(포스트)에 조금 더 좋은 반응, 높은 관심을 보내줄 친구가 필요합니다. 물론 처음에는 쉽지 않습니다만 페이스북의 알고리즘이 바뀌면서 과거에 비해 쉬워진 부분이 많습니다. 지금부터 설명하는 몇 가지 팁만 꾸준히 해도 금방 친구가 가득한 페이스북 계정을 만들 수 있으니 차근차근 따라 해보기 바랍니다.

우선 페이스북의 유래를 살펴보죠. 하버드대학교에 재학 중이던 마크 저커버그가 하버드 기숙사 내의 소통망(네트워크)을 만든 것이 페이스북의 첫 형태입니다. 페이스북은 '진짜 친구'와의 연결을 굉장히 중시하고 있고, 이를 위한 알고리즘이 매우 정확한 형태로 짜인 게 특징입니다. 따라서 내 '친구'가 아닌 사람에게 지속적인 '친구 요청'을 하면 일종의 광고 계정으로 낙인 찍혀 계정이 정지된다든가 친구 신청을 걸 수 없도록 제재를 받습니다. 따라서 이 페이스북의 친구 알고리즘이 의심하지 않도록 친구를 확보해가는 것이 중요합니다.

첫째는 내 스마트폰에 저장된 번호로 가입된 아이디들은 비교적 페이스북이 의심 없이 '친구'라고 여깁니다. 즉, 초반에는 모르는 사람에게 친구 요청을 하기보다는 스마트폰에서 넓은 인맥을 가진 이라든가 SNS 활동을 열심히 하는 이들을 연락처에 저장한 후 페이스북 친구를 걸어줍니다. 물론 연락처에 있다고 해서 마구잡이로 친구를 걸기보다는 처음에는 욕심내지 않고 가장 확실한 친구부터 하루 10명씩 늘려가는 과정이 필요합니다. 그럼 약 3일째 되는 날부터 어마어마한 친구 요청이 들어옵니다(내 기준으로는 3일째에 200개 정도 친구 요청이 들어왔던 것 같습니다). 내가 대단한 사람도 아닌데 대체 누가 왜 나에게 친구 요청을 하는 것일까요? 바로 자동화 프로그램(매크로)입니다. 오늘날에는 많은 매크로 프로그램들이 존재하는데 우리처럼 마케팅을 목적에 두고 마구잡이로 친구 요청을 하는 계정이 아주 많습니다. 당연히 친구 요청을 받아주면 안 되겠죠? 이들은 친구로 받아준들 결국 우리의 계정을 태그해서 광고할 사람들이기 때문에 절대 요청을 받아주어선 안 됩니다.

페이스북이 확실히 '친구'로 인정할 만한 내 진짜 지인들을 어느 정도 친구 등록을 시킨 후 그다음 할 일은 바로 파도타기입니다. 페이스북은 함께 아는 친구가 많을수록 서로 '친구'일 가능성을 높게 봅니다. 예컨대 A와 B가 친구인데, A가 몰랐던 C가 함께 아는 친구 1명으로 뜬다면, 그리고 그 함께 아는 친구가 B라면 C에게 친구 신청을 걸어도 비교적 어뷰징 위험에서 안전할 수 있다는 것입니다. 다만 초반에는 페이스북에 친구가 많지 않기 때문에 함께 아는 친구 수가 높은 사람이 많이 존재하지 않을 수 있으니 이때에도 조심스럽게 하루에 10명 정도만 친구를 걸어줍니다.

특히 주의할 점 하나가 있는데, 이는 내 직장, 내가 하는 일, 내 사진, 그 외에 다양한 내 활동이나 생각을 담은 글들을 충분히 내 피드에 작성해두어야 한다는 것입니다. 모르는 사람에게 친구 요청을 했는데 지속적으로 수락이 아닌 거절을 받는다면 역시나 내 계정은 또 광고를 위한 계정으로 찍히기 좋습니다. 즉, 나를 숨기기보다는 정체를 드러내고 친구 요청을 할 때 친구 요청 수락을 받아줄 확률이 높아집니다. 그리고 이렇게 함께 아는 친구(나는 모르지만 친구가 겹치는 친구)를 기준으로 친구 수를 늘리다 보면 어느 순간부터는 함께 아는 친구가 10명 이상인 친구들이 친구 추천으로 내 피드에 뜨게 됩니다. 이때는 점점 친구를 늘려가는 속도를 올릴 수 있는 시기입니다. 함께 아는 친구가 많을수록 페이스북은 '친구'일 가능성을 높게 보기 때문에 어뷰징 가능성이 낮아집니다. 이때는 단순히 광고를 목적으로 친구 요청을 하는 사람들 외에도 우리와 비슷한 목적을 가지고 친구 요청을 해 오는 자동화 프로그램이 아닌 진짜 사람들이 친구 요청을 걸어옵니다.

프로필을 확인하고 내가 필요로 하는 타깃인지 확인 후에 친구 요청을 받아주면서, 지금부터는 '함께 아는 친구'가 많으면서 '내 타깃(궁극적으로 내 게시물에 반응할 가능성이 높은 사람)'에 가까운 친구들을 찾아 친구 요청을 걸어줍니다. 점점 친구들이 늘어나는 만큼 유령 아이디로 보이는 것이 좋지 않을 수 있으니 틈틈이 일상이나 각종 사회 이슈에 대한 의견, 향후 선보일 콘텐츠와 비슷한 영역에 있는 글을 올려줍니다. 아무런 활동 없이 친구만 무작정 늘리는 계정도 어뷰징 대상이 될 수 있기 때문에 틈틈이 자료를 올려주고 관리해줍니다.

이렇게 예비 타깃이 될 사람들을 대상으로 한 친구 걸기, 나에게 친구를 요청해 온 사람들의 프로필을 살펴 타깃이 될 가능성이 높은 사람을 대상으로 친구 수락을 반복합니다. 이렇게 하다 보면 어느새 페이스북 친구가 약 2,000명이 넘어갈 것입니다. 이 정도로 친구가 늘어났을 때 친구를 마구잡이로 늘리는 이 귀찮은 과정을 종료해도 좋습니다. 이제는 가만히 있어도 친구 신청이 어마어마하게 들어올 테니까요.

페이스북은 참 편리하게도 많은 사람이 본인의 직장, 결혼 유무, 성별, 출생지 및 거주지, 출신 학교, 현재 하는 일 등 본인의 다양한 정보를 타인에게 공개하고 있습니다. 우리는 이를 역이용하는 것입니다. 이 사람이 내 고객이 될 사람인지 아닌지, 훗날 내 블로그의 글을 내 페이스북 피드로 퍼 왔을 때 그 글에 반응을 할 사람인지 아닌지 어느 정도 이용자의 프로필을 보면 답이 나옵니다. 그렇게 프로필상에 기재된 이용자의 정보를 토대로 내 '타깃'을 유추하고 5,000명의 친구를 만들어 블로그를 홍보한다면 그만큼 높은 성과를 기대해볼 수 있겠죠?

Bl★g

4 내 게시물을 페이스북에 노출시키기

블로그는 오래된 역사만큼이나 이용자가 많을뿐더러 경쟁이 치열합니다. 그렇기 때문에 충분한 방문자 수가 발생하고 상위 노출이 쉽게 되는 블로그가 되기까지는 제법 많은 시간을 필요로 합니다. 시간이 여유롭고 넉넉하면 좋겠지만 일부 사업자들이나 당장의 성과를 내야 하는 세일즈맨, 마케터 등은 편하게 모니터 앞에 앉아 방문자가 오르기만을 기다리기엔 시간이 너무 없습니다.

그렇다면 단기간에 방문자 수를 늘리고 블로그 지수를 조금이라도 더 올릴 방법은 무엇일까요? 바로 외부 채널을 활용하는 것입니다. 일반적인 네이버 블로거들은 대부분의 방문자가 검색을 통해 내 블로그에 방문하는 일반 검색 유저들입니다. 이렇게 검색을 통해 내 블로그로 유입되다 보니 검색에 잘 노출되지 않는 초창기에는 방문자를 늘리는 일이 매우 어렵고 그 과정이 지루하게 느껴질 수도 있습니다. 그래서 초창기에 열심히 하겠다는 열정과 굳은 각오를 가지고 블로그에 도전하는 대다수의 블로거가 흥미를 잃거나 제풀에 지쳐 블로그를 그만둡니다. 초반에 겪는 이런 힘든 시기를 넘어서기 위해서라도, 조금이나마 다양한 루트에서 접속한 방문자를 유치하기 위해서라도, 블로그 지수를 더욱 빨리 올리기 위해서라도 '외부 채널'을 통한 블로그 홍보는 필수입니다.

블로거가 많이 존재하지 않았던 초창기 시절만 하더라도 검색을 통한 유저 확보만으로도 충분히 방문자 확보가 가능했습니다. 또한 지금과 같은 복잡한 알고리즘이 없었기 때문에 특정 수준의 콘텐츠 퀄리티를 갖추지 않고도, 어떠한 룰을 따르지 않고도 남들이 보기에 그럴싸한 블로그를 만들어낼 수 있었습니다. 하지만 블로거가 늘어나 포화상태가 되었고 전문 지식과 노하우로 무장한 마케터들이 블로그의 노출 영역들을 점점 점령함에 따라 기본기를 넘어선 응용기가 필요하게 된 것입니다.

다행인 것은 내가 작성한 포스팅을 외부로(페이스북, 카카오스토리, 카카오톡 및 그 외 기타 소셜 서비스) 퍼 가는 것은 정말 쉽습니다. 앞서 잠깐 설명한 것처럼 내 페이스북의 친구가 많다면 내 페이스북으로 블로그 포스팅을 가져가는 것만으로도 검색을 통한 방문자 외의 방문자를 많이 유치할 수 있을 것입니다.

이제 페이스북 등 외부 채널로 내가 쓴 포스팅을 가져가는 방법을 알아보겠습니다.

네이버 블로그에 작성된 포스팅 하단에 보면 '댓글쓰기', '태그' 외에도 우측에 작은 아이콘들이 나란히 배치된 모습을 볼 수 있습니다. 이는 네이버 카페 등으로 글을 퍼 가는 기능 외에 네이버 밴드, 폴라, 트위터, 페이스북 등으로 내가 작성한 글을 옮길 수 있는 기능입니다. 그 외에도 카카오(현재 네이버의 라이벌인 관계로 카카오톡이나 카카오스토리 등으로 퍼 가는 버튼은 따로 없습니다) 계열의 소셜 서비스로도 내가 쓴 포스팅을 가져갈 수 있습니다. 어떻게 하냐구요? 바로 URL 복사를 통해 카카오스토리 및 카카오톡 등에 붙여 넣으면 자동으로 콘텐츠가 만들어집니다.

다음의 이미지처럼 페이스북으로 퍼 가기 버튼을 누르면 새 창이 뜨면서 내가 쓴 글의 대표 사진과 제목, 내용 일부가 하단에 배너 형태로 출력됩니다(페이스북이 로그인되어 있지 않은 경우 로그인 창이 뜹니다).

▷ 배너 형태의 버튼을 이용한 퍼가기

이렇게 열심히 작성한 포스팅을 페이스북으로 가져감으로써 검색 노출 외에도 외부 채널을 통한 내 글의 노출이 가능합니다. 여기서 주의할 점은 바로 페이지 노출 시간입니다. 다양한 채널에 내 글을 노출시킴으로써 일시적으로 방문자 상승 및 블로그 지수 상승 효과 등을 가져올 수도 있습니다. 하지만 다른 소셜 서비스(예컨대 페이스북)에서 내 글과는 상관없는 과장된 텍스트로 배너 클릭을 유도하거나 내가 쓴 글의 내용이 너무 빈약하고 재미없는 경우 일시적으로 배너 클릭을 통해 블로그에 방문한 방문자들이 너무 일찍 페이지를 이탈해버리면 그만큼 네이버의 알고리즘은 내가 쓴 글이 '별로 도움이 되지 않는 글' 또는 '좋지 않은 글'로 인식해 내 블로그에 부정적인 영향을 줄 수도 있습니다.

결국 일시적인 높은 방문율을 만들어내는 외부 채널 활용도 중요하지만 이 순간적인 방문자 수를 바탕으로 블로그 지수를 끌어올려 검색 유입자를 더 늘리겠다는 본질적인 목표가 더 중요하다는 사실을 잊어서는 안 될 것입니다.

1 홈페이지형 블로그란?

2 홈페이지형 블로그 저렴하게 제작하기

Bl★g

PART

10

네이버 블로그의 변신, 홈페이지형 블로그

Bl★g

1 홈페이지형 블로그란?

네이버 블로그는 무궁무진한 가능성을 가지고 있는 만큼, 노력 여하에 따라 무한한 가치를 제공합니다. 첫째로는 퍼스널브랜딩을 이뤄 나를 알릴 수 있고, 둘째로는 방문자가 늘어남에 따라 내 일을 홍보할 수 있는 마케팅 채널을 제공하고, 마지막으로는 다양한 수익모델과의 결합을 통해 부수입을 만들 수 있습니다. 그렇다 보니 블로그를 안 만들어본 사람이 없을 만큼, 블로그를 안 겪어본 사람이 없을 만큼 블로그는 우리에게 익숙한 참으로 유용한 채널입니다.

이런 가치들만 가지고도 블로그는 충분히 우리에게 유용한 도구가 되어주지만 몇몇은 블로그에 대해 아쉬움을 표하기도 합니다. 바로 유연한 디자인 설정이 가능하지 않고 네이버에서 정해둔 틀에 따라 수정을 해야 하기 때문에 개성을 살릴 수 없다는 불평입니다. 또 어떤 이는 웹사이트와 블로그의 포지션에서 나타나는 큰 차이점을 이해하지 못하고 블로그를 홈페이지로 쓰고 싶은데 기능이 영 적다고 불평하기도 합니다.

그러다 보니 소수의 웹디자이너는 네이버에서 제공하는 사용자 위젯을 이용해 임의의 하이퍼링크 영역을 지정하여 이른바 '홈페이지형 블로그' 또는 '홈로그(홈페이지 + 블로그의 합성어)'라 불리는 새로운 형태의 블로그를 창안합니다. 나도 그 웹디자이너 중 하나였는데, 이러한 홈페이지형 블로그가 처음 등장했던 2013년도에는 많은 블로거에게 엄청난 센세이션을 일으켰습니다. 홈페이지의 비싼 비용을 지불하지 않고도 홈페이지의 역할을 할 수 있고, 블로그의 폐쇄적인 디자인을 벗어날 수도 있었기 때문입니다.

▷ 홈페이지형 블로그 디자인

위 이미지는 잠깐 동안 내가 마케팅 활동을 위해 제작해서 이용했던 홈페이지형 블로그 디자인입니다. 확실히 일반적인 블로그 디자인과는 다른 모습을 가졌습니다. 이러한 홈페이지형 블로그는 투명 이미지를 사용자 위젯에 넣고 이미지맵을 통해 뒤에 비치는 홈페이지 형태의 배경과 겹치는 부분에 링크값을 삽입하는 방식으로 제작됩니다.

그렇다면 홈페이지형 블로그가 과연 완벽한 것일까요?

아닙니다. 홈페이지형 블로그는 말 그대로 홈페이지의 형태를 살짝 흉내 낸 수준의 블로그입니다. 그렇다 보니 홈페이지처럼 특별한 기능을 개발하고 추가하는 것이 불가능하며 이미지맵으로 링크를 거는 방식 자체가 조악해서 때로는 클릭이 잘 안 되는 경우도 있습니다. 즉, 홈페이지가 가진 고유의 기능을 대체하는 것은 한계가 있습니다. 그럼에도 이러한 디자인을 이용하는 이유는 수많은 블로거와의 경쟁에서 '개성'이라는 요소로 우위를 거둘 수 있기 때문이고, 나라는 사람의 이미지를 가장 직접적으로 드러낼 한 방법이기 때문입니다.

Blog

2 홈페이지형 블로그 저렴하게 제작하기

내가 처음 책을 기획할 때는 홈페이지형 블로그 제작법도 넣으려 했습니다. 그런데 주변의 의견을 들은 뒤, 어느 정도 이론에 대해서만 설명하고 디자인을 직접 하는 방법은 빼게 되었습니다.

홈페이지형 블로그를 만들기 위해서는 홈페이지 형태로 제작되는 블로그 배경화면(JPG or GIF)이 필요하며 약간의 HTML 코딩 지식이 필요합니다. 그렇다 보니 전문가에게는 아주 간단한 작업이지만 일반인에게는 포토샵을 활용하는 방법부터 포토샵으로 배경을 짜는 방법, 위젯의 위치에 맞춰 메뉴를 배치하는 방법, 그리고 그것을 코딩하는 것까지 생각보다 많은 페이지 수를 할애해야 하니 만만치가 않습니다. 그뿐만 아니라 그렇게 많은 페이지와 정성을 할애했음에도 초보자는 높은 수준의 홈페이지형 블로그를 만들 수 없으니 그리 유용하지 않은 정보가 될 수 있겠다고 판단했습니다. 그래서 더 본질적이고 마케터들이 공개하기를 꺼리는 깊숙한 정보 위주의 콘텐츠를 담고자 했습니다. 내가 이런 판단을 한 데에는 또 다른 이유가 있습니다.

바로 프리랜서 웹디자이너의 치열한 수주 경쟁으로 인하여 홈페이지형 블로그가 정말 저렴하기 때문입니다. 작게는 5만 원, 비싸게는 20만 원 정도면 남 부럽지 않은 고퀄리티의 홈페이지형 블로그 제작이 가능합니다. 따라서 홈페이지형 블로그 제작법이 아닌, 어떻게 홈페이지형 블로그를 고르고 또 어디서 결제하여 내 블로그에 설치하는지를 이 책에 담는 것만으로도 여러분의 블로그 운영에 큰 도움이 될 것이라고 봅니다.

이제 홈페이지형 블로그를 가장 저렴하게 제작하는 방법을 살펴보겠습니다.

첫 번째 방법은 홈페이지형 블로그를 제작해주는 프리랜서들이 운영하는 블로그에 방문해서 직접 제작 의뢰를 하는 방법입니다. 이 방법은 비교적 신뢰할 수 있는 디자이너를 만날 가능성이 높은 편이지만 단가는 다소 나가는 편입니다(15~20만 원). 이런 프리랜서 디자이너를

▷ 홈페이지형 블로그 검색 화면

찾는 것은 하나도 어렵지 않습니다. 바로 네이버가 있기 때문입니다.

홈페이지형 블로그를 검색하면 수많은 업체가 치열하게 경쟁하는 모습을 볼 수 있습니다. 우리는 이런 업체를 접촉하려는 것이 아닌, 프리랜서 디자이너를 만나기 위해 검색하는 것이므로 통합 검색이 아닌 블로그 검색을 이용해줍니다. 프리랜서 디자이너들은 대부분 블 ▷ 홈페이지형 블로그 검색 화면 로그나 다른 소셜 서비스를 이용해 본인의 서비스를 홍보합니다. 검색을 통해 프리랜서들을 찾았다면 마음에 드는 포트폴리오를 가진 디자이너을 골라 접촉합니다. 일반적으로 프리랜서 디자이너들은 직접 제작한 디자인들을 포트폴리오화하여 블로그에 올려두므로 마음에 드는 디자인을 쉽게 찾을 수 있습니다.

두 번째 방법은 재능마켓을 이용하는 방법입니다. 몇 년 전만 하더라도 재능마켓은 어중이떠중이 다 모인 그들만의 '마이너리그'였습니다. 하지만 치열한 경쟁으로 인해 재능 있는 디자이너들도 재능마켓

▷ 재능마켓 검색 화면

에 합류하면서 단가는 내려가고 퀄리티는 꽤 우수해졌습니다. 재능마켓에서는 일반적으로 10~15만 원 정도면 괜찮은 홈페이지형 블로그를 제작할 수 있습니다.

앞쪽의 이미지는 '재능마켓' 키워드로 검색한 화면의 모습입니다. 정말 작은 규모의 재능마켓에서부터 크몽, 오투잡 같은 많은 프리랜서가 활동하는 재능마켓까지 무척 다양하니, 모두 들어가서 프리랜서들의 포트폴리오를 충분히 보고 디자인을 구입하는 게 좋습니다. 재능마켓은 프리랜서와 구매자 간의 거래를 성사시키고 수수료를 받아가는 형태로 운영되는 기업입니다. 따라서 카드 결제나 간편 결제 등 현금 외에도 다양한 결제 방법이 존재하므로 앞서 설명한 프리랜서 디자이너와 직접 접촉하는 것보다 편리한 부분이 많습니다.

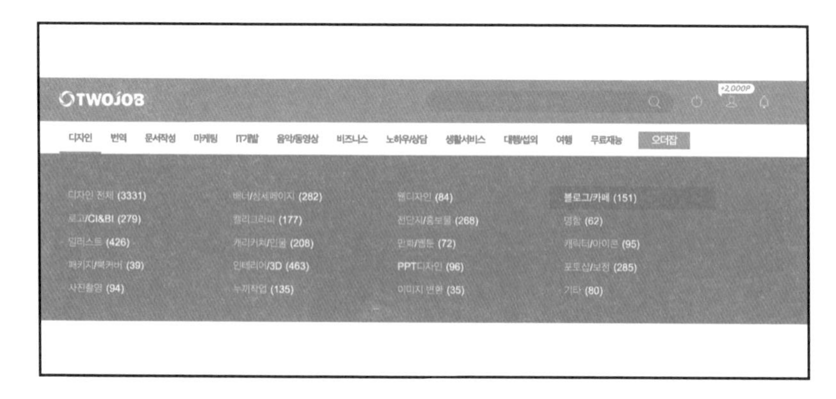

▷ 오투잡 상단 화면

위 이미지는 '사람인'에서 인수한 후 운영하는 오투잡의 상단 메뉴입니다. 홈페이지형 블로그는 일반적으로 디자인 카테고리의 블로그에 들어가면 쉽게 찾아볼 수 있습니다.

지금까지 홈페이지형 블로그를 만드는 다양한 방법을 알아보았습니다. 그런데 홈페이지형 블로그를 만들기 위해 제작자를 찾는 과정에서 "쉽게 찾을 수 있는 업체에 맡기면 될 텐데 왜 이 고생을 하나?"라고 반문하는 이가 있습니다. 이유는 비용이 아주 비싸고 그들 역시 비싼 비용을 받아 우리가 힘들게 찾는 프리랜서에게 하청을 주는 형태를 가진 업체가 대부분이기 때문입니다. 홈페이지형 블로그라는 단어만 알고 접근하면 바가지를 씌우는 업체가 많고, 바가지를 썼음에도 내가 원하는 만큼의 퀄리티가 대개 안 나오므로 추천하지 않습니다.

1 블로그체험단으로 돈 벌기

2 재능 판매로 돈 벌기

3 블로그마켓으로 돈 벌기

4 그 외의 방법으로 돈 벌기

Bl★g

PART

11

블로그로 돈 버는 방법

1 블로그체험단으로 돈 벌기

앞서 블로그를 키우는 방법, 네이버의 알고리즘에 맞춰 블로그를 상위 노출시키는 방법 등 다양한 블로그 운영법에 대해 알아보았습니다. 그렇다면 이토록 어렵게 만들고 키운 블로그를 어떻게 해야 가장 효과적으로 사용할 수 있을까요?

여러 방법이 있지만 아무래도 힘들게 키운 블로그가 우리의 지갑을 조금이나마 두둑하게 만들어줄 수 있다면 그보다 좋은 건 없겠죠. 많은 이가 블로그를 시작하고 키우는 이유는 바로 이것을 통해 내 사업체, 내가 하는 일에 대해 마케팅 효과를 얻거나 퍼스널브랜딩 효과를 얻기 위함입니다. 즉, 블로그 성장으로 얻는 가장 큰 효과는 돈 주고도 못 사는 '마케팅 파워'입니다. 이런 마케팅 파워를 얻기 위해서는 많은 노력과 시간이 들지만, 어느 정도 마케팅 파워를 갖춘 블로거에게는 수많은 연락이 오기도 하고 그만큼의 수요를 통해 수익화를 꾀할 수 있습니다.

그중 첫 번째 방법은 블로그체험단으로 수익을 내는 것입니다. 가장 쉬운 방법이면서 일반 사용자들의 접근도 쉬워 많은 주부가 도전하는데, 블로그 포스팅 대가로 상품을 받기도 하고 일정의 원고료를 받기도 합니다. 그럼 지금부터 블로그체험단이란 무엇인지 살펴보겠습니다.

▷ 블로그체험단 검색 화면

위 이미지는 '블로그체험단' 키워드로 네이버에 검색해본 결과입니다. 일반적으로 대중의 관심이 높은 키워드일수록 유료 키워드 광고인 '파워링크'에 많은 업체가 나타납니다. 이미 많은 이가 블로그체험단에 관심을 가지고 있음을 알 수 있습니다.

블로그체험단이란 '블로그 + 체험단'의 의미로 사용되다가 어느 정도 독립명사의 형태로 자리 잡은 용어입니다. 말 그대로 블로그를 운영하는 블로거이면서 다른 업체의 상품을 체험하고 체험 후기를 작성해주는 체험단원이라는 뜻입니다. 그래서 블로그체험단을 모집하는 업체들을 살펴보면 굉장히 다양합니다. 음식점에 들러 음식을 맛보고 그 후기를 작성해달라는 체험단에서부터 실물이 존재하는 상품을 체험단에게 제공하거나 임대해주고 후기를 작성해달라는 형태의 체험단도 있습니다. 또 새로 오픈한 요가 센터나 피트니스 센터에서 몇 개월간 이용권을 주면서 후기 글을 작성해달라고 하는 경우도 있습니다.

블로거가 얼마나 인지도가 있고 영향력이 있느냐에 따라 달라지고, 그만큼 체험단 활동을 할 수 있는 시간 유무에 따라 달라집니다. 내가 실제로 본 블로그체험단을 하는 블로거들은 적게는 월 100만 원에서부터 많게는 월 1,000만 원까지 직접 수익(블로그 후기 글을 쓴 후 받는 원고료)과 간접 수익(헬스장 이용권, 음식점 무료 시식권 등)을 얻고 있었습니다. 이렇듯 잘만 이용하면 살림에 도움되는 것이 블로그체험단이라 하겠습니다.

다음 이미지는 블로그체험단을 모집하는 사이트 중 가장 대표적인 위블의 메인 페이지입니다. 보는 것처럼 헤어숍, 펜션, 잡화류 등 다양

▷ 위블의 메인 화면

한 분야에서 체험단을 모집하고 있습니다. 이렇게 공개적으로 모집하는 블로그체험단의 경우 일정 부분 마일리지를 지급하거나, 그 상품을 그대로 지급하거나 또는 임대해주는 경우가 많습니다. 하지만 생각보다 그리 넉넉하지 않은(?) 제공 사항으로 인해 실제로 많은 유입자를 가지고 있는 블로거들은 이런 사이트를 이용하지 않는 실정입니다.

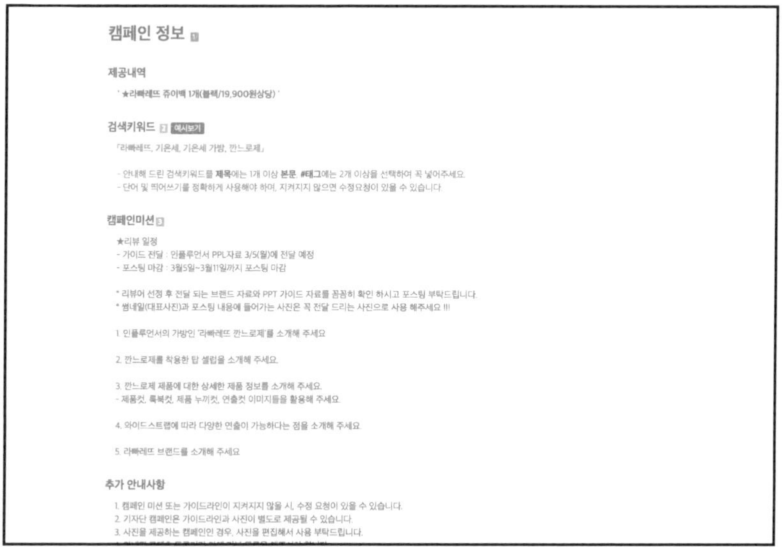

캠페인 정보 1

제공내역

' ★라빠레뜨 쥬이백 1개(블랙/19,900원상당) '

검색키워드 2 예시보기

「라빠레뜨, 기온세, 기온세 가방, 깐느로제」

- 안내해 드린 검색키워드를 **제목**에는 1개 이상 **본문**, **#태그**에는 2개 이상을 선택하여 꼭 넣어주세요.
- 단어 및 띄어쓰기를 정확하게 사용해야 하며, 지켜지지 않으면 수정요청이 있을 수 있습니다.

캠페인미션 3

★리뷰 일정
- 가이드 전달 : 인플루언서 PPL자료 3/5(월)에 전달 예정
- 포스팅 마감 : 3월5일~3월11일까지 포스팅 마감

* 리뷰어 선정 후 전달 되는 브랜드 자료와 PPT 가이드 자료를 꼼꼼히 확인 하시고 포스팅 부탁드립니다.
* 썸네일(대표사진)과 포스팅 내용에 들어가는 사진은 꼭 전달 드리는 사진으로 사용 해주세요 !!!

1. 인플루언서의 가방인 '라빠레뜨 깐느로제'를 소개해 주세요

2. 깐느로제를 착용한 탑 셀럽을 소개해 주세요.

3. 깐느로제 제품에 대한 상세한 제품 정보를 소개해 주세요.
- 제품컷, 룩북컷, 제품 누끼컷, 연출컷 이미지들을 활용해 주세요.

4. 와이드스트랩에 따라 다양한 연출이 가능하다는 점을 소개해 주세요.

5. 라빠레뜨 브랜드를 소개해 주세요

추가 안내사항

1. 캠페인 미션 또는 가이드라인이 지켜지지 않을 시, 수정 요청이 있을 수 있습니다.
2. 기자단 캠페인은 가이드라인과 사진이 별도로 제공될 수 있습니다.
3. 사진을 제공하는 캠페인인 경우, 사진을 편집해서 사용 부탁드립니다.

▷ 블로그체험단 리워드

블로그 초보자들에게는 재미난 체험이 될 수도 있지만 하루에 올려야 할 포스팅 개수부터가 부담이 되는 빅 블로거들은 원고 하나하나에도 수익 극대화를 위해 많은 신경을 씁니다. 보통 원고료를 적게는 10만 원부터 많게는 수십만 원까지 받는데, 특정 분야에 특화된 블로거의 경우는 고급 카메라 등을 무상으로 지원받기도 합니다.

하지만 이런 활동을 대중은 좋지 않은 시선으로 볼 수 있기 때문에

위블처럼 공개적으로 체험단을 모집하기보다는 뒤에서 조용히 진행하는 경우가 많습니다. 본인의 블로그가 충분히 '마케팅 파워'를 가지게 되었다 자부한다면 비공개적으로 심사를 통해 블로그체험단을 모집하는 업체들을 어렵지 않게 찾아볼 수 있습니다. 본인 블로그의 주소와 이름, 연락처 등을 기재하여 심사 요청을 하면 업체에서 연락이 옵니다. 그리고 블로그 콘셉트에 맞는 적절한 상품이 등장하면 업체에서 원고 요청 연락이 오고 집필 후 원고료가 송부되는 방식으로 진행합니다. 내가 아는 많은 블로거가 이런 식으로 수익을 만들어내고 있습니다. 그들은 상호 네트워크를 통해 본인에게 적합하지 않은 포스팅을 다른 블로거들에게 소개도 해주면서 서로의 수익을 확대하고 있습니다.

Bl★g

2 재능 판매로 돈 벌기

앞서 본 블로그체험단은 상대적으로 영업력이 떨어지고 인프라가 약한 블로거들에게 안성맞춤인 수익 창출 수단입니다. 블로그체험단을 모집하는 중간 업체에서 블로거를 모집하고, 홍보를 원하는 기업 또는 다양한 업주를 모집하여 상호 매칭해주는 방식이었습니다. 하지만 이렇게 중간 업체가 있다 보니 블로거 입장에서는 일은 내가 다하는데 중간에서 얼마나 챙겨 가는지 궁금하고 또 업체가 챙겨주는 대로 받아야 하는 입장이니 답답할 수 있습니다.

그러다 보니 '직접 체험단을 모집하고 원고료를 받으면 되지 않을까?' 하는 생각이 들 수 있는데요. 하지만 이마저도 많은 이가 어디서 블로거에게 돈을 주고 포스팅을 요청하는 업체를 찾을지 막막해집니다. 그럴 때 유용한 것이 '재능마켓'입니다. 앞서 홈페이지형 블로그 만들기를 설명할 때 잠깐 언급한 그 재능마켓입니다. 재능마켓을 통해 홈페이지형 블로그를 제작하면 저렴하게 제작할 수 있다는 팁을 제시했는데요. 반대로 이번에는 블로거가 직접 재능마켓에 본인의 상품을 등록하고 이를 통해 수익을 창출하는 사례를 살펴보겠습니다.

▷ 크몽의 마케팅-블로그 / 카페 카테고리

위 이미지는 우리나라 재능마켓 중 가장 많은 판매자와 구매자를 보유한 '크몽'의 마케팅-블로그 / 카페 카테고리의 모습입니다. 블로그나 카페를 키워준다는 재능 판매에서부터 블로거를 모집해서 배포해준다는 위블과 비슷한 형태의 업자도 보이고, 블로그 포스팅을 해준다는 재능 판매자도 보입니다. 이러한 재능마켓은 내 재능을 올리고 직접적으로 클라이언트를 만나 비용(돈)을 받고 재능을 판매할 수 있어 어느 정도 경지에 오른 블로거들이 종종 애용합니다.

특히 업체가 아닌 개인들의 성장이 두드러지고 있어 꼭 큰 블로그가 아니어도 미리미리 이용해볼 필요가 있습니다. 그 이유는 댓글 및 평가가 많은 판매자일수록 고객을 만날 확률이 높은 판매 채널이기 때문입니다. 꼭 비싼 비용을 받지 않더라도 저렴한 금액으로 재능을 판매하기 시작해서 좋은 평점과 댓글을 모으다 보면 반드시 높은 수익을 만들 수 있습니다.

크몽의 경우 마케팅 파트에서 1위 업자가 총 매출 4억을 넘으면서 SNS에서도 화제가 되었는데, 이는 개인 판매자여도 높은 수익을 낼 수 있다는 좋은 선례라 하겠습니다.

3 블로그마켓으로 돈 벌기

블로그로 돈을 버는 방법이라면 지금은 많이 잠잠해졌지만 한때 엄청나게 유행했던 '블로그마켓' 이야기도 빼놓을 수 없겠습니다. 블로그마켓이란 블로그를 이용해 옷이나 잡화류 등 다양한 상품의 리뷰를 곁들여 직접 판매하는 것을 말합니다. 이러한 블로그마켓은 블로거가 직접 구매자를 모집해 한 번에 대량 판매를 하는 '공동구매' 형태에서부터 일반 쇼핑몰처럼 블로거가 직접 모델이 되어 의상을 피팅하여 사진을 올리고 상품 리뷰를 남겨 판매하는 방식까지 다양한 형태로 전개되었습니다.

이러한 블로그마켓이 대대적으로 활용된 이유는 쇼핑몰의 마케팅 비용 부담 때문이었습니다. 인터넷이 빠르게 성장함에 따라 전자상거래의 형태인 개인 쇼핑몰들 역시 빠르게 성장했습니다. 너나없이 쇼핑몰 창업에 도전하면서 한때 이러한 열기는 식을 줄 몰랐었죠. 하지만 쇼핑몰이 많이 탄생함에 따라 치열한 경쟁이 발생했고 자연스럽게 키워드 광고 등의 마케팅 비용이 증가했습니다. 많은 사람이 창업에 도전했지만 쇼핑몰의 방문자가 없어서 폐업하는 경우가 부지기수였습니다. 그만큼 키워드 광고 비용이 말도 안 되는 수준으로 급증했던 것입니다. 이러한 이유로 따로 제작 비용이 들지 않으면서 어느 정도 방문자를 유치할 수 있는 블로그에 메리트를 느낀 소규모 사업자들이 쇼핑몰을 따로 제작하기보다는 블로그를 만들고 블로그로 상품을 홍보하게 되었습니다.

네이버 역시 이런 블로그마켓의 성장을 직접 목격하고는 블로그에서 정상적인 판매가 가능하도록 사업자등록번호를 블로그에 등록할 수 있는 위젯 등을 배포하고 운영을 권장했습니다. 지금도 영향력 있는 블로거들은 일종의 셀럽 같은 위치에서 패션 소품이나 의상 등을 블로그를 통해 판매하곤 합니다. 다만, 과거에 비하면 블로그마켓의 규모가 많이 줄었습니다. 이유는 네이버가 만든 간이 판매 플랫폼 '스토어팜'의 등장 때문입니다.

블로그마켓의 가장 큰 단점은 카드 결제가 되지 않는다는 점과 고객이 100% 신뢰할 수 없는 구매방식이었습니다. 그리고 실제로 블로그마켓의 블로거가 고객들의 돈을 가지고 소위 '먹튀'하는 사고까지 발생하면서 블로그마켓의 이미지에 치명타를 입혔습니다.

이에 네이버는 무료로 개설 가능하고 카드 결제와 네이버페이 결제 등 간편 결제를 통해 대금 지급이 가능한 스토어팜이라는 새로운 판매 전용 플랫폼을 만듭니다. 스토어팜은 누구나 간단하게 개설할 수 있는데, 쇼핑몰의 장점을 충분히 가지고 있어 많은 사람이 편리하게 본인의 상품을 판매할 수 있습니다. 블로그마켓의 블로거도 카드 결제가 안 된다는 점, 다양한 구매 수단이 부족하다는 점 등 여러 문제를 해결

할 수 있어 스토어팜으로 많이 옮겨갔습니다.

그래서 이전과 같은 형태의 블로그마켓을 지금은 찾아보기 힘들지만 홍보는 블로그에서, 판매 및 결제는 스토어팜에서 하게끔 운영하는 블로그를 심심치 않게 볼 수 있습니다.

결국 잘 만들어진 블로그가 주는 가장 큰 혜택은 '마케팅 파워'라는 것만 기억하면 다양한 방법으로 수익을 창출할 수 있습니다.

4 그 외의 방법으로 돈 벌기

구글에는 애드센스라는 것이 있습니다. 구글 애드센스란 구글에게 광고비를 지급하는 광고주의 광고들을 노출하여 수익을 분배받는 서비스입니다. 애드센스를 통해 월 1,000만 원의 수익을 창출하는 이가 있는 만큼, 어떻게 활용하느냐에 따라 큰 수입원이 될 수 있습니다. 그래서 많은 개인 사이트 주인장이나 티스토리 블로거 등 높은 트래픽(많은 방문자) 유발이 가능한 이들이 부수익을 얻는 부업의 수단으로 활용하곤 합니다. 하지만 정말 극소수만이 돈다운 돈을 벌고 있는 실정입니다. 네이버 블로그는 원칙적으로 애드센스 부착이 불가능하기 때문에 다른 방법이 필요합니다.

기본적으로 네이버는 자체 플랫폼에서 타 업체의 이익이 일어나는 활동을 별로 좋아하지 않습니다. 네이버의 실질적인 검색 경쟁자인 구글의 애드센스가 네이버의 가장 주요한 CP인 블로그에서 판을 친다면 네이버가 결코 달가울 리 없겠죠. 그래서 네이버도 애드센스와 유사한 간접 광고 솔루션을 만들었습니다. 물론 아직은 베타 서비스여

▷ 네이버 애드포스트

서 많은 것이 부족합니다.

바로 위 이미지에서 볼 수 있는 것은 '애드포스트(Ad Post)'입니다. 구글 애드센스처럼 네이버 블로그 등에 광고를 부착하고 광고로 인해 발생되는 수익의 일부를 받는 형태입니다. 방문자가 얼마나 되느냐에 따라 차이가 있겠지만 그렇게 큰 수익을 만들어주는 것이 아니므로 블로그의 신뢰도 형성을 위해 그리 추천하는 방식은 아닙니다. 다만, 이러한 광고 수익 분배방식도 있다는 점을 기억해두면 좋겠습니다.

블로그 마케팅으로 나와 일과 사람을 잇다

세상은 참 빠르게 변하고 있습니다. 불과 10여 년 전만 하더라도 웹디자이너가 유망 직종 1위라더니 이제는 무한 경쟁 속에서 하루하루를 전전긍긍하는 신세의 열악한 직종이 되어버렸습니다. 무서울 정도로 빠르게 변하는 세상 속에서도 나름대로 전통과 멋을 가지고 고유의 문화를 발전시키며 아름다움을 유지하는 것들도 있습니다. 정말 시시각각 변하는 IT 세상에서는 그나마 원형을 유지하면서도 오늘날까지 이용자들에게 사랑받는 블로그를 제외하고는 이러한 '전통의 것'이 없을지도 모르겠습니다.

나는 사업을 하면서 모든 것을 잘하고 싶었습니다. 무엇보다 젊었고, 체력이 있었습니다. 하루 세 시간을 자도 피곤하지 않던 시절에는 홈페이지가 필요하면 웹디자인을 배워서 스스로 만들고 마케팅이 필요하면 마케팅을 배워 스스로 마케터가 되었습니다. 이런 '생노가다 삽질'은 이윽고 전문 자격증을 9개나 따게 만들었습니다. 절세를 위해 회계 자격을 땄고, 유통과 전산을 통한 상품관리를 알고 싶어 유통관리사 자격증을 취득하기도 했습니다. 물론 지금은 세월이 흐르고 흘러 그 활동이 얼마나 무식했는지를 잘 압니다. 더 이상 세 시간만 자고 버틸 수 없으며 내게 주어진 시간 중 내가 가장 잘할 수 있는 시간에 집중하기에도 하루라는 시간은 턱없이 부족함을 잘 압니다.

그럼에도 나는 블로그나 개인 SNS만큼은 열심히 운영하고 있습니다. 정말 많은 이유가 있겠지만 적어도 이것만큼은 가장 효과적으로 나를 알릴 수단이면서 직접적인 마케팅 수단이 되기 때문입니다. 그렇게 고객을 연결시켜주는가 싶더니 나를 알려 이렇게 책을 쓸 수 있게도 만들어주었습니다. 회계는 회계사에게, 세무는 세무사에게, 홈페이지 제작은 웹디자이너 및 웹개발자에게, 마케팅은 마케터에게 맡길 수 있지만 나를 알리고 포장하는 일을 내가 아닌 다른 사람에게 맡기는 것은 참 이상합니다. 나를 가장 잘 아는 것은 '나'이기 때문입니다. 또한 나라는 사람의 약점도 누구보다 잘 알기에 이를 어떻게 포장하여 숨길지도 알고, 내 장점이 무엇인지 누구보다 잘 알기에 이것을 더욱 부각시킬 수도 있습니다.

하지만 많은 사람은 바쁘다는 핑계 속에서 이런 '나'를 알릴 좋은 기회를 버리곤 합니다. 나는 이해가 잘 되지 않았습니다. 정말 유명한 정치인, 기업가 들도 SNS나 블로그를 하는데 과연 그 바쁘다는 말이 진짜 사실일까요? 그 유명인보다 더 바쁘다면 어쩔 수 없겠지만 우리는 핑계 속에서 어쩌면 우리에게 주어진 가장 큰 기회를 놓치고 있지는 않을까 하는 생각이 들었습니다.

나 역시 돌이켜보니 SNS와 블로그에 시간을 투자한 것은 불과 4년쯤 되었습니다. 이전에는 이러한 소셜 채널들이 중요하다는 것을 몰랐고, 습관처럼 '바쁘다'를 중얼거리며 살았기 때문입니다. 이런 가상의 네트워킹에 참여하면서 나는 수많은 인맥을 얻었고 이를 통해 기회를 얻고, 고객을 찾을 수 있었습니다. 수입에 대한 걱정이 줄어들었고 그

것은 곧 더 많은 시간 활용으로 이어져 자기계발에 조금이라도 더 몰두할 수 있게 되었습니다. 그렇게 나는 블로그 등을 통한 네트워킹으로 어느덧 마케터라 자칭할 수 있는 수준의 다양한 마케팅 기술을 가지고 자아실현을 하는 위치에 섰습니다. 우리가 사는 세상은 모든 것이 융합됨으로써 더욱 편하고 즐겁고 다시금 새로워지는 '4차 혁명'의 문턱까지 왔습니다.

정보와 물질의 풍요는 많은 것을 바꿔놓았고 어느 순간 이제 더 나올 게 있을까 할 정도로 세상을 발전시켰습니다. 하지만 거기서 멈추지 않고 기술과 기술이 만나고 문화와 기술이 만나 세상에 없던 전혀 새로운 것들을 다시 한 번 만들어내기 시작했습니다.

최근 사물인터넷, VR, AR 등 신기술이 주목받으면서 우리가 사는 이 세상은 다시 한 번 더 다이내믹해지고 있습니다. 모바일 서비스들은 더욱 풍요로워졌고, 웹 서비스와 연동해 오프라인 매장도 더욱 새로워졌습니다. '가격', '품질' 등을 중시하던 소비자들도 어느덧 '합리'를 외치기 시작했습니다. 나는 생각했습니다.

'이렇게 세상이 빠르게 변하는데 10년 뒤의 내가 더욱 달라진 세상에 잘 적응해 있을까?'

굉장히 암울한 이야기지만 아마 그때는 또 지금보다도 더 체력이 쇠했을 것이고 머리는 더욱 굳어 있을지도 모릅니다. 그래서 정말 내가 혁신을 좇는 기술자가 아니라면 나라는 사람이 어떤 인물인지, 그리고 나라는 사람이 어떠한 가치를 생산하고 공유할 수 있는지 더욱더 적극적으로 알려야만 이 세상에서 그나마 '유용'한 인간이 될 수 있다는 생각을 갖게 되었습니다.

앞서 모두 살펴보았듯, 블로그는 내 인생을 성공으로 이끄는 강력한 툴입니다. 나의 생각을 전하는 매개체가 되어줄뿐더러 유용한 '마케팅 도구'가 되어줍니다. '돈벌이 수단'이 되어주고, '작은 사업장'이 되어주고, 과도한 마케팅 비용을 조금이나마 절감해줍니다. 물론 이 모든 걸 뛰어넘는 진정한 블로그의 가치는 세상에 단 하나뿐인 나라는 사람에게 누군가가 찾아올 수 있는 주소로써 소통의 장을 열어주고 이를 알려주는 일일 것입니다.

부산 어딘가에서 그저 열심히 살아가는 한 사람에 불과한 개인 '오윤록'에게 블로그는 세상을 향한 큰 스피커가 되어주었습니다. 이 블로그를 통해 나를 알리고, 책을 내고, 나의 지식을 나누고, 나의 사업을 홍보하고, 나의 비전을 공유할 수 있었으니까요.

사실, 블로그 작업은 많은 시간을 소비해야 하는 만큼 굉장히 지루합니다. 좋은 성과를 얻기까지 각오한 것보다 더 많이 인내해야 할 수도 있습니다. 그럼에도 우리는 블로그를 붙잡아야 합니다. '나'라는 사람의 존재를 알리고, '나'라는 사람의 가치를 높이고, '나'라는 사람의 사업을 키우고, '나'라는 사람의 네트워크를 확장하는 데 블로그만 한 도구가 없기 때문입니다.

이 책을 집필하면서 나는 블로그의 핵심 정보와 그 실전 노하우를 알기 쉽게 담아내고자 노력했습니다. 언제든 궁금한 것이 있다면 나의 사이트 http://www.yabi.biz에 질문을 남겨주세요. 그러면 답변을 드리겠습니다. 감사합니다.